JN245715

戦略的
株式活用の
手法と実践

R&G横浜法律事務所◎編

高橋理一郎／西村将樹／佐藤麻子
福原一弥／齋藤　亮／森高重久

発行　民事法研究会

はしがき

会社法では、4種の会社形態を認めていますが、その中で実務上圧倒的多数を占めているのが株式会社です。この株式会社は、株式を発行することで調達した資金を元手（資本）に事業を営み、その元手を提供し株主（出資者）となった者を社員（構成員）とする会社です。したがって、株式は、株式会社制度の根幹をなすツールですので、株式会社の経営には、この株式についての管理を欠かすことができません。

ところが、中小企業の場合は、大企業（上場会社等）と異なり、株式の譲渡が限られていること、剰余金の配当など株主に対する利益分配がなされていないこと、経営者が大半の株式を保有し所有と経営が一致していることなどから、普段あまり自社の株式について意識することが少ないので、株式について等閑視しているのが実態です。また、株主が親族など近い関係にあることから、自社に限ってトラブルが起こるはずがないと安易に楽観視し、あるいは売上げや資金繰りという経営上の課題に専念したいという思いから、ともすると煩雑な株主問題について直視することを避けて、先送りにする傾向などがみられます。しかし、その結果、ある日突然自社の株式をめぐる深刻なトラブルに見舞われることとなり、その重要性を思い知らされることになります。

そして、中小企業の場合、こうした株主間のトラブルは、争う株主同士が親族など近い関係にある者であるため、第三者間でのトラブルよりも感情的になりやすく泥沼化する場合も少なくありません。さらに、こうしたトラブルが裁判所にまで持ち込まれた場合には、それまで、会社法に従った経営を会社がしてこなかったことなどの問題まで持ち出され、会社法をめぐる錯綜した訴訟となることも珍しくありません。こうなると経営上の課題に専念するどころか、トラブルに振り回され、企業利益を損なうばかりかそのトラブルが長期化し、ひいては経営破綻に追い込まれる深刻な事態にすらなりかねません。また、こうしたトラブルの解決のためには、かなりの労力（エネルギー）と多くの時間そして多額の費用を要し、経営者は精神的にも肉体的にも相当疲弊することになります。

まさに、「わずかな予防はよろずの治療に勝る」という格言どおりです。トラブルになった後での対策よりも、事前にそのトラブルとなる芽を摘み取りあるいは回避するなどの対策をとっておくことがよほど大事であるということになります。要するに、株式会社の場合、その経営の安定と円滑な業務の遂行のためには、その根幹をなす株式によって惹き起こされるさまざまな事態に備えて、あらかじめ法律・税務の観点からいかに十分な対応策を講じておくかが極めて重要であるということです。

このように株式は、便利で有用な反面、財産的価値を有する財物であることや経営に参加できる権利であることに伴うトラブルの芽を包含しています。

そこで、本書では、所有と経営が一致する中小企業の典型的な取締役会設置会社を対象に、主として会社あるいは会社経営者の立場と安定的経営の継続という観点から、株式をめぐり起こり得るトラブルの解決方法やトラブル予防（リスク管理）の視点での対応策などについてひととおりの解説を試みています。

また、中小企業の場合、たとえば、支配株主である経営者は、生身の人間ですので、いつかは相続などで交代する時期を迎えることになります。

したがって、自社の経営を長期にわたって安定的に継続させるためには、そうした場合を想定し、自社の資本構成や株主構成あるいは後継者問題などについて、背後の人間関係や経営に与える影響などを勘案しながら、時間をかけて対応していく必要があります。こうした場合の有用な方策の一つとして、株式を戦略的に活用する方法があります。本書では、そうした場合に有用であると考えられる株式の積極的（戦略的）な活用方法についても言及しています。

その一つの例として、種類株式の活用があります。かつては、種類株式を活用した例は稀にしかありませんでしたが、1990年以降の相次ぐ商法改正と2006年５月に会社法が施行されたことによって、種類株式の活用場面が格段に増加し、近時、事業承継の手法としてもその活用が強く推奨されています。

筆者は、中小企業には、剰余金の配当や財務情報の開示といった課題はありますが、資金調達手段として種類株式の活用が実務上もっと工夫されてもよいと考えています。

本書では、具体的な内容として、実務上想定されるケースをとりあげ、そのケースについての「獲得目標」や「検討課題と選択」について述べると同時に、関連する株式の特質や問題点等にも触れるように努めています。そして、最後にとりまとめとして、「戦略」と題し、同ケースについての考え方、問題解決のための対応や株式の活用方法などを含む手法、さらには、事前の予防策など実務上押さえておくべきポイントを整理し、ケースに応じた実践的な対応策として即座に利用ができるような工夫をしています。

なお、執筆にあたっては、実践的である必要から、条文や判例、そして実務において定着している学説あるいは取扱いや対応に基づいて解説しています。しかし、株式の活用にあたっては、法解釈上あるいは実務上の運用などにおいて不分明なところも多々存在します。そのような場合には、各執筆者において各自なりの見解や意見を述べている箇所もあります。また、各執筆者は、当事務所の弁護士として、通常の業務の合間に執筆していることから、判例・学説の引用が必ずしも十分でないところや、各執筆者が独自に執筆していることから、全体的に統一性の欠けているところなどがあるかもしれません。そうしたことによる疑問点や問題点等がある場合には、ご批判やご意見等として賜れれば幸いです。

また、リスク管理の視点から、株式をどのように管理し、あるいはいかに活用するかは、上記のとおり経営課題そのものであり、経営者の自覚や主体的に取り組む姿勢が欠かせません。しかし、それと同時に株式に関する十分な知識が必要であり、そのために専門家や実務家が果たすべき役割は大きいと考えています。

本書が、そうした経営者や専門家等の方々にとって、いささかなりともお役に立つことを願っています。

最後に、本書の企画出版にあたり、株式会社民事法研究会の安倍雄一氏には、多大なご指導とご尽力をいただきました。執筆者一同ここに心より感謝申し上げる次第です。

2019年2月

R&G横浜法律事務所
代表弁護士　高橋理一郎

『戦略的株式活用の手法と実践』

目　　次

第１章　株式の戦略的活用の視点

第2章 株式の内容と発行

第3章 会社の運営・支配と株式

第4章　株式（株主）の管理

凡　例

法令等の略語表示

法	会社法（平成17年７月26日法律86号）
施行令	会社法施行令
施規	会社法施行規則
計算規	会社計算規則
旧商	平成17年改正前の商法
民	民法
金商	金融商品取引法
社債株式振替	社債、株式等の振替に関する法律
整備法	会社法の施行に伴う関係法律の整備等に関する法律

主要判例集・定期刊行物等の略語表示

民録	大審院民事判決録
民集	大審院民事判例集、最高裁判所民事判例集
高民集	高等裁判所民事判例集
下民集	下級裁判所民事裁判例集
裁判集民	最高裁判所裁判集民事
判時	判例時報
判タ	判例タイムズ
金判	金融・商事判例
金法	金融法務事情
商事	旬刊商事法務
資料版商事	資料版商事法務

主要引用文献の略語表示

江頭	江頭憲治郎『株式会社法〔第７版〕』（有斐閣、2017年）
一問一答	相澤哲『一問一答　新・会社法』（商事法務、2005年）
論点解説	相澤哲＝郡谷大輔＝葉玉匡美『論点解説　新・会社法――千問の道標』（商事法務、2006年）

第1章

株式の戦略的活用の視点

Ⅰ　なぜ日本のほとんどの会社は株式会社なのか

１．会社とは

個人が事業を始める場合、最初は個人事業主として事業を開始し、個人事業主のまま事業を展開するか、事業の成長とともに、その後会社組織とするか、あるいは当初から会社組織として事業を展開するかのいずれかである。

この会社組織とは、会社法上の会社のことで、株式会社、合同会社、合資会社および合名会社の４種類がある（２条１号）。そして、この４種類以外は、会社という文字を使用できないことになっている（７条）。会社のうち、合同会社から合名会社までの３社は持分会社（575条１項）とよばれている。

また、会社は、株式会社の場合は株主（50条１項、102条２項）、持分会社の場合は社員（575条１項）を構成員とする社団法人（ただし、一人会社を除く）である。

One point advice　**社団および法人とは**

社団とは、特定の共同目的達成のために人的に結合した団体をいい、法人とは、自然人以外で権利義務の主体となることのできる法的地位（権利能力）を有するもののことである。

２．会社とすることのメリットとその選択の視点

⑴　会社とすることのメリット

以下のようなメリットがある。

㋐　取引主体の明確化

会社とした場合、法人なので、個人とは異なった別の独立した法的主体として扱われることになる。たとえば、Ａ・Ｂ・Ｃの３名が集まって事業を展

開しようとする場合、取引先との契約は、この３名で行わなければならず煩雑であるうえに取引主体も明確でない。しかし、法人の場合は、上記３名で営んでいるとしても、法人名で取引できることから、取引主体が明確になる。

(イ)　税法上のメリット

個人事業主が一定程度以上の所得を得、事業の規模が拡大した場合には、個人と法人との所得に対する税法上の取扱いの違いにより、法人化することで得られる税法上のメリットが大きい。

(ウ)　信用力の向上

個人と法人の財産関係等が明確に分離され、かつ法人が主体となり、自ら有形無形の資産等を有することとなることなどから、個人よりも法人としたほうが取引上の信用力が向上する。また、法人であることが取引開始の前提あるいは要件とされている場合があることから、法人化によって取引の拡大が見込めるし、個人よりも法人のほうが、その価値や信用を担保に融資も受けやすくなる。

(エ)　経営者の有限責任

個人事業主として事業を行っている場合、損失を被った場合には、その全額を個人事業主が負担しなければならない。しかし、株式会社と合同会社の場合には、株主あるいは社員といえども出資した金額以上の責任を負うことがない。

(オ)　事業の拡大・成長

中小企業庁「小規模企業白書〔2017年版〕」〈http://www.chusho.meti.go.jp/pamflet/hakusyo/H29/PDF/shokibo/00sHakusyo_zentai.pdf〉によると、2014年時点で、法人化した企業の売上高は個人事業主のままの場合と比較し約４倍の水準となっている。

このように、法人化した場合には、個人事業主であった場合よりも高いパフォーマンスを示すとともに、「事業の拡大や経営の多角化を進めたい」など事業意欲も旺盛であることが認められる。

㈮　その他

個人事業主の場合は、その事業を第三者に売却し、あるいは子に承継させるためには、個別の資産や負債の処理が煩雑でかつ多くの労力を要する。しかし、会社である場合は、株式あるいは持分を譲渡し、名義変更するだけと比較的容易に事業の売却あるいは承継が可能となる。

他方、株式会社とした場合、事業の運営方法に一定の制約が伴う、運営手続が煩雑になる、コストがかかるなどのデメリットもある。

⑵　株式会社と持分会社との違い

㈠　責任限度の違い

前述のとおり、株式会社の出資者は株主、持分会社の出資者は社員になる。

持分会社のうち、合同会社は有限責任社員のみ、合資会社は有限責任社員と無限責任社員、合名会社は無限責任社員だけというように構成されている。そして、株主と有限責任社員の場合は、出資金を限度とした責任しか負わないが（104条、580条2項）、無限責任社員の場合は、会社の債務について、連帯無限の責任を負うことになる（580条1項）。

㈡　基本方針等の決め方の違い

株式会社と持分会社との大きな違いは、持分会社の場合、会社経営の基本方針や社員の構成を変えるには、原則として社員の全員一致が必要である（585条、604条、637条）し、経営を行うのは社員自身である（590条、591条）。

他方、株式会社の場合、前者については、後述するとおり多数決で柔軟に変えることができるし、後者については、その経営を株主以外の者に委ねることができる。したがって、持分会社は、家族あるいは固定した構成員（仲間同士など）間で、人間関係を重視した会社経営を行うのに適しているが、株式会社は、構成員間の人間関係よりも内外の変化に応じて柔軟に対応できるように設計されているので、市場の変化に即応し合理的な経営を行うのに適している。

㈢　株式会社選択の理由

2016年度の税務統計によると、日本の法人企業数267万2033社のうち、株式会社が252万0823社（94.3％）と圧倒的多数を占めている（〈図表１〉参照）。このように、４つの会社組織の中で、株式会社が多く選択されている主な理由は、株式会社では、①出資と経営を分離できること、②出資者の責任が有限であること、③株式会社のほうが高い信用力をもち、資金調達や人材の採用あるいは取引関係において有利であること、④将来、増資（資金調達）がしやすいことや新規株式上場（IPO）が可能になることなどにある。

〈図表１〉　組織別・資本金階級別法人数

区分 （組織別）	1,000万円以下 社	1,000万円超1億円以下 社	1億円超10億円以下 社	10億円超 社	合　計 社	構成比 %
株式会社	2,162,354	337,015	15,829	5,625	2,520,823	94.3
合名会社	3,616	174	3	1	3,794	0.2
合資会社	16,459	581	—	2	17,042	0.6
合同会社	65,444	500	86	15	66,045	2.5
その他	46,162	16,842	793	532	64,329	2.4
合計 構成比	2,294,035 (85.9)	355,112 (13.3)	16,711 (0.6)	6,175 (0.2)	2,672,033 (100.0)	100.0

（国税庁「会社標本調査結果」（平成28年度分統計表）調査結果の概要Ⅰ１第４・表を抜粋）

Ⅱ　株式会社と株主

１．株式会社とは

株式会社とは、株式を発行し、発行した株式の見返りとして発行先から事業資金を提供してもらうことで事業活動を行い、利益を得ることを目的とした社団法人のことである。この事業資金を提供した出資者（株式の発行先）のことを株主といい、１人でもなれるが、通常は複数人である。

個人事業主から株式会社となった場合は、前述のとおり、個人とは別個独立した人格を有する社団法人（株式会社）が主体となり事業を営むことになる。個人事業主の場合は、自らが出資者として上記事業資金を提供し、かつ自らが経営者として当該事業を直接支配することになるが、株式会社となった場合は、事業資金を提供した出資者が株主となり、株主であることの権利を通じて会社を支配することになる。そして、経営については、株主権を通じて個人事業主同様に自らが経営者となり経営をしていくこともできる（所有と経営の一致）し、他人に経営を委ねることも可能となる（所有と経営の分離）。

具体的には、後述するとおり、株主は、株主を構成員とする株式会社の最高機関である株主総会において、取締役あるいは監査役を選任あるいは解任し、または会社経営において重要な意思決定をする法律上の権利（以下、「経営参加権」という）を有している。したがって、会社法では、株式会社の所有者は株主であるという考え方の下で、株主がその経営参加権を使って、経営の担い手である経営者（取締役等）をコントロールするしくみになっている（〈図表２〉参照）。

また、個人事業主の場合は、個人事業主が当該事業について無限の責任を負うが、株式会社の場合は、出資者である株主の責任は、会社に払い込んだ出資金に限定され（払込み後は責任というよりもリスク）、それ以外には何らの責任も負うことがない（104条）。このことを、株主有限責任の原則とよんでいる。したがって、株式会社制度では、不特定かつ多数の者の出資が容易となり、資本や組織の大規模化が可能となる。

〈図表２〉　株主による経営者（取締役等）のコントロールのしくみ

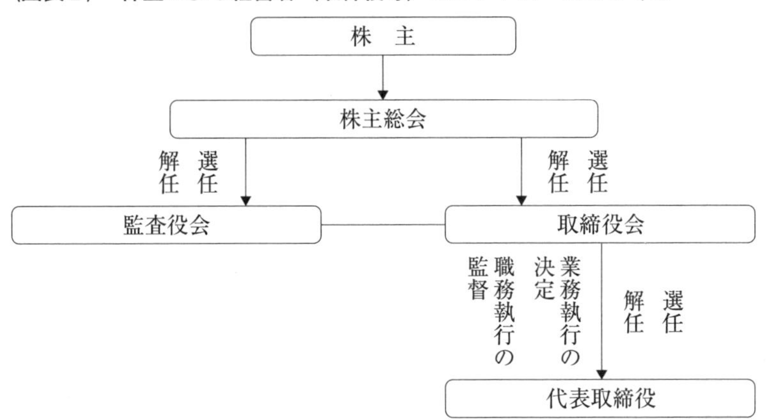

２．株主の立場と経営者の立場

⑴　個人事業主と株主

個人事業主から株式会社へ移行する場合、以下の３つの方法がある。

①　個人事業主所有の事業用資産を株式会社に譲渡する方法

②　個人事業主所有の事業用資産を株式会社に対し、現物出資をする方法

③　個人事業主所有の事業用資産を株式会社に賃貸し、株式会社が賃料を支払う方法

いずれの方法をどのように選択するかは、そのときの状況や資金、個人事業主の考え方などによって異なってくる。

いずれにしても株式会社設立後は、個人事業主は株式会社の株主となり、株主権を通じて会社の経営に参画し経営者となるのが通常である。

⑵　経営者と役員

経営者とは、経営方針や経営計画を立案・決定し、会社を経営する者をいうが法律上の用語ではない。株式会社の役員については、会社法上で株式会社の機関として株主総会の決議で選任されることになる取締役、会計参与および監査役のことをいうと定められている（329条１項）。

そして、経営者とは、この役員のことを意味する場合もあるが、経営者＝社長＝代表取締役のことを意味する場合もあり、業務執行の責任者である業務執行取締役、執行役員らも加えた意味である場合もある。さらには、経営に携わる経営管理者である部門長らも含めた総称として用いられる場合もある。

株式会社についての経営者という言葉は、このように実務上多義的に用いられているので留意が必要である。

(3)　株式会社の経営のしくみ

(ア)　株主総会と取締役（会）

(A)　株主総会と取締役の選任

すべての株式会社は、株主総会および取締役（326条１項）を必ずおかなければならない。会社の共同所有者ともいうべき株主は、本来すべてを共同処理できるはずであるが、多数の株主が日常集合することは不可能であるし、一般の株主には企業経営の意思も能力もないのが通常であることから、基本的事項の決定権限と最小限度の監督権限等を留保し、ほかはすべて株主総会で選任した経営の専門家である取締役に会社経営を委ねることができるしくみになっている。そして、この取締役の選任は、株主総会での資本多数決（持株数の割合）によって行われる（309条１項、308条１項）ので、現実には、資本多数決を制することのできる株主（持株数の多い株主＝大株主）が、株主総会で取締役（経営者）を選任することができ、そうでない株主（持株数の少ない株主＝少数株主）の場合は、経営への参加が事実上困難となる。

要するに、株式会社の経営にとって、後述するとおり株式の持株数が極めて重要であるということである。

したがって、特に取締役の過半数を選出するだけの持株数を有する大株主（支配株主）は自らが取締役となるか自己の代理人を取締役に選出して会社の経営に参加し、会社を支配することも可能である（所有と経営の一致または分離）。多くの中小企業では、支配株主＝社長＝代表取締役であるのが前者の典型例である。

このように、株式会社では、株主は権利の濫用とならない限り議決権を自らの私的な利益追求のために自由に行使し、経営に参加できることになっているが、実際上は、資本多数決を制することのできる大株主でない限り困難である。言い換えれば、大株主は、他の少数株主の出資財産を自己の意思に従って利用できる（法律上経営を意のままにコントロールできる）という優越的な地位（以下、「経営支配権」と称する）を有しているというところに大きな特徴がある。

(B)　取締役会設置会社とそれ以外の会社

定款で取締役会をおく（法律上おかなければならない場合を含む）会社のことを取締役会設置会社とよび（2条7号）、取締役会設置会社では、取締役は3人以上でなければならない（331条5項）。

取締役会をおかない会社の場合は、取締役は1人でも2人以上でもよく、取締役が会社の業務の執行をし（348条1項・2項）、代表者を定めない場合は、各自が会社を代表することになる（349条1項・2項）。他方、取締役会設置会社の場合は、取締役会が会社の業務執行に関する意思決定をなし（362条2項1号）、その決定に基づく業務執行は、取締役会によって選任された代表取締役および代表取締役以外の業務執行取締役が行う（363条1項）。

なお、日本の株式会社のほとんどは、この取締役会設置会社であり、取締役会設置会社とそれ以外の会社とでは、株主総会の決議事項が異なる（295条2項）ので留意が必要である。

また、取締役会設置会社では、〈図表3〉のとおり、株主総会を最高意思決定機関とし、同機関によって選任されたすべての取締役で構成する取締役会が代表取締役を選任し、監督することになっている（362条1項・2項2号・3号）。しかし、これまでの歴史的な経過から社長＝代表取締役が、取締役（会）の上部機関として取締役会をコントロールし、あるいは監督しているという実態がみられ、それが半ば会社社会で常識化しているところに株式会社のガバナンス上の問題があるとされている（〈図表4〉）。

ちなみに、昨今上場会社等に求められている現代型ガバナンスは、〈図表

5〉のとおりである。

⚜ *One point advice*　代表取締役と社長の違い

代表取締役とは、会社法上の機関で、会社を代表しかつ会社の業務を執行する権限を有する者（349条１項ただし書・４項、362条３項、363条１項１号）の呼称である。他方、社長は、社内の職責上の地位（ほかに、専務、常務など）であり、対内的な業務執行の最高責任者ではあるが、対外的な代表権を有しているわけではない。

〈図表３〉　取締役会設置会社のしくみ

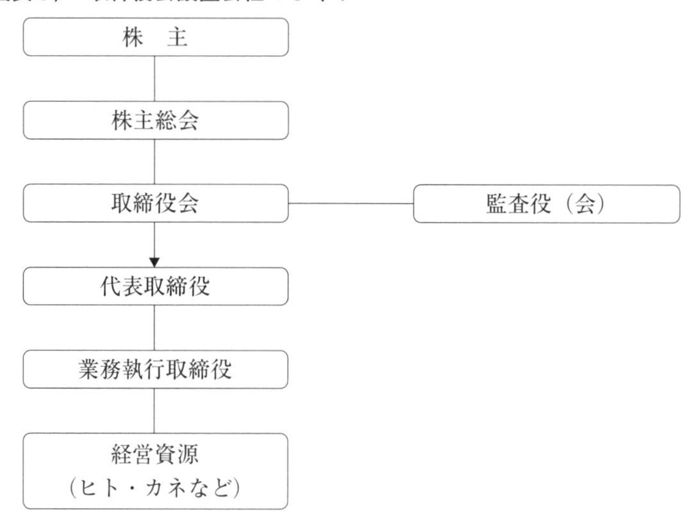

〈図表４〉　旧型ガバナンス

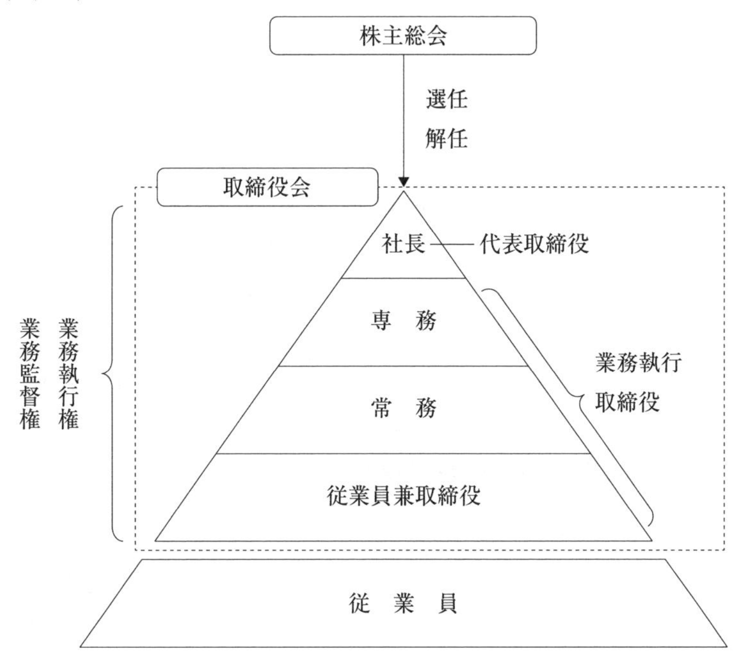

〈図表５〉　現代型ガバナンス

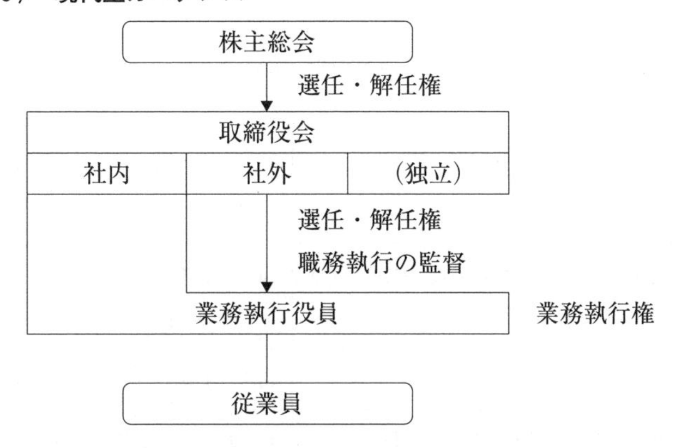

(C) 株主総会の権限と定款による授権

株主総会は、株式会社の最高機関であり、株式会社に関するすべての事項について決議することができる（〈図表６〉参照）ので、取締役会非設置会社の場合は、株主総会の決議事項に制限はない（295条１項）。

しかし、取締役会設置会社の場合は、株主総会の決議事項は、会社法で定められている事項および定款で定めた事項に限定される。したがって、この限定された株主総会の決議事項は、株主総会の専権事項であり、定款によっても、取締役会その他の機関にその決定を委ねることはできない（295条３項）。

もっとも、法文上例外として、〈図表７〉のとおり定款で取締役会に委ねることが認められている事項もある。

〈図表６〉 株主総会の決議事項と決議方法

決議事項	関係条文	決議方法
合意による自己株式の取得	156条１項、309条１項	普通決議
会計監査人の選任・解任・不再任	329条１項、339条１項、338条２項	上　同
取締役会非設置会社での取締役の競業取引に関する承認	356条１項	上　同
役員の報酬等	361条１項、379条１項、387条１項	上　同
欠損の額を超えない定時株主総会での資本金額の減少	447条１項、309条２項９号イ・ロ	上　同
準備金の減少	448条１項	上　同
剰余金額の減少による資本金額の増加	450条１項・２項	上　同
剰余金額の減少による資本準備金額の増加	451条１項・２項	上　同

その他の剰余金の処分	452条	上　同
剰余金の配当	454条	上　同
役員の選任	329条１項、341条	特則普通決議
取締役・会計参与の解任（累積投票により選任された取締役を除く）	339条１項、341条（342条６項）	上　同
譲渡等不承認の場合の会社による買取決定	140条１項・２項、309条２項１号	特別決議
取締役会非設置会社での指定買取人の指定	140条４項・５項、309条２項１号	上　同
特定の株主からの自己株式の合意取得	156条１項、160条１項、309条２項２号	上　同
全部取得条項付種類株式の全部取得	171条１項、309条２項３号	上　同
相続人等に対する売渡請求	175条１項、309条２項３号	上　同
株式の併合	180条２項、309条２項４号	上　同
発行等株式の募集事項の決定	199条２項、309条２項５号	上　同
発行等株式の募集事項の決定の取締役会への委任	200条１項、309条２項５号	上　同
非公開会社で、取締役（会）への委任がない場合における株主への株式割当て	202条３項４号、309条２項５号	上　同
取締役会非設置会社での譲渡制限株式の割当て	204条２項、309条２項５号	上　同

取締役会非設置会社における譲渡制限株式についての総数引受契約締結の承認	205条２項、309条２項５号	上　同
新株予約権発行に関する募集事項の決定	238条２項、309条２項６号	上　同
新株予約権発行に関する募集事項の決定の取締役会への委任	239条１項、309条２項６号	上　同
非公開会社で、取締役（会）への委任がない場合における株主への新株予約権の割当て	241条３項４号、309条２項６号	上　同
取締役会非設置会社での譲渡制限株式を目的とする新株予約権または譲渡制限新株予約権の割当て	243条２項、309条２項６号	上　同
取締役会非設置会社における譲渡制限株式を目的とする新株予約権についての総数引受契約締結の承認	244条３項、309条２項６号	上　同
累積投票によって選任された取締役（監査等委員を除く）の解任	342条３項～５項、309条２項７号	上　同
監査役および監査等委員の解任	309条２項７号	上　同
役員等の損害賠償の一部免除	425条１項、309条２項８号	上　同
資本金の額の減少（定時株主総会での欠損の額を超えない場合を除く）	447条１項、309条２項９号本文	上　同
金銭以外の財産での配当	454条４項、309条２項10号	上　同
定款変更	466条、309条２項11号	上　同

事業譲渡等の承認	467条１項、309条２項11号	上　同
解散決議	471条３号、309条２項11号	上　同
吸収合併、同分割、株式交換に関する契約の承認	783条１項、795条１項、309条２項12号	上　同
新設合併、同分割、株式移転に関する契約（計画）の承認	804条１項、309条２項12号	上　同
全株式譲渡制限を定める定款変更	107条２項１号、309条３項１号	特殊決議
吸収合併消滅会社・株式交換完全子会社が公開会社で交付を受ける対価の全部または一部が譲渡制限株式等である場合の承認	783条１項、309条３項２号	上　同
新設合併消滅会社・株式移転完全子会社が公開会社で交付を受ける対価の全部または一部が譲渡制限株式等である場合の承認	804条１項、309条３項３号	上　同
属人的株式に関する定款の定め（定めを廃止する場合を除く）	109条２項、309条４項	特別特殊決議
発起人、設立時取締役・監査役の責任免除	55条	株主全員の同意
利益供与関係取締役の責任免除	120条４項・５項	上　同
役員等任務懈怠の責任免除	423条１項、424条	上　同
分配可能額を超えて配当等をした業務執行者等の分配可能額を限度とする責任の免除	462条１項・３項ただし書	上　同
反対株主の株式買取請求に応じ分配可能額	116条１項、182条	上　同

を超えた場合の業務執行者の責任免除	の４第１項、464条１項・２項	
欠損が生じた場合の業務執行者の責任免除	465条１項・２項	上　同

〈図表７〉　定款で株主総会決議事項中取締役会に委ねることができる主な事項

決議事項	授権の要件	備　考
①自己株式の取得（165条２項）		市場取引または公開買付けの場合
②任務懈怠責任の一部免除（426条１項）	以下の会社である場合 ・監査役設置会社（取締役が２人以上である場合に限る） ・監査等委員会設置会社 ・指名委員会等設置会社	善意かつ無重過失であることが必要 なお、取締役会設置会社の場合は、取締役会の決議、それ以外の場合は、取締役の過半数の同意
③自己株式の取得（459条１項１号）	以下の各要件すべてに該当すること ・会計監査人設置会社であること ・取締役の任期が１年 ・監査役会設置会社、監査等委員会設置会社または指名委員会等設置会社であること ・最終事業年度の計算書類について、会計監査人の無限定適性意見および監査役会または監査（等）委員会の相当意見があること（459	156条１項

	条2項、計規183条)	
④欠損てん補のための準備金の減少(459条1項2号)	・上記③と同じ ・決議は、436条3項の取締役会で行う場合に限られる(459条1項本文カッコ書)	448条1項、449条1項2号
⑤剰余金の項目間の計数変更(459条1項3号)	・上記③と同じ	452条後段の事項、計規153条1項
⑥剰余金の配当(459条1項4号)	・上記③と同じ	454条1項・4項 ただし、現物配当で金銭分配請求権を与えない場合を除く。

なお、〈図表7〉の③ないし⑥の定款で定めた各決議事項について、さらに株主総会の決議によっては定めない旨を定款で規定した場合、その規定を削除しない限り株主総会は、その決議事項について決議することができなくなる(460条1項)。

3．株式と株主

(1)　株式とは

株式会社に出資し株主となった場合、その株主に会社から与えられる法律上の地位(株主権)を表しているのが株式である。均一の割合的単位の形をとるところに特色がある。俗に「株」ともよばれている。

(2)　株主の権利(株主権)

株式を取得した株主には、①剰余金の配当を受ける権利、②残余財産の分配を受ける権利、③株主総会における議決権の3つの基本的な権利が与えられ(105条)、その他会社法で認められた権利を有することになる。これらの権利を整理すると、以下のとおり、株主が会社から直接経済的な利益を受ける権利（自益権）と、会社経営に参与しあるいは経営者（取締役等）の行為を監督し是正する権利（共益権）とに分類できる。

①　自益権――剰余金配当請求権、残余財産分配請求権が中心（財産権）

②　共益権――株主総会における議決権等が中心（経営参加権）

なお、株主の経営参加権の具体的な内容については、後述(4)を参照のこと。

(3)　株主平等の原則

(ア)　株主平等の原則と例外

(A)　原　則

会社法では、この株式の「内容」や株式の「数」に応じて、会社は、株主を平等に取り扱わなければならない（109条１項）ことになっている。

このことを「株主平等の原則」とよんでいる。

この原則が意味するところの第１は、「株式の内容」が同じであれば、１株単位の株式を有する株主は、すべての法律上の地位において平等に扱われるということである。たとえば、「株主総会において、その有する株式１株につき１個の議決権を有する」（308条１項）という具合である。したがって株式の「内容」が同じであれば、ある株主には議決権を与え、別の株主には議決権を与えないことは、原則無効である。反対に、「株式の内容」が異なる場合は、異なる取扱いができることも意味し、「株式の内容」が異なる場合には、異なる取扱いができる場合として、後述するとおり、会社法では株式の内容の異なる種類株式を認めている（108条）。

また、意味するところの第２は、「株式の内容」が同じであれば、「株式の数」に応じた平等での取扱いが求められている。要するに、「株式の数」に応じた取扱いをしなければならないという原則である。

たとえば、以下の場合など、会社法では、「数に応じて」割当て・交付しなければならないとの明文の規定をおいている。

①　全部取得条項付種類株式の株主に対する取得対価の割当て（171条２項）

②　株式・新株予約権の無償割当て（186条２項、278条２項）

③　募集株式・新株予約権の株主割当て（202条２項、241条２項）

④　配当財産の割当て（454条３項）

⑤　残余財産の割当て（504条３項）

⑥　吸収・新設合併の対価（749条３項、751条３項、753条３項）

⑦　株式交換・株式移転の対価（768条３項、770条３項、773条３項）

(B)　例　外

株主平等の原則の例外として以下の場合がある。

(a)　属人的株式

非公開会社の場合は、株主相互の関係が緊密であり、株主に着目し異なる取扱いを認める必要があることから、上記(2)①および②の株主の権利に関する事項について、株主ごとに異なる取扱いをなす旨を定款で定めることができる（109条２項）。このように、特定の権利内容について異なる取扱いを属人的に定めた株式のことを「属人的株式」とよんでいる（たとえば「株主Ａは、１株について10個の議決権を有する」など）。

(b)　少数株主権の要件など

株主の権利濫用防止のためとして、少数株主権の要件（306条１項、833条１項等）や株式を保有すべき期間（306条２項、847条１項等）が法定されている。

(c)　単元未満や端数処理など

株主についての管理コスト削減の観点から、単元未満株主の権利の取扱い（308条１項ただし書）や一定の株式交付や株式分割・併合によって生じた端数の処理（234条、235条）を認めている（単元株、株式分割・併合については、第４章Ⅳ参照）。

⚜ *One point advice* 公開会社と非公開会社

公開会社とは、会社法の定義でその発行する全部または一部の株式に譲渡制限が付されていない会社（２条５号参照）をいう。

なお、上場会社とは、証券取引所の審査基準を満たし、証券取引所で売買が認められるようになった株式を発行している会社のことで、公開会社＝上場会社ではない。

他方「非公開会社」とは、公開会社でない会社の便宜的な名称で発行する株式の全部が譲渡制限株式である会社をいう（全株式譲渡制限会社ともいう)。なお、譲渡制限株式とは、株式を譲渡する場合、会社の承認を必要とする株式のことで、たとえば、株主の個性を重視する同族会社などでは、株主を限定できるというメリットがある。

公開会社と非公開会社の主な違いは、〈図表８〉のとおりである。

ちなみに、日本の株式会社の大半を占める中小企業（本書で「中小企業」とは、中小企業基本法２条１項でいうところの「中小企業者」のことをいう〈http://www.chusho.meti.go.jp/soshiki/teigi.html〉を参照）は、非公開会社でありかつ大会社（資本金５億円以上または負債総額200億円以上の株式会社（２条６号)）でないのが通常である。

〈図表８〉　株式に係る規定の公開会社と非公開会社の違い

	公開会社	非公開会社
設立時発行株式総数（37条３項）	４分の１以上の制限	制限なし
発行可能株式総数（113条３項）	４倍以下の制限	制限なし
取締役等選任種類株式（108条１項本文・ただし書）	発行不可	発行可
株主権の属人的な定め（109条１項・２項）	不可	可能
議決権制限株式数（115条）	制限あり	制限なし
株券の交付時期（129条１項・２項）	自己株式の処分後遅滞なく	請求がある時
株券の発行時期	発行後遅滞なく	請求がある時

（215条１項～４項）		
募集事項の決定機関 （199条２項、201条１項）	取締役会	株主総会
相続人等からの株式取得 （162条本文・１号）	売主追加請求権の適用あり	売主追加請求権の適用なし
総会の招集期間 （68条１項、299条１項）	原則２週間	原則１週間
株主への通知 （158条２項、849条５項・９項）	公告で可	通知のみ
取締役会の設置 （327条１項１号）	義務あり	義務なし
取締役・執行役の資格 （331条２項、402条５項）	株主に限定不可	株主に限定可
取締役・会計参与の任期 （332条１項・２項、334条１項）	最長２年	最長10年
監査役の監査範囲の限定 （389条１項）	限定不可	会計に限定可
監査役の任期 （336条１項・２項）	４年	４年以上10年
大会社の監査役会設置義務 （328条１項・２項）	あり	なし
株主による総会招集請求 （297条２項）	株式保有期間６カ月	保有期間制限なし
株主の議題提案権 （303条２項・３項）	上　同	上　同
議案要領の通知請求	上　同	上　同

(305条１項・２項)		
総会招集手続等の検査役選任 (306条１項・２項)	上　同	上　同
清算人の解任申立て (479条２項各号・３項)	上　同	上　同
調査命令の申立て (522条１項・３項)	上　同	上　同
最終完全親会社等の株主による責任追及等の訴え (847条の３第１項・６項)	上　同	上　同
役員解任の訴え (854条１項各号・２項)	上　同	上　同
取締役の行為差止め (360条１項・２項)	上　同	上　同
組織に関する行為無効の訴え (828条１項２号)	上　同	上　同
売渡株式等の取得無効の訴え (846条の２第１項)	上　同	上　同
責任追及の訴え (847条１項・２項)	上　同	上　同
吸収合併契約等の承認決議 (309条２項12号・３項２号)	特殊決議	特別決議
新設合併契約等の承認決議 (309条２項12号・３項３号)	特殊決議	特別決議
清算中の監査役設置義務 (477条２項・４項)	あり	なし

(イ) 内容の異なる株式（種類株式）の発行

株主の中には、多様な経済的または会社支配に関するニーズがあり得ることから、会社法では、株式の「内容」が異なる株式（種類株式）の発行を認めている（108条)。このように、株式の「内容」が異なる場合には、株主平等の原則の適用はないので、異なる取扱いをすることができる。

(4) 株式の持株数と会社の経営に参加する権利（経営参加権）

前述したとおり、株主は株主総会という会社の機関を通し、資本多数決に基づいて会社の経営をコントロールできるしくみになっている。要するに、以下のとおり、持株数が多ければ多いほど会社経営に関する株主の権利は強固なものになる。しかし、他方持株数が少ない場合であっても一定割合の持株数があれば行使できる権利と、株主でさえあれば行使できる権利がある（詳細は、〈図表９〉〈図表10〉参照)。

〈図表９〉 株式の持株数と会社の経営に参加する権利（経営参加権）

<table>
<tr><th colspan="2">株式の持株数</th><th>経営参加権</th></tr>
<tr><td colspan="2">３分の１超の持株数があればできること</td><td>保有株主は、株主総会での特別決議（309条２項）および特殊決議（309条３項）を阻止することができる。</td></tr>
<tr><td colspan="2">２分の１以上でできること</td><td>株主総会での普通決議（309条１項、341条）を阻止できる。</td></tr>
<tr><td colspan="2">２分の１超（過半数）でできること</td><td>株主総会での普通決議を可決させることができる。</td></tr>
<tr><td colspan="2">３分の２以上でできること</td><td>株主総会での特別決議および特殊決議を可決させることができる。</td></tr>
<tr><td rowspan="2">少数株主</td><td>10％以上でできること</td><td>解散請求権（833条１項―議決権総数または発行済株式数を基準とする）（注１）</td></tr>
<tr><td>３％以上でできること</td><td>株主総会招集権（297条、325条）（注１）（注２）、役員の解任請求訴権（854条―議決権総数</td></tr>
</table>

		または発行済株式数を基準とする）（注１）（注２）、業務執行に関する検査役選任請求権（358条）（注１）、会計帳簿閲覧請求権（433条―議決権総数または発行済株式数を基準とする）（注１）
	１％以上でできること	総会検査役選任権（306条）（注１）（注２）、（または議決権300個以上）、株主提案権（303条―ただし、取締役会設置会社の場合）（注１）（注２）
株主でさえあればできること		株主総会に参加する権利（308条）、株主総会での説明請求権（314条）、議案提出権（304条―ただし、当該株主が議決権を行使できる事項のみ）、株主提案権（303条―ただし、取締役会をおかない場合で当該株主が議決権を行使できる事項のみ）、累積投票請求権（342条―ただし、累積投票が可能な場合）、総会決議取消訴権（831条）、取締役会招集請求権（367条―取締役会設置会社のみ）、代表訴訟提起権（847条）（注２）、取締役等の違法行為差止請求権（360条、422条）（注２）、各種書類（定款、株主名簿、株主総会議事録、取締役会議事録、計算書類・事業報告・附属明細書、全部取得条項付種類株式を取得する場合の取得対価等に関する書面等、株式等売渡請求をする場合の当該請求に関する書面、株式の併合、吸収合併、新設合併等を決議する場合の関係書類）の閲覧請求権（31条２項、125条２項、318条４項、371条２項、442条３項、171条の２、179条の５、182条の２、782条３項、803条３項、815条４項）、株式発行・自己株式処分・新株予約権発行の無効訴権（828条）、設立・資本金額減少・組織変更・合

	併・分割・株式交換または株式移転の無効訴権(828条)、新株発行・自己株式処分・新株発行の差止請求権（210条、247条)、株式の併合差止請求権（182条の3)、特別清算等申立権(511条1項)

（注1） 定款でこれを下回る要件を定めることができる。

（注2） 公開会社の場合は、行使前6カ月間の保有要件が求められているが、非公開会社の場合は、そのような要件はない。

〈図表10〉 株主総会における決議要件

決議方法	決議要件			
	定足数		議決権数	
	通常	定款での変更	通常	定款での変更
⑴普通決議（309条1項）	行使できる議決権の過半数	可（排除も可）	出席株主の議決権の過半数	不　可
⑵特則普通決議（341条）	上　同	3分の1以上の割合であれば可	上　同	左を上回れば可
⑶特別決議（309条2項）	上　同	上　同	出席株主の議決権の3分の2以上	左を上回れば可
⑷特殊決議（309条3項）	な　し		【頭数要件】議決権行使可能な株主の半数以上【議決権数】上記株主の3分の2以上	左を上回れば可

⑸特別特殊決議（309条４項）	な　し		【頭数要件】総株主の半数以上 【議決権数】総株主の議決権の４分の３以上	左を上回れば可

Ⅲ　株式の価値と利益分配のしくみ

１．株式と株価

⑴　株式の価格についての基本的な考え方

株式を譲渡する際につけられる価格（値段）のことを株価という。株価はその時々の会社の価値（企業価値）を表しているともいえる。

株式は株主が所有する財産であるから、相続や贈与または譲渡等をする場合には、その価格が問題となる。上場会社の場合は、証券取引所において、多数の投資家による取引の集積によって適正な株価が形成されているので、その株価の算定は、基本的には難しくない。しかし、上場していない会社の株式（以下、「未公開株式」という）については、そうした取引相場がないので、その客観的評価が問題となる。

⑵　未公開株式の評価が問題となる場合

以下の場合に、未公開株式の評価が問題となる。しかし、会社法では、以下の④につき、裁判所がその買取価格を決定するには、「株式会社の資産状態その他一切の事情を考慮しなければならない」（144条３項）とか、⑤の場合につき、「公正な価格で」（785条、806条１項）と規定するのみで、具体的な算定方法について明示していない。

① 会社が第三者に新たな株式の割当増資をする場合
② 株主が株式を譲渡する場合
③ 株式を相続（贈与）する場合
④ 株式の譲渡に取締役会等の承認が必要な会社において、会社が当該譲渡を不承認としたことに対し、株主が株式買取請求権を行使した場合
⑤ 合併・株式交換等に反対した株主が会社法上の株式買取請求権を行使する場合など

(3) 株式の評価方法

会社法では、上記のとおり具体的な算定方法を明示していないが、実務上行われている評価方法には、以下の３つがある（〈図表11〉参照）。

① マーケット・アプローチ
市場価格をベースに評価する方法である。

② インカム・アプローチ
会社の収益力をベースに評価する方法である。

③ コスト・アプローチ
純資産をベースに評価する方法である。

なお、相続や贈与などで取引相場のない株式（未公開株式中気配相場のある株式（相続税法上の用語で、登録銘柄、店頭管理銘柄および公開途上にある株式のこと）を除く）を取得した場合の税務上の評価に関しては、「財産評価基本通達」において、詳細な評価方法が定められている。基本的には、株式の発行会社の規模に応じて〈図表11〉の類似業種比準方式、純資産方式またはその併用方式を採用している。もっとも、この評価方法は、税務上の観点からのものであり、必ずしも企業価値を適切に反映しているものではないが、裁判例では、この通達に影響を受けたものが多くみられた。

しかし、近時の裁判例では、ゴードン・モデルとDCF法あるいは収益還元方式と配当還元方式を用いる等インカム・アプローチを用いたものが主流となっている。もっとも、従来の裁判例の多くは、複数の評価方法により算出された額で何らかの割合で加重平均した数値を採用しているが、一つひと

つが信頼に値しない数値を複数寄せ集めたからといって、信頼できる数値が算出できるものでもないという批判がある（江頭16頁）。

要するに、会社の規模や業種または株式を評価する目的（たとえば、事業承継のための節税策なのかあるいはM&Aか）などにより、より適切な株価算定方法を選択することになる。しかし、比較的小規模な企業の株式売買にあっては、通常純資産方式が当事者にとって納得が得られやすいことから、純資産方式を基本とし、その他DCF法等による算定を勘案するなどして株価を算定しているのが実態である。このように、本格的に株価を算定するには、専門的な知識が必要であるし、課税の問題も絡むのでどの方式を用いるのが適切であるのかの判断が難しい。したがって、専門家に相談するのが望ましい。

〈図表11〉　株式の評価方法

評価アプローチ	評価方法	内　容	特　徴
マーケット・アプローチ（比準方式）	市場株価法	上場会社の株価を用いて評価	上場会社のみ
	類似会社比較法	類似している上場会社の株価を基に調整、算出した株価	類似会社の選定がポイント
	類似業種比準方式（相続税）	相続税評価方式で国税庁が公表する業種目別の株価に基づき調整・算出した株価	相続税評価時に適用
インカム・アプローチ（収益方式）	DCF法（ディスカウント・キャッシュフロー）	将来キャッシュフローを現在価値に割引き、事業価値を算定	理論的で専門性が高いが実務では幅広く利用
	収益還元法	将来期待される純利	簡易なDCF法の一

		益を一定の資本還元率で還元することにより現在株価を算定	種であり、将来利益の予測およびリスクの予測に不確定要素を含む
	配当還元法	将来期待される配当金を資本還元して株価を算定	安定配当が見込まれる場合少数株主の持分に対する評価に利用
	ゴードンモデル法	配当還元法を発展させた方法で、内部留保率を考慮して算定	
	配当還元法（相続税）	取引相場のない株式を過去の配当実績に基づき国税庁による一定の算式に基づき算定	相続税において、同族以外の株主に対して用いられる
コスト・アプローチ（純資産方式）	簿価純資産法	貸借対照表記載の純資産を株式価値とする方法	多額の含み損益が存在しないことが前提
	時価純資産法	資産および負債を時価評価し、株価を算定する方法	清算をする場合に利用される
	純資産価値方式（相続税）	取引相場のない株式を税務上の評価で調整して算定する方法	相続税評価で利用

2．株式と資本金

⑴　資本金とは

個人事業の場合は、資本金という制度はないが、株式会社の場合は資本金という制度が設けられ、株式を発行して調達した資金がこの資本金ということになる。もっとも、創業時は他者から出資を得るのは信用上難しいので、最初の資本金は自己資金で賄うという人がほとんどである。

株主有限責任制度をとっている株式会社の場合、債権者は会社の財産のみによって保証されるにすぎない。したがって、資本金は、実質的には、債権者保護のため株主の出資を一定額以上会社財産として保有させるしくみであり（江頭37頁）、資本金の額は、原則として株主総会の特別決議を得（447条1項、309条2項9号）、かつ債権者保護手続（異議を述べる機会）をとらなければ減少させることができない（449条）ことになっている。

また、形式的には、貸借対照表上の「純資産の部」に「資本金」として計上された金額のことであり、貸借対照表上では、資産（左側）＝負債＋純資産（右側）として表示され、この「純資産の部」に「株主資本」として、「資本金」、「資本剰余金」、「利益剰余金」が記載される（〈図表12〉参照）。

この資本金の額は、原則として、会社設立や募集株式の発行の際に株主となる者が会社に払込みまたは給付をした財産の額（445条1項）であるが、例外として、その払込みまたは給付された額の2分の1を超えない額は、「資本金」として計上しないで「資本準備金」として計上することができる（同条2項・3項）。また、資本金の額は、株式の発行がない場合でも、準備金または剰余金の額を減少させ、その額を資本金に組み入れることで増加させることができる（448条1項2号、450条1項）。

なお、従来は、資本金＝株式の額面×株式数であったが、現在は、額面株式は廃止され、株式は、発行ごとに発行価額が変わることから、資本金と株式の数は切り離され、株式数と資本金の額は連動しない。したがって、資本金の額を知るには、株式会社登記簿を閲覧（登記情報の閲覧は、インターネットでもできる）する等によることになる。

〈図表12〉　貸借対照表の区分表示

資産の部	負債の部
Ⅰ　流動資産 Ⅱ　固定資産 Ⅲ　繰延資産	Ⅰ　流動負債 Ⅱ　固定負債
	純資産の部
	Ⅰ　株主資本 資本金 資本剰余金 ・資本準備金 ・その他資本剰余金 利益剰余金 ・利益準備金 ・その他利益剰余金 自己株式（減算） Ⅱ　評価・換算差額等 Ⅲ　新株予約権

⑵　剰余金と準備金

㋐　剰余金とは

剰余金とは、会社法の規定により貸借対照表上の「純資産の部」に計上することが求められている項目で、「純資産の部」は、「株主資本」、「評価・換算差額等」、「新株予約権」の３つに（計規76条１項）、そして、「株主資本」は、「資本金」、「新株式申込証拠金」、「資本剰余金」、「利益剰余金」、「自己株式」、「自己株式申込証拠金」の６つの項目に区分されることになっているが、そのうちの「資本剰余金」および「利益剰余金」のことである（同条２項。〈図表12〉参照）。なお、「自己株式」は控除すべき項目となっている。

また、「資本剰余金」は、「資本準備金」と「その他資本剰余金」（計規76条４項）、「利益剰余金」は、「利益準備金」と「その他利益剰余金」（同条５項）の２つの項目にさらに区分されている（〈図表12〉参照）。

(イ)　準備金とは

準備金とは、法律上の規定により貸借対照表上の「純資産の部」に計上することが求められている計算上の金額（計規76条２項～５項）で、「資本準備金」（同条４項１号）と「利益準備金」（同条５項１号）の総称であり（445条４項）、会社法でその積立てが強制されていることから、「法定準備金」とも称されている。

(A)　資本準備金

資本取引から生じたもので、将来会社の損失補てんのために積み立てられる以下の金額のことである。

① 上記(1)の株主から払込み・給付された金額のうち資本金として組み入れなかった金額

② 「その他資本剰余金」（計規76条４項２号）を原資として、剰余金の配当を行う場合には、会社法によって義務づけられている配当額の10分の１に相当する金額（445条４項）

③ 株式交換、株式移転、会社分割および合併など資本修正により生じた差益のうち、当該契約で「資本準備金」とする旨定められた金額

④ 「資本金」または「その他資本剰余金」を減少させ、資本準備金に組み入れた金額（447条１項２号、451条１項）

なお、④の場合、後述するとおり前者については株主総会の特別決議（309条２項９号）、後者については株主総会の普通決議（同条１項）が必要である。

(B)　利益準備金

「資本準備金」と同様に、損失補てんのため（449条１項ただし書）に積み

立てられている以下の金額のことである。

① 「その他利益剰余金」(計規76条5項2号) を原資として剰余金の配当を行う場合には、会社法によって義務づけられている配当額の10分の1に相当する金額 (445条4項)

ただし、利益準備金と上記資本準備金の合計額が資本金の4分の1に達している場合には積立ては不要となる (計規22条1項1号・2項1号)。

要するに、上記(A)の②の金額と本項(B)の①の金額は、資本金×1/4≦資本準備金＋利益準備金であれば、積立不要であるが、資本金×1/4＞資本準備金＋利益準備金であれば、資本金×1/4－(資本準備金＋利益準備金) の金額と剰余金×1/10の金額とを比較し、いずれか少ない額を積み立てなければならない (計規22条1項2号・2項2号)。

② 合併等組織再編した場合に消滅した会社から引き継いだ利益準備金の金額

③ 「その他利益剰余金」を減少させ、利益準備金に組み入れた金額 (451条1項)

なお、この場合は、株主総会の普通決議が必要である (451条2項)。

(ウ) その他剰余金

その他剰余金には、上述のとおり、「その他資本剰余金」と「その他利益剰余金」とがある。そして、単に「剰余金」という場合、実質的には、資本準備金を除いた「その他資本剰余金」と利益準備金を除いた「その他利益剰余金」のこと (「剰余金」－「法定準備金」) を意味している (江頭672頁) ので、混同のないように留意が必要である。

なお、企業会計原則では、「資本取引と損益取引を明瞭に区分し、特に資本剰余金と利益剰余金とを混同してはならない」という原則があり、前者は、基本的な性格は資本と同じであることから原則として配当原資とすることができないが、後者は、損益取引から生じた剰余金であることから配当することができるという違いがある。

(A)　その他資本剰余金

「その他資本剰余金」とは、資本準備金以外で以下のような資本取引から生じた金額のことである。

① 資本金や資本準備金を取り崩して損失補てんをした場合は、その取り崩した金額と損失補てんをした金額との差額

② 取得した自己株式を売却したことで得た利益（自己株式処分差益）など

(B)　その他利益剰余金

「その他利益剰余金」とは、利益準備金以外で、損益取引から生じた各種任意積立金やこれまでに累積した利益剰余金のことである。

3．株主に対する利益分配と剰余金

個人事業主の場合は、事業で得た利益は、すべて個人に帰属する。しかし、株主の有限責任制度をとる株式会社の場合は、債権者は会社の財産によってしか保護されない。そこで、前述したとおり会社法は、会社の純資産のうち、配当等社外に流出する財産と社内に残すべき財産とを区別し、社外に流出する財産を規制している。

他面、株主は、事業活動で得た利益の分配を受けることになるが、会社法では、その分配を、利益の配当ではなく、剰余金の配当と表現している（453条）。

これは、当期の利益だけでなく過去に累積した利益も含めた「剰余金」を配当原資とする考え方によるものである。この「剰余金」とは、前述のとおり、「その他資本剰余金」と「その他利益剰余金」のことであるが、「その他利益剰余金」を配当原資とするのが通常である。

この配当を含めた剰余金の処分は、原則株主総会の普通決議で決定する（454条1項、309条1項）。

(1)　剰余金の処分

株式会社は、原則株主総会の普通決議で、剰余金の配当（453条、454条）、

剰余金の組入れによる資本金および準備金の額の増加（450条、451条）、または、任意積立金の積み立て、損失の処理など（452条、計規153条１項）のために剰余金を処分（取崩し）することができる。

⑵　剰余金の配当

㈠　剰余金の配当と分配可能額

個人事業主の場合、利益の配分はいつでも自由に行うことができる。株式会社においても、事業年度内にいつでも何度でも配当できるようになったが、そのつど株主総会の普通決議（なお、定款で、取締役会決議に委ねることもできる（〈図表７〉（16頁）の⑥（459条１項４号）参照））が必要である。また、前述したとおり、会社の純資産が社外に流出することを制限し、債権者との利害を調整する目的から、株主に対する払戻し可能な上限額を分配可能額とし、株主への配当を制限している。この規制の対象となる株主への払戻しには、剰余金の配当（461条１項８号）だけではなく後述する（〈図表23〉238頁）自己株式の取得（461条１項１号～７号）も含まれ、この２つの合計額が分配可能額の範囲内でなければならない。

配当の原資は、通常「その他利益剰余金」であるが、「その他資本剰余金」から配当することも可能である。しかし、この場合、資本的性格が強いことから、出資された資本の払戻しと解され、税法上株主が保有する株式の一部譲渡であるとして、配当所得ではなく、譲渡所得（みなし譲渡）とされる可能性があるので留意が必要である。

また、「その他利益剰余金」を配当原資としたときは利益準備金、「その他資本剰余金」を配当原資としたときは資本準備金それぞれに、前述のとおり一定額を積み立てなければならないし、両方を配当原資としたときは、その一定額を、配当原資とした両方の割合に従い按分し、それぞれの準備金として積み立てることになる。

㈡　現物配当

金銭以外の財産で配当することを現物配当とよんでいるが、会社法では、金銭以外の現物（当該会社の株式を除く）で配当することも認め、どのような財産で配当するかは、原則株主総会の普通決議（なお、定款で取締役会決議に委ねることもできる（〈図表７〉（16頁）の⑥（459条１項４号）参照））で定めることになっている（454条１項１号）。現物配当の場合、株主に対して金銭分配請求権（当該現物配当に代えて金銭を交付することを株式会社に対して請求する権利）を与えるとき（同条４項１号）は、金銭配当の場合と同様株主総会の普通決議でできるが、株主に金銭分配請求権を与えないときは、株主利益の保護を図るため、株主総会の特別決議が必要である（309条２項10号）。

なお、一定数以上の株式を有する株主には現物配当をし、一定数に満たない株主には、当該配当財産の価額に相当する金銭を支払うことができるとしている（454条４項２号、456条）。これは、現物配当では、その価額によって端数が生じる場合があるので、その端数の処理のために株式数による異なる取扱いを許容しているものである。

⑶　分配可能額の算定

分配可能額の算定方法は、少し複雑であるが以下のとおりである。

なお、分配可能額＝その他資本剰余金の額＋その他利益剰余金の額－自己株式の帳簿価額が算定の基礎となるので押さえておくとよい。

また、資本金×1/4＞資本準備金＋利益準備金でかつ剰余金×1/10の金額を積み立てる必要がある場合、株主への配当金額は、分配可能額×10/11が上限となるし、仮に計算上分配可能額が存在したとしても、純資産額が300万円を下回る場合は、株主への配当はできない（458条、計規158条６号）。

㋐　算定のための手順

会社法では、事業年度内にいつでも何度でも配当を行うことができるようになったことなどから、以下のとおり、最終事業年度（２条24号）の末日（決算日）と分配時点という２つの時点を押さえて、各剰余金を算定したうえで配当可能額を導くという手順をとっている。

①　決算日における剰余金の額の算定

②　上記①以後から分配時までの剰余金の増減を加減し、分配時点における剰余金の額の算定

③　上記②の額から自己株式の帳簿価格等を差し引き分配可能額を算定

⑷　決算日における剰余金の額（上記㋐①）の算定（446条1号）

決算日における剰余金の額＝（資産の額＋自己株式の帳簿価額）－（負債の額＋資本金・準備金＋法務省令で定める各勘定科目に計上した額の合計）となる。

そして、法務省令（計規149条）で定めている各勘定科目とは、（資産の額＋自己株式の帳簿価額）－（負債の額＋資本金・準備金＋「その他資本剰余金」＋「その他利益剰余金」）であるので、これらを差し引くと残るのは、結局「その他資本剰余金」＋「その他利益剰余金」のみとなる。したがって、決算日における剰余金の額＝「その他資本剰余金」の額＋「その他利益剰余金」の額ということになる。

⑼　分配時点における剰余金の額（上記㋐②）の算定（446条1号～7号）

分配時点における剰余金の額（446条本文）＝決算日における剰余金の額（上記⑷の額（同条1号）＋決算日後の自己株式処分損益（同条2号）＋同日後の減資差益（同条3号）＋同日後の準備金減少差益（同条4号）－同日後の自己株式消却額（同条5号）－同日後の剰余金の配当額（同条6項）－法務省令（計規150条、〈図表13〉））で定める各勘定科目に計上した額を加減した合計額（同条7号）である。

〈図表13〉　会社計算規則150条で定める事項

最終事業年度末日後に生じた以下の1から4号までの合計額から5から6号までを減じて得た額

〈1号〉	剰余金から資本金または準備金へ繰り入れた額
〈2号〉	剰余金の配当をした場合の準備金への積立額（計規22条1項2号、同2項2号）
〈3号〉	吸収型再編受入行為（＊）に際し処分する自己株式の処分差額（法446条2号）

〈４号〉	吸収分割または新設分割をした際に剰余金を減少した場合の当該減少額
〈５号〉	吸収型再編受入行為をした場合のその他資本剰余金およびその他利益準備金の増減額
〈６号〉	計規21条の規定により増加したその他資本剰余金の額

＊以下の行為をいう（計規２条３項34号）

イ）吸収合併による吸収合併消滅会社の権利義務の全部承継

ロ）吸収分割による吸収分割会社がその事業に関して有する権利義務の全部または一部の承継

ハ）株式交換による株式交換完全子会社の発行済株式全部の取得

㈤　分配可能額（上記㈦③）の算定（461条２項）

(A)　臨時計算書を作成していない場合

分配可能額（461条２項本文）＝分配時点における剰余金の額（上記㈥。同項１号）－分配時の自己株式の帳簿価額（同項３号）－決算日後に自己株式を処分した場合の処分対価（同項４号）－その他法務省令（計規158条。〈図表14〉）で定める各勘定科目に計上した額を加減した合計額（同項６号）である。

なお、分配時点での剰余金の額の算定（上記㈥）では、自己株式の処分損益を分配時点での剰余金の算定に含めている。しかし、「決算日後の自己株式処分は分配可能額にしない」ということから、分配時点での分配可能額の算定では、自己株式の処分価額（ⓐ）を差し引くことで、結果として、上記㈥の剰余金に加算されている自己株式の差損益（ⓑ）を差し引き、加えて、決算時点での当該自己株式の帳簿価額（ⓒ）も控除している（ⓐ＝ⓑ＋ⓒ）。

また、分配時点であることから、決算日後分配時点までに自己株式を取得した場合は決算日後ではあるが、その取得金額が分配可能額から控除されることになる（461条２項３号）。

〈図表14〉　会社計算規則158条で定める事項

以下の１から８号までの合計額から９から10号までを減じて得た額

〈１号〉	最終事業年度の末日におけるのれん等調整額（資産の部に計上した

	のれん額÷２＋繰延資産額）で次のイからハまでに定める額
	イ 「のれん等調整額≦資本等金額（資本金の額＋準備金の額）」の場合「ゼロ」
	ロ 「資本等金額＜のれん等調整額≦資本等金額＋その他資本剰余金」の場合 「のれん等調整額－資本等金額」
	ハ 「資本等金額＋その他資本剰余金＜のれん等調整額」の場合は以下の額 ⑴ 「のれん額÷２≦資本等金額＋その他資本剰余金」の場合 「のれん等調整額－資本等金額」 ⑵ 「資本等金額＋その他資本剰余金＜のれんの額÷２」の場合 「その他資本剰余金＋繰延資産」
〈２号〉	最終事業年度の末日における貸借対照表のその他有価証券評価差損（マイナス残高）
〈３号〉	最終事業年度の末日における貸借対照表の土地再評価差損（マイナス残高）
〈４号〉	株式会社が連結配当規制適用会社（計規２条３項51号）である場合、以下のイ－(同ロ＋同ハ)
	イ 最終事業年度の末日における貸借対照表の株主資本等の額 (株主資本の額＋その他有価証券評価差損（マイナス残高）＋土地再評価差損（マイナス残高)－のれん等調整額)
	ロ 最終事業年度末日後に子会社から取得した親会社株式の取得直前における帳簿価額のうち当該子会社に対する持分に相当する額
	ハ 最終事業年度の末日における連結貸借対照表の株主資本等の額 (株主資本の額＋その他有価証券評価差損（マイナス残高）

	＋土地再評価差損（マイナス残高）－のれん等調整額）
〈５号〉	最終事業年度末日後に２回以上（株主総会の承認を得た）臨時計算書類を作成した場合における最終の臨時計算書類以外の臨時計算書類に係る損益（法461条２項２号イ、計規156条、法461条２項５号、計規157条）＋自己株式の処分価格（対価）（法461条２項２号ロ）（これは、最終の臨時決算以外の臨時決算による期間損益の影響を分配可能額から排除し、最終の臨時決算分の期間損益のみを分配可能額に反映するため）
〈６号〉	300万円－（資本金および準備金の額＋新株予約権の額＋評価・換算差額等の額）の額（これは、法458条を受けて、剰余金の配当等の後においても純資産額が300万円を下回らないようにするため）
〈７号〉	最終事業年度末日後の臨時決算中における吸収型再編受入行為または特定募集（＊）に際して処分する自己株式の対価の額
〈８号〉	最終事業年度の末日後に不公正発行に伴う支払義務の履行により増加したその他資本剰余金の額および最終事業年度のない株式会社の成立日後に自己株式を処分した場合の当該株式の対価の額
〈９号〉	最終事業年度末日後に自己株式（取得請求権付株式、全部取得条項付種類株式など）を取得し、その対価として当該株式会社の自己株式を交付した場合において、当該取得した自己株式の帳簿価額－（自己株式以外に交付した財産（社債等を除く）の帳簿価格＋同交付した社債等に付すべき帳簿価額）
〈10号〉	最終事業年度末日後の吸収型再編受入行為または特定募集に際して処分した自己株式処分対価の額

＊以下のイからハまでの要件を満たす場合のロの募集をいう（計規158条５号カッコ書および同号イ～ハ）

イ）全部取得条項付種類株式の取得に際し、その取得の対価として、ロの募集により当該株式会社が払込みまたは給付を受けた財産のみを交付すること。

ロ）募集手続によりイの株式（当該株式の取得と同時に当該取得した株式の内

容を変更する場合にあっては、当該変更後の内容の株式）の全部または一部を引き受ける者の募集をすること。

ハ）イの株式の取得に係る効力発生日とロの募集に係る効力発生日が同一の日であること。

(B)　臨時計算書類を作成し（441条１項）、株主総会等で承認を得た場合（同条３項・４項）

分配可能額（461条２項本文）＝上記(A)の分配可能額＋決算日後から臨時決算日までの期間における利益（損失の場合は減算。同項２号・５号、計規156条、157条）＋同期間における自己株式の処分対価の額（461条２項２号ロ）－吸収型再編受入行為または特定募集行為に際して処分する自己株式の処分対価（計規158条７号）－２以上の臨時計算書類を作成した場合の調整（同条５号）である。以上の分配可能額の算定については、〈図表15〉〈図表16〉を参照のこと。

〈図表15〉　分配可能額

<table>
<tr><td>分配時点の剰余金の額（ウ）（37頁）</td><td>分配時の自己株式の帳簿価額</td></tr>
<tr><td rowspan="3">（臨時計算書を作成した場合）
決算日後臨時決算日までの期間における利益または損失の額
＋
同期間に自己株式を処分した場合の処分対価の額</td><td>決算日後に自己株式を処分した場合の処分対価</td></tr>
<tr><td>法務省令で定める各勘定科目に計上した額（計規158条〈図表13〉参照）</td></tr>
<tr><td>分配可能額</td></tr>
</table>

〈図表16〉　分配可能額の算定

項　目	分配可能額の増額	根拠法令
分配時点における剰余金の額	基本	法461条２項２号
自己株式の帳簿価額	減	法461条２項３号

決算日（※）後に処分した自己株式の処分価額	減	法461条２項４号 計規158条８号ロ
吸収型再編受入行為等に際して処分した自己株式の処分価額	増	計規158条10号
のれん等調整額	一定限度で減	計規158条１号
その他有価証券評価差損	減	計規158条２号
土地再評価差損	減	計規158条３号
連結配当規制による調整	減	計規158条４号
純資産300万円維持のための調整	減	計規158条６号
不公正発行による責任履行が決算日（※）以後になされた場合の資本剰余金の増額分	減	計規158条８号イ
ただし、臨時決算が行われた場合の上記増額分	増	法461条２項２号イ
自己株式を取得し、対価として別の自己株式を交付した場合の調整		
取得した自己株式の帳簿価額	増	計規158条９号
取得した株式の株主に交付する株式以外の財産（社債等を除く）の帳簿価額	減	計規158条９号イ
取得した株式の株主に交付する社債等に付すべき帳簿価額	減	計規158条９号ロ
臨時計算書類を作成した場合		
当期期間純利益	増	法461条２項２号 計規156条
当期期間純損失	減	法461条２項５号 計規157条

	決算日後に処分した自己株式の処分価額	増	法461条2項2号ロ
	上記自己株式の処分が吸収型再編受入行為等に際して行われたときの処分価額	減	計規158条7号
	決算日後に2以上の臨時計算書類を作成した場合の調整	減	計規158条5号

※設立1年目の場合は会社成立日

Ⅳ 資本金等の減少と分配可能額

1．はじめに

(1) 純資産と「分配可能額」との関係

貸借対照表の左側は「資産」、右側は「純資産」と「負債」という項目で構成されている（〈図表12〉（31頁）参照）。この純資産は、自己資本ともいわれている。

この純資産の額（資産－負債）は、会社の業績によって増減する。しかし、純資産のうち、資本金および（資本および利益）準備金の額は、法律上一定であることから変動しないが、純資産の他の項目（その他資本および利益剰余金など）の金額は変動する。

ちなみに、「分配可能額」は、前述したとおり、その他資本剰余金の額＋その他利益剰余金の額－自己株式の帳簿価額をその算定の基礎としている（詳細は36頁以下）。したがって、純資産額が減少するということは、純資産の資本金・準備金以外の項目の金額が減少することであり、「分配可能額」も減少することになる。また、資本金および準備金の額を減少させれば、純資産の他の項目の金額が増加し、「分配可能額」が増加するという関係にある。

(2) 純資産の部の項目間での振替え

会社法では、「純資産」の部の「資本金」、「準備金」、「剰余金」の間での項目間での振替えが、一定の手続をとることを前提に、原則として自由に行えるようになっている。具体的には、資本金の額は、株式の発行がなくても、準備金または剰余金の資本金組入れ（448条1項2号、450条1項、計規25条1項）によって増加させることができるし、資本金および準備金を剰余金に振り替える（減少させる）ことで、財産分配（剰余金の分配や自己株式の取得）や損失の補てんが可能となる。

2．資本金等の減少と分配可能額等との関係

前述のとおり、資本金または準備金を取り崩す（減少させる）と、分配可能額が増加することになる。また、後述する欠損が生じている場合には、そのままにしておくと、その後損益計算上当期純利益が発生したとしても、当該欠損の額を上回らない限り分配可能額が生じない。そこで、資本金・準備金を減少させ、欠損の額を消滅させておけば、その後当期純利益が発生したとき即座に分配可能額が生じ、株主への財産分配が可能となる。

なお、資本金または準備金の額を減少させるには、原則債権者保護手続が必要となる（449条）。

(1) 資本金の減少

以下のとおり、資本金を減少させ、準備金およびその他資本剰余金に充当することができる（447条1項）。

そして、資本金の額は、ゼロまで減少できるが、マイナスとすることはできない（447条2項）。しかし、その判断基準時が効力発生日であることから、たとえば、会社が資本金の減少と併行して募集株式の発行等の手続を進めている場合には、その手続により効力発生日までに増加している資本金の額が減少の限度額ということになる（江頭696頁注(2)）。

また、資本金の額を減少させることを一般に減資とよんでいる。

①　資本金→資本準備金（447条１項２号、計規26条１項１号）
②　資本金→その他資本剰余金（計規27条１項１号）

上記①および②の場合は、株主総会の特別決議が必要であり（447条１項、309条２項９号）、かつ債権者保護手続を要する（449条）。

なお、株式の発行と同時に準備金の額を減少し、株式を発行することにより減少額以上の準備金の増加がある場合には、株主総会決議は不要で、取締役の決定または取締役会の決議で足りる（447条３項）。

③　資本金→欠損の額のてん補

減資の額が定時株主総会の日（439条の場合は、436条３項の取締役会の承認があった日）における欠損の額を超えない範囲であれば、定時株主総会での普通決議で足りるが（309条２項９号イ・ロ、施規68条）、債権者保護手続は必要である。

資本金を減少させ欠損金をてん補することで、剰余金の配当が可能となるようにしたうえで、募集株式の発行をすることになるが、実務上資本金の額の減少と同時に株式の併合を行い募集株式の発行後の既存株主の持株比率を引き下げるケースも多くみられる。

⑵　準備金の減少（448条１項、計規26条２項、28条２項）

準備金には、資本準備金と利益準備金とがあるが、どちらを先に減少させるかは、会社の選択に委ねられている。

①　（利益および資本）準備金→資本金

準備金の一部または全部を株主総会の普通決議により資本金とすることができる（448条１項２号、計規25条１項１号、28条２項）。

減少する準備金の額の全部を資本金とする場合には会社債権者は不利にならない。したがって、債権者保護手続は不要である（449条１項カッコ書）。

> ②　資本準備金→その他資本剰余金（計規27条１項２号）
> ③　利益準備金→その他利益剰余金（計規29条１項１号）

上記②および③の場合は、株主総会の普通決議で足りる（309条１項）が、債権者保護手続は必要である（449条１項）。

なお、株式の発行と同時に準備金の額を減少させ、当該発行により減少額以上の準備金の増加がある場合には、株主総会決議は不要で、取締役の決定または取締役会の決議で足りる（448条３項）。

> ④　準備金→欠損の額のてん補

資本金の減少の場合とは異なり、定時株主総会以外であっても株主総会の普通決議で足りるし、分配特則規定の適用会社（459条１項）の場合は、436条３項の取締役会での決議でもできる（同項２号）。

この場合、債権者保護手続は必要である。しかし、定時株主総会（上記分配特則規定の適用会社の場合は、436条３項の取締役会での決議）で、同総会の日（439条前段で規定する会社の場合は、436条３項の取締役会承認の日）における欠損の額を超えない範囲で準備金の額を減少させるのであれば、債権者保護手続は不要である（449条１項ただし書）。

このように、手続が減資の場合に比べ簡素であることから、欠損のてん補は、資本金よりも先に準備金の取り崩しによって行うのが通常である。

⑶　剰余金の減少

> ①　その他資本剰余金→資本金（450条、計規25条１項２号、27条２項１号）

②　その他利益剰余金→資本金（450条、計規25条１項２号、29条２項１号）

③　その他資本剰余金→資本準備金（451条、計規26条１項２号、27条２項２号）

④　その他利益剰余金→利益準備金（451条、計規26条１項２号、29条２項２号）

上記①ないし④の場合、株主総会の普通決議（分配特則規定の適用会社（459条１項）であれば、取締役会決議）でできる。また、債権者保護手続も不要である。

⑤　その他利益剰余金→その他資本剰余金

資本と利益の区別という会計上の命題から、この項目間の額の振替えはできない。

⑥　その他資本剰余金→その他利益剰余金

原則できないが、例外的に「損失の処理」（452条）としてであればできる。

企業会計基準第１号「自己株式及び準備金の額の減少に関する会計基準」（60項～61項）によれば、資本性の剰余金と利益性の剰余金は、払込資本と同資本を利用して得られた成果を区分することが困難となることから、原則的に混同が禁止される。例外として、利益剰余金がマイナスの場合は、その他資本剰余金で補てんすることは、上記混同にはあたらないと考えられるとしている。

この場合、株主総会の普通決議（分配特則規定の適用会社（459条１項）であれば、取締役会決議）が必要である。債権者保護手続は不要である。

⑷　複数項目への振替え

ある項目から、他の複数項目への振替えも可能である。たとえば、資本準備金減少の一部→資本金、資本準備金減少の残り→その他資本剰余金として振り替えることができる（447条１項２号、448条１項２号）。

⑸　欠損のてん補と損失の処理

㋐　欠損のてん補とは

会社法上「欠損」についての定義は明示されていない。しかし、「欠損の額」については、減少する資本金の額（447条１項１号）が定時株主総会の日における「欠損の額」として法務省令で定める方法により算定される額を超えないこと（309条２項９号ロ、449条１項２号）という規定があり、法務省令で、ゼロまたはゼロから分配可能額を減じた額のいずれか高い額をもって「欠損の額」とする（施規68条、計規151条）と定義されている。要するに、分配可能額がマイナスの場合、ゼロから分配可能額を控除した金額は、ゼロより高い額となり、その控除したマイナスの額を「欠損の額」とし、その額を超えない場合、特別決議までは要しない（上記⑴③参照）としている。

また、準備金についても同様の規定（449条１項２号）があり、株主総会で、欠損の額を超えない範囲で準備金の額を減少するのであれば、債権者保護手続を不要（449条１項ただし書）としている（上記⑵④参照）。

このように、会社法において、欠損とは分配可能額がマイナスである場合を意味し（江頭685頁）、このマイナスの分配可能額を解消することを「欠損のてん補」と称している。要するに、欠損のてん補とは、会社に欠損がある（分配可能額がマイナスである）場合、利益（剰余金）の配当を復活させるために、資本金あるいは準備金を減少させ、その減少分を欠損金に充て、欠損（分配可能額のマイナス）を解消させることである。

㋑　損失の処理

会社法452条では、「株主総会の決議によって、損失の処理をすることができる」としているが、この「損失」とは何かについての明示の規定はない。

この場合の「損失」とは、決算の結果、その他利益剰余金がマイナスの状態で繰り越さなければならなくなった場合、このマイナスの「繰越その他利益剰余金」（繰越損失）のことである。そして、この繰越損失（その他利益準備金がマイナスの状態）を解消することを、会計上「損失処理」とよんでいる。

前述したとおり、この「損失処理」（年に一度の決算期においてのみ）としてであれば、その他資本剰余金を取り崩し、その損失額（マイナスのその他利益剰余金額）の補てんとして利用することが許されている（上記⑶⑥参照）。

決算期に限定しているのは、期中で発生したその他利益剰余金のマイナスを、そのつど資本剰余金で補てんすることは、年度決算単位でみた場合、資本剰余金と利益剰余金の混同になることがあるからであると説明されている（企業会計基準第１号「自己株式及び準備金の額の減少に関する会計基準」(61項))。

㋒　減資と欠損および損失のてん補

欠損（マイナスの分配可能額）のてん補であれば、直接資本金を減少（減資）させ、これをてん補することができる（上記⑴③参照）。しかし、損失処理の場合は、減資によって直ちに損失をてん補することができない。会社法上は、資本の減少とその他剰余金の処分（452条）という二段階の手続を行う必要がある。具体的には、前述したとおり、資本減少→その他資本剰余金（上記⑴②参照）の手続をとったうえで、その増加したその他資本剰余金→その他利益剰余金に振り替える（上記⑶⑥参照）手続をとることでその他利益剰余金のマイナスをてん補することになる。この場合二度の株主総会が必要であるが、実務では一度の総会で同時に決議をしている。

また、損失（その他利益剰余金のマイナス）が生じたとしても、上記のとおりその他資本剰余金→その他利益剰余金によりその他利益剰余金のマイナスをてん補しても、なおその他資本剰余金がプラスである場合は、分配可能額がプラスであり、欠損が生じていないことになる（計規151条）。

なお、100％の減資を行うことも可能であり、その場合の手法として、後述する全部取得条項付種類株式の制度が導入されている。

Ⅴ　株式の効果的な活用と視点

1．株式の重要性

(1) はじめに

前述したとおり、株式会社と他の（持分）会社との大きな違いは、株式会社は、出資する人（株主）と経営をする人（経営者）が、異なることを前提としている。たとえば、合同会社の場合、出資者でなければ経営ができないが、株式会社の場合は、株主でなくとも経営者になることができる。もっとも、中小企業（株式会社）の場合には、出資者（株主）＝経営者である場合が少なくない。

また、株式会社は、前述したとおり、持分会社と異なり、出資者（株主）は、出資割合（株式保有割合）に応じて、利益配分（剰余金の分配等）を受ける権利や議決権（経営参加権）を有することから、株式の多数を有する者が株主としての権利を通じて会社を支配し、かつ利益配分の多くを受けることになる。

そのため、株主が有する株式の保有割合が当該会社の安定的な経営にとり極めて重要であり、多数株式を保有する株主は、その株主権を通じて自らが経営者となり、会社を経営することもできるし、経営はせずに、株主としての権限を行使し、利益配分や株式の値上がり益（キャピタルゲイン）という財産的な利益を求めていくことも可能である。

要するに、株式には、経営への参加という側面と財産的価値という側面の両面がある。

(2) 株式会社にとっての株式の重要性

(ア) 資金調達としての重要性

株式会社は、株式を発行することで投資家から資金を調達し、その資金で事業活動を行う。したがって、株式は、会社の資金調達方法の一つとして重要である。資金調達方法として、他に社債の発行、金融機関等からの借入れ等があるが、株式による資金調達は、社債や金融機関等からの借入れ（負債）と異なり、返済の必要のない長期的安定的な資金（自己資本）として重要である。

また、自己資本（自己資本＋資本準備金）が増加することで、自己資本比率（自己資本÷総資本）が高まり、会社の取引上での信用力も向上する。

(イ)　会社経営にとっての重要性

会社は、株式を発行し資金調達をした場合、株式を取得した株主に対し、単純なお金の貸し借りと異なり、株主に議決権を行使させ、その保有する株式の数に応じて会社の意思決定に参画させなければならない。

したがって、既存株主がいる場合には、その持株比率や後述する既存株主の財産的利益を減少させることになるので、既存株主の理解や利害の調整が欠かせない。

また、多数株式を保有する株主には、会社経営を支配できるいわゆる所有者的な立場を与えることになることから、会社にとり各株主が有する株式の保有割合は、円滑な企業活動を行っていくうえで極めて重要である。

したがって、会社にとってはもちろん株主にとっても、どの程度の持株比率を保有すれば、何ができるのかを把握しておくことが大切である。

具体的には、中小企業の場合、安定した経営をするためには、株主総会の特別決議を通すことができる３分の２以上の持株比率を維持しておくのが望ましいし、一方で相続等によって株式が分散していくリスクもあるので、普段から株主の状況を把握するなど株式の管理に注意を払うことが肝要である。

(3)　株主にとっての株式の重要性

(ア)　株主の財産としての株式

出資し株主となった場合、その株主に会社から与えられる法律上の地位（株主権）を表しているのが株式である。

株主に与えられる基本的な権利として、①剰余金の配当を受ける権利、②残余財産の分配を受ける権利、③株主総会における議決権の３つがあるが、このうち①の剰余金の分配および②の残余財産の分配そして株式の値上がり益（キャピタルゲイン）という財産的な利益は、株主にとり不動産同様に価値のある重要な財産である。

もっとも、中小企業の場合、ほとんどの株式が譲渡制限株式であるので、換金性に乏しく、残余財産の分配が見込めないばかりか、配当もなされないことから、株式の財産的価値について等閑視しているのが株主一般の実態である。

㈠　財産としての株式（価値）の重要性

株式は、株主が所有する財産であるから、相続や贈与または譲渡等によって株式が移転する場合には、関係当事者間あるいは税務上で財産的価値（価格）が問題となる。上場会社の場合は、証券取引所において、多数の投資家による取引の集積によって適正な株価が形成されているので、その算定は基本的に難しくない。しかし、未公開株については、そうした取引相場がないので、客観的評価が問題となる。

したがって、取引相場のない株式の場合は、株価が問題とされ、特に相続の場合、相続人間において、相続財産である株式（価値）をめぐりしばしば争いとなる。

また、株価が高額であった場合には、経営を承継させる場合の大きな障害となる。

中小企業においては、上記のとおり、株主一般の株式価値に対する関心が薄いけれども、株式の移動が不可避となった場合には、株価が問題となり、にわかに関心をもたざるを得なくなる。したがって、株主特に大株主の場合は、日頃から株価に関心をもっていることが重要であるし、そのためには、株価の算定方法についての理解が欠かせない（前記Ⅲ１⑶参照）。

㈡　株主の経営参加と株式

株式は、株主にとり経営に参加するための手段として重要である。多くのスタートアップ企業において、事業の担い手となる者がまず自ら資金を提供し支配株主となったうえで、会社経営者となっているのがその典型例である。

要するに、株式会社においては、資本多数決（議決権の多数）を制する株主が、自ら経営者となり、あるいは経営者を意のままに選任することで、自らの意思を会社経営に反映させることができるしくみになっている。したがって、会社の経営を直接の目的とする株主にとっては、株式の保有割合が重要となるし、他の経営（資本）参加者をどう考えるか、あるいは相互の持株比率をどのようにするかが大きな課題となる。

また、少数株主であっても、その保有する株式によって、会社経営に自らの意思をどの程度反映させることができるかの理解が欠かせない。

2．株式の効果的な活用の視点

⑴　株式の活用と株主平等の原則

会社法では、株式の「内容」や株式の「数」に応じて、会社が、株主を平等に扱う（109条1項）ことを原則としている。このことを「株主平等の原則」とよんでいる。この原則は、「内容」が同じで、「数」も同じである場合は、等しく扱わなければならないが、「内容」が同じで「数」が異なる場合は、数に応じて等しく扱えばよいことを意味している。

そして、この原則の例外として、前述したとおり（前記Ⅱ⑶(ア)(B)）、①属人的株式、②少数株主権の要件や株式の保有期間、③単元未満や端数処理などがある。

また、この原則は、内容が異なる場合には、異なる取扱いができることを意味し、この異なる取扱いのできる株式として種類株式が認められている。

さらには、たとえば、公開会社である場合、議決権制限種類株式の数は、発行済株式の2分の1以下であること（115条）など、公開会社と非公開会社とで株式の取扱いに関する違いがある（〔図表8〕（20頁）参照）。

したがって、株式を有効活用するためには、こうした株式の「内容」や「数」そしてその取扱いの違いについての知識が欠かせない。

また、実務において上記原則と異なった株式の取扱いをする場合には、同原則に反しないか否か微妙なところもあるので、慎重な検討が求められる。

⑵　資金調達と株式の活用

株式は、会社にとって重要な資金調達手段である。しかし、前述したとおり（前記1⑵㋐）、資金調達のために発行した株式の取得者は、株主として、会社の経営に参加し、あるいは取得した株式数によっては経営の支配ができる立場に立つことにもなる。

したがって、資金調達のために株式を発行する場合には、普通株式、種類株式それぞれの特性を知ったうえで、これらの株式を上手に活用することで、会社の状況にあった資金調達をする必要がある。

たとえば、一定期間での資金調達であれば、取得条項付種類株式や全部取得条項付種類株式、取得請求権付株式の活用を検討するなどである。

なお、こうした種類株式の活用や工夫は、中小企業にも直接金融への途を開くことにつながるものと考える。

⑶　財産としての株式の活用

㋐　株式の交換価値（投下資本の回収）からの視点

株式は、前述のとおり（前記1⑶㋐）株主にとり重要な財産である。そして、上場会社では、株主が剰余金の配当を受けるのが通常であり、仮に会社の経営に不満がある場合には、株式を市場で売却することによって投下資本を回収し、会社から退出することも容易である。しかし、中小企業の場合には、後述のとおり、剰余金の配当がなされないのが一般的であるし、会社から退出したくとも、譲渡制限株式（非公開会社）がほとんどであり、かつ市場がないため投下資本を回収し退出することが極めて困難である。もっとも、特別な事由が生じた場合の株式買取請求の制度はあるが、会社からの退出を希望する株主の一般的な株式買取請求の制度は設けられていない。

したがって、こうした会社の場合には、株主となる者は限られ、株式が資金調達手段として機能しないことはもちろん、株主においても、株式の財産的価値への関心が必然的に乏しくなり、結果的に少数株主に対する配慮に欠けるという弊害が生み出されている。

しかし、こうした中小企業においても、種類株式や属人的株式、たとえば取得請求権付種類株式を活用することで、資金調達を工夫することが可能となる。

㈠　剰余金の配当からの視点

多くの中小企業において、配当が実施されていない理由は、税務上の問題にあると説かれる。1つは、役員報酬や給与は経費となるが、配当は経費とならないということ、もう1つは、配当することで、株価を上昇させる可能性があるということにある。前者の問題は、すべての株主が役員あるいは従業員となっている場合はさほど問題はない。しかし、そうした会社利益（事実上の配当）にあずかることのできない少数株主がいる場合には、上記のとおり株式の換価が困難なこともあり配当が極めて重要な投下資本の回収手段となる。

したがって、見方によっては、少数株主は、株式の「数」に従った利益配分を受ける権利をはく奪されているとも考えられるが、資本多数決制度の下においては、当不当の問題は別として、直ちに違法とまではいえないとするのが裁判例である（東京地判昭和62・12・25金判799号25頁）。

また、後者の問題は、たとえば、配当が行われないために内部留保が積み上げられ、株式自体の評価額が高額となる場合もあるので一概にいうことはできない。

むしろ、非公開会社では、配当することで少数株主に酬いることが、企業価値や信用を高め、分配可能額に対する関心が業績向上や新株発行による資金調達につながるし、少数株主との間での良好な関係を築けると考える。

このように、剰余金の配当については、税務上の観点からだけでなく、会社の将来を見据えた大所高所からの総合的な視点での再検討をすべき必要があるものと思われる。

配当が前提であれば、たとえば、株式を分散せざるを得ない場面での無議決権付配当優先種類株式や属人的株式の活用が考えられる。

⑷　経営への参加と株式の活用

株式会社の経営は、資本多数決に従って行われる。具体的には、株主総会での議決権の多数を制する株主の意思によって経営がコントロールされるしくみになっている。したがって、株式会社の経営にとり、議決権の多数を制する株主の意思は重要である。もっとも、所有と経営が分離する上場企業と所有と経営が一致する中小企業とでは、大きな違いがある。

議決権の多数を制する株主と経営者とが異なる上場企業の場合、大株主を含めて大半の株主は、通常株式の値上がり益（キャピタルゲイン）や配当（インカムゲイン）という目的に向けて、取締役の選・解任権などの議決権を行使することになる。そのため、経営者は、必然的に株主からのコントロールを意識した経営をすることになる。しかし、中小企業の場合には、経営者＝大（支配）株主であることから、株主を意識する必要がほとんどない。そのため、前述したとおり経営者利益が優先し株主利益が軽視されがちになる。

このように、議決権は、株式の財産的利益（価値）にとっても、会社経営にとっても最も重要な権利である。しかし、資金調達の必要から株式の持分割合が希釈され、あるいは中小企業の場合には、相続などによって株式が分散されることで、議決権割合が変動するというリスクがある。

また、中小企業の場合、事業承継の場面において、株式がもつ財産的利益と経営にとって重要な議決権に関し、承継者と経営者あるいはその推定相続人との間での利害対立が問題となる。

こうした場合に効果的に活用できるのが、株主間契約であり、種類株式および属人的株式である。

会社法では、こうした議決権に関する種類株式として、完全無議決権種類株式や拒否権付種類株式（黄金株）、あるいは議決権と財産的利益とを分離した無議決権付優先配当株式などを認めている。また、非公開会社に限られるが、議決権や配当優先権などについて、種類株式によるのではなく、定款自治によって「株主ごとに異なる取扱い」ができる属人的株式（109条2項）という制度も設けられている。

しかし、いまだこうした種類株式や属人的株式が本格的に活用されているとはいいがたいのが実態である。　（本章、高橋理一郎）

第2章
株式の内容と発行

Ⅰ　株式の発行

Ⅱ　多様な株式とその活用

Ⅰ　株式の発行

〈*Case* 2-①〉　会社設立時の発行

　Aは、電子部品の製造を目的とするX株式会社を営んでいる。今度電子部品の販売を営むY株式会社との間で、X社の部品を組み込んだ新製品を開発し、製造するZ株式会社を立ち上げY社で販売することを考えている。新たに立ち上げるZ社の資本金は5000万円とし、X社が3000万円相当の機械類を納入することで出資し、Y社には、現金で2000万円を出資してもらう予定でいる。このような場合、どのような手続が必要であり、どの点に気をつけたらよいか。

Mission　獲得目標

　X社は、X社の技術力とY社の販売力という互いの強みを活かし、ある新製品を開発し、製造・販売したいと考えている。しかし、他方では、相互に経営への干渉はできる限り避けたいという思いもある。そこで、合弁会社としてZ社を設立することにより、X社は、Z社がX社の電子部品を購入することで利益を得、Y社は、Z社から新製品を安価で購入し販売権を手にすることで利益を得ることを考えている。また、X社は、Z社を設立するのは、新製品の開発および販売について、X社が負うことになるリスクの回避につながるものと期待している。

Task & Option　検　討

［*Task*］

① X社およびY社間で事前に取り決めておくべきこと

② Z社の設立方法

③ 資本政策の考え方

1．X社およびY社間での交渉

株式会社を設立するには、個人事業主が法人化するように、設立時の株主が実質1人で会社を設立する「単独設立」と、株主が複数で設立する「共同設立」とがある。

〈*Case* 2-①〉では、X社とY社とが株主となって、Z社（合弁会社）を設立するので「共同設立」ということになる。単独設立の場合は、法に準拠した設立手続をとればよいが、共同設立の場合は、設立手続前に、株主になろうとする者の間で、各人の出資比率、出資方法、設立後の役員構成の配分、会社の経営方針（どのような経営資源を相互に提供し合い、どんな成果をめざすかなど）を事前に協議し、協議した結果を契約（株主間契約）書という形にしておくことが重要である。書面で明確にしておかないと、経営がうまくいかなかったときに、各自の責任や負担、そして経営のルールが不明確なために、責任のなすり合いになり紛争となることが多い。

なお、上記株主間契約を締結する場合には、秘密保持契約（Non-disclosure Agreement（NDA）または Confidentiality Agreement）を結んだうえで、契約交渉に入るのが通常である。

また、株主間契約では、一般に以下の事項を定めておくことになる。

① 共同で会社を設立し事業を営む目的

② 各当事者が提供しあるいは負担する経営資源や業務の内容

③　会社の設立時期

④　資本金（出資比率や方法、増資手続など）

⑤　機関設計

⑥　意思決定方法

・株主総会に関する事項（決議事項、議決権に関する合意など）

・取締役および取締役会に関する事項（役職の配分、選任方法、権限、決議要件など）

⑦　配当政策、資金調達方法、調達資金に対する保証など

⑧　財務情報の提供に関する事項

⑨　株式の譲渡制限

⑩　競業避止義務

⑪　損害・損失発生時の責任分担

⑫　その他紛争時の解決方法など

⑬　契約の解除、共同経営の解消など

上記事項は、共同で事業を営むことを目的とする共同設立の場合の株主間契約についてであるが、〈*Case* 2-①〉のような合弁を目的とする共同設立の場合の合弁契約においても同様の内容を定めることになる。

One point advice　株主間契約

株主間契約とは、特定の株主間で特定の事項について取決め（契約）をしておくことをいう。具体的には、取締役の選任に関する合意（議決権拘束の合意）や持株比率低下防止の合意などがある。

種類株式（108条）の内容に限定されずに、当事者で自由にその内容を定めることができる。しかし、この株主間契約は、契約当事者間を拘束する債権的効果しかないので、合意に反した場合に損害賠償を求めることができるが、種類株式の内容や定款で定めた場合のように、無効や取消しを求めることはできないとされている。したがって、損害賠償では、実効性が十分に担保されないことに留意し、投下した資本の回収策を事前に講じておくことが重要である。

2．設立の方法

設立方法としては、①設立に際し発行される株式の全部を発起人が引き受ける発起設立と②設立時に発行する株式の一部について発起人以外の引受人を募集する募集設立の２つの方法がある（25条１項）。しかし、実務的には①がほとんどである。なお、②による場合は発起人全員の同意が必要である（57条２項）。①または②のいずれの方法であっても必要な手続等は以下のとおりである。

⑴　発起人による定款の作成

定款は、必ず記載しなければならない絶対的記載事項（27条、37条、98条）と、定款に定めがなければ効力が生じない事項（28条、29条）と、法に規定はないが定款に規定して初めて有効になると解される事項（これらを相対的記載事項とよんでいる）と、定款で定めなくとも効力が生じる事項で法律の規定に違反しないもの（任意的記載事項）を定款に各記載し、発起人（自然人・法人どちらでもなれる）全員が署名または記名押印し（26条）、公証人の認証を受けることでその効力が生じる（30条１項）。

⑵　現物で出資する方法

〈*Case* 2-①〉のように、3000万円相当の機械類を現物出資する場合には、その機械類を過大に評価するおそれがあるので、定款上で現物出資者の名称、出資の対象財産（〈*Case* 2-①〉の場合は、機械類）と価額、これに対して割り当てる設立時発行株式の種類・数を特定し（28条１号）、もし定款所定の価額に著しい不足がある場合には、発起人らにその責任を負わせている（52条、103条１項）。もっとも、この現物出資は、裁判所の選任する検査役（33条１項・２項）の調査（例外：33条10項１号・２号・３号）に時間とコストを要することと、出資時に財産の帳簿価格と時価との差額につき現物出資者が課税されるために実務的にはあまり利用されていない。なお、類似の制度として、①財産引受けと②事後設立がある。①は、現物出資の潜脱行為として用いられる可能性があるので、現物出資と同様の内容を定款で特定して記載しなければならず（28条2号）、かつ同様に規制されている（33条1項）。また、②は、会社設立後に契約によって譲り受けるものの、①と同様に現物出資の規制を逃れるために用いられる可能性がある。そこで、会社成立後2年以内に、成立前から存在する財産で事業のために継続して使用するもので会社の純資産額の5分の1を超える対価で取得する契約をする場合（事後設立）は、株主総会の特別決議による承認を必要としている（467条1項5号、309条2項11号）。

(3) 設立時に発行する株式に関する決定

設立時に発行する株式に関し、以下の事項を決定しなければならない。しかし、どの設立方法による場合でも発起人全員の同意（32条1項、58条2項）があれば足り、定款にまで記載する必要はない。

これは、発起人（募集設立の場合は引受人）が出資の履行をしないときは、その株主となる権利を失う（36条3項、63条3項）ことになる（失権株）ので、そうした場合に配慮し、会社法では定款の絶対的記載事項としていない。しかし、実際には、失権株の生じるおそれはあまりないことから定款で定めることが多い。

(ア) 株式の数・種類（32条1項1号・2項、58条1項1号）

どの設立方法であっても、発起人は1株以上引き受けなければならない（25条2項）ことから、発起人全員および募集設立の場合には発起人以外で株式を引き受ける者に対し各割り当てる株式の数、種類株式の場合は、その種類および数（なお、108条3項および32条2項参照）を発起人全員の同意を得て定める。

なお、設立時発行株式の総数は、「公開会社」の場合、発行可能株式総数の4分の1を下回ることができない（37条3項）。

(イ) 株式に対し払い込む金額（32条1項2号、58条1項2号・3項）

定款で定める「設立に際して出資される財産の価額又はその最低額」（27条4号）と「株式に対する払込金額の総額」とが合致するように定める。

また、この払込金額の総額÷発行株式の数＝1株あたりの発行価額（払込金額）となる。なお、募集設立の場合、募集株式についての1株の発行価額は均等に定めなければならないが、発起人についてはその価額を均等とする必要はない。したがって、各発起人間で1株の払込金額につき異なる定めをし、あるいは、募集設立において、発起人と募集株式の引受人との間であれば払込金額につき同様に異なる定めをすることは許される（江頭78頁）。

1株あたりの発行価額は、実務上5万円が多いが1万円の場合もある。〈***Case*** 2-①〉の場合、出資金額は5000万円を想定していることから、発行価額を5万円とすれば、Z社設立時の発行株式数は、5000万円÷5万円＝1000株となる。

会社が発行できる株式の総数（発行可能株式総数）は、会社設立時において定款に必ず記載しなければならない事項（絶対的記載事項）ではないが登記事項である（911条3項6号）。したがって、原始定款に記載しない場合は、定款認証後法務局へ登記申請をする前に、発起人全員の同意（または創立総会の決議）を得て定款を変更しその定めをする必要がある（37条1項、98条）。

その総数については、「非公開会社」の場合制限がないが、「公開会社」の場合には、設立時発行株式総数の4倍を超えてはいけないという制約がある（37条3項。なお、113条3項、180条3項、814条1項参照）。

また、その発行株式総数の定めは、定款変更によって、総数の減少はできる（ただし、発行済株式総数を下回ることはできない）が、廃止することはできない（113条1項・2項）。

㈦　成立後の資本金・資本準備金の額に関する事項（32条1項3号）

前述したとおり、上記㈠の金額のうち2分の1を超えない金額は、資本金ではなく、資本準備金として計上することができる（445条2項・3項）ので、その各金額についての決定が必要である。

㈡　設立時募集株式の払込期日（58条1項3号）

募集設立の場合、株式引受人が上記㈠の金額を払い込む日またはその期間を決めなければならない。

(オ)　募集株式引受けの取消しに関する事項（58条１項４号）

一定の日までに設立の登記がされない場合において、設立時募集株式の引受けの取消しができることとするときは、その一定の日を定めておく必要がある。

(4)　設立時役員の選任

発起設立の場合は、出資の払込みの完了後、遅滞なく、発起人が設立時取締役や監査役（会計参与、会計監査人についても同様）を選任しなければならない（38条１項、40条１項・２項）。

募集設立の場合は、発起人が払込期日または払込期間の末日以後遅滞なく創立総会を招集（または株主全員の同意により省略（69条））し、創立総会の決議により設立時役員を選任する（88条１項）。この総会の決議要件は、株主総会の特別決議要件（309条２項）よりも厳重に定められている（73条１項）が、書面による簡易な手続も認められている（82条１項、83条１項）。

なお、〈*Case* 2-①〉の場合、Z社は合弁会社であるので、あらかじめ定めた合弁契約に従い、発起人が機関設計を選択（通常は、取締役会（39条１項）および監査役設置会社）し、各役員を選任することになる。

(5)　登記手続

株式会社は、その本店所在地（27条３号）において、設立登記を完了することにより成立する（49条）。

３．資本政策の考え方

共同で会社を設立する場合、あるいは〈*Case* 2-①〉のような合弁会社を設立する場合には、前述したとおり、当事者間で株主間契約を締結しておくことが重要であるが、その前提として、設立会社の資本構成（既発行株式の保有割合は、設立会社の経営支配に大きな影響を与えることになる）や経営に対する役割分担あるいは責任など前述した株主間契約の対象となる事項について、当事者間で会社設立の目的と設立後の課題を見据えてあらかじめ検討し、合意しておく必要がある。

Strategy 戦 略

1．X・Y 社間での合弁契約の内容

合弁会社設立に際し、X・Y 社間で取り決めておくべき一般的な事項については前述したとおりであるが、合弁契約の目的に沿った X・Y 社間の利害の調整を明確にしておくことが重要である。

〈*Case* 2-①〉では、X 社が Z 社を設立する目的は、X 社の部品を組み込んだ新製品を Z 社で製造・販売させることによる X 社部品の販売利益にある。他方、Y 社の目的は、Z 社で製造した新製品について独占的な販売権を取得し、Y 社がその販売利益を得ることにある。したがって、X・Y 社ともに、Z 社の利益を確保し、その分配を受けるよりも、X 社は、X 社部品の納入代金（売上）、Y 社は、新製品の購入代金に関心があるものと推測される。そうであるとすれば、X 社部品の Z 社への納入単価、新製品の Y 社への販売単価の決め方や販売目標（販売数量は X 社部品の納入数量に関係する）について基本的な定めを設け明確にしておく必要がある。

また、X 社の利益は、Y 社の販売力に依存し、他方 Y 社の販売は、X 社主導での Z 社の製品の品質や競争力に依存するという相互に依存関係にある。したがって、X 社は、新製品の品質等の向上、Y 社はその製品の販売量の拡大等についてその目標やその目標の達成方法、達成できない場合の措置などを具体的に定めておくことになる。

〈*Case* 2-①〉のような合弁契約では、X 社と Y 社は、Win-Win の友好的な関係にあるので、このように想定される課題について、事前に取り決めをしておくことはそれほど難しいことではない。しかし、Z 社設立後においては、状況の変化により次第に難しくなるのが通常であるので留意が必要である。

２．Ｚ社の設立方法

〈*Case* 2-①〉の場合、Ｚ社の資金力の問題はないので、設立方法として簡便な発起設立を選択することになる。もっとも、Ｘ社は、出資として、3000万円相当の新製品製造のために必要な設備および機械類等の現物を予定している。その方法としては、前述したとおり、①現物出資、②財産引受け、③事後設立の３つがある。①および②の方法は、いずれも検査役の調査や弁護士等の証明が求められることから、可能であれば、Ｚ社設立時点では、現金3000万円を出資したうえで、設立後直ちにこの出資金で上記設備・機械類をＺ社に購入してもらう方法（事後設立）が簡便である。なお、この場合、株主総会の特別決議が必要となるが、その点については、Ｙ社との合弁契約で合意し対応しておくことになる。

３．Ｚ社の資本政策

〈*Case* 2-①〉の場合には、Ｘ社が現物出資により3000万円を出資し、Ｙ社は現金で2000万円を出資することが合意されている。したがって、Ｚ社の発行株式数の保有割合は、Ｘ社が５分の３、Ｙ社が５分の２を保有することが予定されている。

また、Ｘ社は、メーカーであることから、Ｚ社の製造業務に責任をもち、Ｙ社は、Ｙ社を通してであるが、実質的にＺ社の商品販売に責任をもつことが推測される。そして、Ｘ社は、Ｘ社の特定の製品をＺ社が買い受けることで利益を確保し、Ｙ社は、Ｚ社の製品を独占的に販売することで利益を受けることを目的としてＺ社を設立しようとしていることがうかがえる。

こうした場合、通常Ｘ社およびＹ社の関心は、Ｚ社の利益確保とその配分よりも、自社の利益確保にあることが想定される。

しかし、共同経営の場合には、通常、誰が経営を主導するのか、株主としての出資割合は平等にするのか、それとも経営を主導する者が多くの出資をするのか、経営をしない者が逆に多くの出資をするのか、その場合、設立した会社の利益配当をどのように考えるか、取締役の人事権や経営の意思決定は資本多数決に従うのか、それとも異なった取り決め（株主間契約）をするのかなど利害の対立する難しい政策的な課題があり、X・Y社間での十分な事前の協議が必要かつ重要である。

（高橋理一郎）

〈*Case* 2-②〉　株式の発行と資金調達

X株式会社（取締役会設置会社、資本金1000万円、発行済株式総数200株）は、代表取締役Bの父親であるAが設立した会社であり、株主は、A（100株）、B（60株）およびBの弟で取締役でもあるC（40株）の3名の典型的な同族会社（非公開会社）である。BはAより事業を承継し、さらに事業を拡大するために設備投資をしたいと考えている。しかし、手元資金が十分でないこと、当該設備投資が直ちに収益に結びつくものでないことなどから今以上に金融機関等からの借入額を増大させたくないという悩みを抱えている。

Mission　獲得目標

X社は、金融機関から融資を受けないで何とか設備資金を捻出し、事業拡大に備えたい。しかし、一方で、これまで金融機関からの借入れ以外は自己資金で賄ってきたことから、事業資金の調達方法に関する知識が乏しい。そこで、融資以外の方法で第三者から資金が得られる方法がないか、また、設備投資が直ちに利益の増加に結びつかないので、できれば、資金提供者には、利益が出た段階でかつその利益をもって返戻する方法がないかと思案している。どのような方法があるか。

Task & Option　検　討

［*Task*］

①　資金調達の方法

②　新株発行による資金調達

③　新株発行と既存株主との利害の調整（有利発行の規制など）

1．資金調達の方法

会社が事業活動を行い成長していくためには、追加的な資金の調達が不可欠である。そうした資金調達の方法として、通常以下の3つの方法が考えられる。

①　第三者から融資を受ける。

②　株式を発行して資金を調達する。

③　処分等により固定資産または流動資産を現金化する。

上記①の場合は、業績にかかわらず元金に加えて利息を返済する必要がある。また、担保を求められるのが通常である。

上記②の場合は、配当（投資に対するリターン）を求められることになるが、業績が悪い場合には支払う必要がないし、担保も不要である。要するに、前述したとおり、事業活動によって分配可能な剰余金が出た場合に（分配可能額）のみ、株主に分配すればよいことになる。

上記③の場合は、要するに、有する不動産等（売掛債権など）を売却処分し、あるいは賃貸などをして、手元資金（現金）を得ることである。

X社の要望を前提とすれば、②株式を発行して資金を調達する方法が最も適しているので、以下では、②の方法について述べる。

2．株式の発行による資金調達

⑴　新株発行の種類

会社が設備資金など事業に必要な資金を調達する場合、有効な手段として新株の発行がある。新株の発行とは、会社設立後に新たに株主を募集し株式を発行（これを「増資」ともいう）することである（199条以下）。

この新株発行には、①既存の株主に対して発行する「株主割当」と、②特定の者に対して発行する「第三者割当」、そして、③不特定多数人に対して発行する「公募」がある。また、会社法では、後述するとおり、権利内容に限定のない標準となる株式（これを「普通株式」という）や後述する９種類の種類株式等の発行を認めているので、それぞれの株式の特性を知ったうえで、これらの株式を上手に利用することにより、会社の状況にあった資金調達ができることになる。

他方、②の「第三者割当」、③の「公募」の場合、発行数によっては、既存の株主に対して持株比率の希釈化（Dilution）の問題が生じるので、この点についての考慮が必要である。要するに、新規に株式を発行することは、前述のとおり株主の経営参加権（場合によっては経営支配権）との関係から、会社経営者と株主との間に利害の対立が生じる可能性がある。また、投資する側にとっても、経営参加権よりも、投資利益を優先している場合もある。したがって、これら関係者の利害がどこにあるかを見定めたうえで、株式の発行方法および発行する株式の種類を選択することが重要である。

公開会社および非公開会社における新株発行手続については以下のとおりである。

⑵　非公開会社における新株発行手続

㈠　募集事項の決定と株主総会

非公開会社では、既存株主がその持株（議決権）比率の維持に関心が高いことから、上記⑴①から③での新株発行を行う場合、原則として、そのつど株主総会の特別決議（①の場合：202条３項４号、309条２項５号、②の場合・③

の場合：199条2項、309条2項5号）を要するとしたうえで、①の場合には、下記(イ)の方法によることを認めている。

もっとも、株主総会の特別決議で、下記ⓐについての上限および同ⓑについての下限を定めたうえで、同決議の日から下記ⓓの期日（期間の場合は、期間の末日）が1年以内である場合に限りその他の下記事項の決定を取締役あるいは取締役会に委ねることもできる（200条1項・3項）。

なお、以下に記載した事項は、募集ごとに均等に定めなければならない（199条1項・5項、202条1項）。

ⓐ　募集株式の数（種類株式発行会社では、募集株式の種類および数）

募集株式の数は、定款で定めた発行可能株式総数（種類株式会社の場合、発行可能種類株式総数を含む）を超えることができない（江頭740頁注(1)）。

ⓑ　募集株式の払込金額またはその算定方法

「払込金額」とは、募集株式1株と引換えに払い込む金銭または給付する金銭以外の財産のこと（199条1項2号）であるが、上記(1)①の方法による場合は、種類株式発行会社である場合を除いて、払込金額がいくら安くても株主の利益は害されないので、どう定めてもよい（江頭740頁）。

ⓒ　金銭以外の財産を出資の目的とするときは、その旨並びに当該財産の内容および価額

ⓓ　募集株式と引換えにする金銭の払込みまたは上記ⓒの財産の給付の期日またはその期間

多くの会社は、払込期日の前に、払込金と同額の申込証拠金の払込みを求め、払い込んだ者だけに株式を割当て、払込期日に当該申込証拠金を払込金に充当するという申込証拠金制度を採用し、裁判所もその有効性を認めている（最判昭和45・11・12判時615号66頁）。

なお、募集株式の引受人は、上記期日または期間内に払込金額の全額を支払わなければならない（208条1項）。もし、同期日あるいは期間内に支払われない場合には、法律上当然に失権し（同条5項）、この失権

した株式を失権株とよんでいる。また、同期日に支払われた場合は同期日に、同期間内に支払われた場合は支払われた日に募集株式の引受人は株主となる（209条1項）。

ⓔ　株式を発行するときは、増加する資本金および資本準備金に関する事項

増加する資本金の額（資本金等増加限度額。計規13条）は、原則株主となる者が上記ⓓにおいて払い込んだ金額（上記ⓑの場合）または給付した財産の額（上記ⓒの場合）である（445条1項）。

この額から2分の1を超えない額は、資本金として計上しないこととすることができる（445条2項）が、計上しない額は資本準備金としなければならない（同条3項）。

なお、上記(1)①の方法による場合は、上記事項のほか下記事項を定める必要がある（202条1項）。

・申込みがあれば、当該株主に株式の割当てを受ける権利を与える旨
　ただし、定款で単元未満株主にはこの権利を与えない旨を定めることができる（189条2項）。
・上記申込期日

(イ)　募集事項の取締役（会）による決定

非公開会社では、既存株主がその持株（議決権）比率の維持に関心が高いことから、その持株比率維持のため、既存株主にその持株割合に比例して新株を割り当てる上記(1)①を本則としている（202条）。したがって、同①の方法による場合には、上記募集事項の決定は、株主総会ではなく、定款で取締役・取締役会の決定・決議に委ねることができ（同条3項1号・2号）、決議の迅速を図っている。

なお、会社法の施行前から存在する株式会社で、定款に旧商法204条ただし書の規定による定め（株式の譲渡制限）がなされていた場合には、その定款に上記(1)①の場合の募集事項の決定を取締役あるいは取締役会に委ねる旨の定めがあるものとみなしている（会社法の施行に伴う関係法律の整備等に関

する法律76条3項)。

(ウ)　種類株式発行会社である場合の募集事項の決定

非公開会社が種類株式発行会社で募集株式が譲渡制限種類株式の場合、上記(1)②および(1)③の方法により新株を発行するには、上記特別決議以外に当該種類の株主による種類株主総会の特別決議も必要である（199条4項、200条4項、324条2項2号)。

もっとも、定款に、当該種類株主総会の決議を要しない旨の定めがある場合は不要である。

(3)　公開会社における新株発行手続

公開会社の場合、既存株主は、非公開会社ほど通常持株比率に対して関心を有していないことから、公開会社での新株発行手続は、上記(1)①ないし③のいずれの方法による場合でも、非公開会社とは異なり、上記募集事項の決定を取締役会で行うことができる（201条1項、202条4号)。

なお、公開会社が支配株主の異動を伴う募集株式の発行等を行うに際しては、一定の場合に原則として株主総会の普通決議が必要となることがある(206条の2)。

(4)　新株発行手続の手順

新株を発行する場合の基本的な手続の手順は、〈図表17〉のとおりである。

〈図表17〉　新株を発行する基本的な手続

i　募集事項の決定

・上記(1)および(2)参照。

ii　株主への募集事項の通知・公告

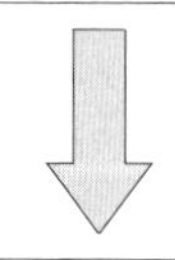

・非公開会社―①の場合（202条4項)、②および③の場合は不要。

・公開会社―①ないし③（201条3項・4項)、有利発行（199条3項）の場合は不要。

iii　引受けの申込みをしようとする者への通知

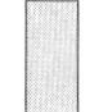

・非公開会社および公開会社ともに通知を要する（203条1項)。

・なお、202条4項の通知と203条1項の通知は観念的には2つの

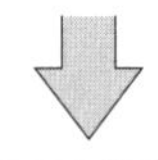

通知を要するが、２つを同時に記載した１通の通知でもよい（論点解説204頁）。

iv　株式（引受け）の申込み

・書面または電子的方法での申込みが必要（203条２項・３項、施行令１条１項４号、施規230条）。

v　株式の割当ての決議および通知

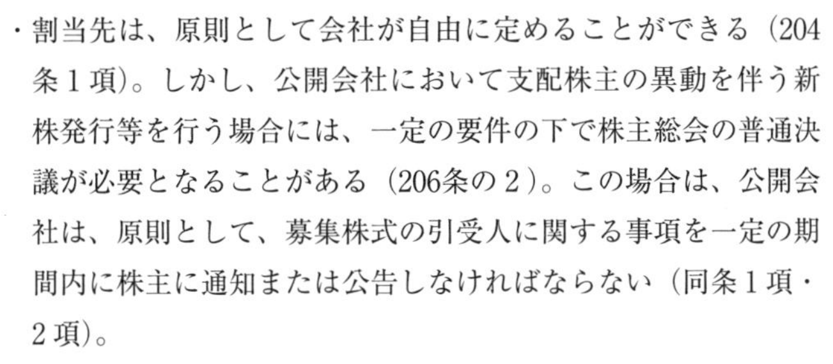

・割当先は、原則として会社が自由に定めることができる（204条１項）。しかし、公開会社において支配株主の異動を伴う新株発行等を行う場合には、一定の要件の下で株主総会の普通決議が必要となることがある（206条の２）。この場合は、公開会社は、原則として、募集株式の引受人に関する事項を一定の期間内に株主に通知または公告しなければならない（同条１項・２項）。

・定款で別段の定めがあるときを除いて、募集株式が譲渡制限株式である場合は、割当先の決定は、株主総会の特別決議（取締役会設置会社の場合は取締役会の決議）で行わなければならない（204条２項、309条２項５号）。

・上記①の方法による場合は、株主が当然に引受人としての地位を取得するので、株式の割当ての決議および通知（204条１項ないし３項）は不要である（論点解説204頁）が、203条１項の通知は必要であり、株主が期日までに申込みをしないときは、その割当てを受ける権利を失うことになる（204条４項）。

vi　出資の履行と効力発生

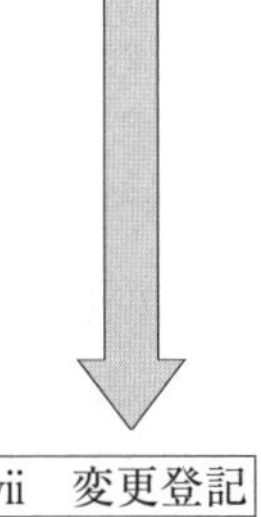

・募集株式の引受人は、募集事項として定めた期日・期間に払込金額全額を払い込まなければならない（208条。現物出資財産の給付については、同条２項）。払込みがない場合は、法律上当然に株主となる権利を失う（同条５項）。

・上記払込みがなされた場合、期日の場合は当該期日、期間の場合は払い込んだ日に効力が生じ、募集株式の株主となる。

vii　変更登記

・払込期日（期間の場合は期間末日）から２週間以内に変更登記

をする必要がある（915条１項）。

viii　総数引受契約による場合

・会社が募集株式を引き受けようとする者との間で、総数引受契約を締結する場合には、上記iiiからvまでの手続は不要となる（205条１項）。しかし、定款に別段の定めがある場合を除いて、募集株式が譲渡制限株式であるときは、株主総会の特別決議（取締役会設置会社では、取締役会の決議）で総数引受契約の承認を受ける必要がある（205条２項、309条２項５号）。
・総数引受契約は、契約の相手方が１人であることや契約書が１通であることは必要とされていない。実質的に同一の機会に一体的な契約で募集株式の総数引受けが行われたものと評価できるのであれば、複数の相手方との間で複数の契約書で契約することも可能と解されている（論点解説208頁）。

⑸　新株の発行と発行可能株式総数

㋐　発行可能株式総数とは

発行可能株式総数とは、株式会社が発行できる株式の総数のことであり、株式会社は、その成立の時までに定款で発行可能株式総数を定めておかなければならない（37条１項）。また、この発行可能株式総数は、たとえ定款を変更したとしてもその定めを廃止することはできない（113条１項）。なお、定款を変更してこの発行可能株式総数を減少させるときは、変更後の発行可能株式総数は、定款変更の効力が生じたときにおけるすでに発行している株式の総数を下回ることができない（同条２項）。

㋑　発行可能株式総数と株式の発行等

新株の発行を行う場合、前述（⑵ⓐ）したとおり、募集株式の数は、定款で定めた発行可能株式総数を超えることができない。

公開会社の場合、前述のとおり、株式の発行は、原則株主総会の決議を要せずに取締役会の決議で発行できること（201条１項、199条）から、無限定の授権を与えないために、その発行可能株式総数を設立時発行株式の総数の４倍以下としている（37条３項）。したがって、発行可能株式総数を超えて、発行する必要がある場合には、まず株主総会の特別決議で定款を変更し、その授権枠を拡大してから新株を発行しなければならない。なお、定款を変更して、その授権枠を拡大するとしても、その定款変更が効力を生じた時点での発行済株式総数の４倍を超えることはできない（113条３項１号）。

また、公開会社でない株式会社が定款を変更して公開会社となる場合にも同様に４倍を超えることはできないとしている（113条３項２号）。

新株予約権者が新株予約権（行使期間の初日が到来していないものを除く）を行使し、取得することとなる株式の数は、発行可能株式総数から発行済株式総数（自己株式を除く）を控除して得た数を超えることができない（113条４項）。

なお、取得請求権付株式および取得条項付株式（107条）の株主が取得する株式の数については、種類株式（108条）とは異なり、発行可能株式総数との関係での規制はない。この場合は、取得の対価である株式を発行するにあたり、発行可能株式総数を超えることができないので、請求権等を行使される前までに、発行可能株式総数を確保しておけばよいことになる（論点解説73頁）。

株式の併合においても、公開会社であれば、株主総会で定めた発行可能株式総数（180条２項４号）は、効力発生日における発行済株式総数の４倍を超えることができない（同条３項）。

新設合併、新設分割または株式移転により株式会社を設立する場合にも、設立会社が公開会社であれば、発行済株式総数は、発行可能株式総数の４分の１を下ることができないとしている（814条、37条３項）。

(ウ)　発行可能種類株式総数と発行可能株式総数

種類株式発行会社の場合は、発行可能株式総数のほかに、定款で発行可能種類株式総数を定めなければならない（108条２項柱書）。

種類株式の発行は、当該発行可能種類株式総数を超えることはできない。

定款で定めた各種類株式それぞれの発行可能株式総数の合計額が全体の発行可能株式総数と一致することは必ずしも必要でない（江頭141頁注(4)）。

発行可能種類株式総数の合計数が発行可能株式総数を超えることも、逆に発行可能種類株式総数の合計額が発行可能株式総数を下回ることも可能である（論点解説56頁）。

取得請求権付株式（期間の初日が到来していないものを除く）および取得条項付株式の株主並びに新株予約権（行使期間の初日が到来していないものを除く）の新株予約権者が取得することとなるある種類の株式の合計数は、当該種類の発行可能株式総数から当該種類の発行済株式（自己株式を除く）を控除して得た数を超えることができない（114条2項）。

定款を変更して発行可能種類株式総数を減少させるときは、変更後の発行可能種類株式総数は、当該定款の変更が効力を生じたときの当該種類株式の発行済株式総数を下ることができない（114条1項）。

⑹　新株発行と利害の調整

前述した新株の発行方法のうち、第三者割当および公募の場合は、既存の株主以外の者が新たに株主として加わることになる。特に、第三者割当増資の場合は、既存株主を含む特定の者のみが株主たる地位を有することになることから、既存株主と新たな株主との間の利害の調整が問題となる。

具体的には、既存株主の経済的な損失と持株割合の希釈化（Dilution）の問題である。

㋐　有利発行

第三者に新株発行をする際、時価よりも低い価額で発行されると、既存株主が保有している株式の価値が減少し、既存株主に対して不利益を与えることになる。このように時価よりも低い価格で新株を発行することを「有利発行」というが、「特に有利な発行価額」で第三者に割当増資がなされる場合には、既存株主は経済的な損失を被り、増資を受けた第三者は逆に経済的利益を得ることになる。

〈***Case*** 2-②〉でいえば、X社の現在の株価が1株10万円であるとすると増資前と増資後の株価は、概算以下のとおりとなる。

A、BおよびCが保有する増資前の株式価値は、Aが1000万円（10万円×

100株)、Bが600万円（10万円×60株)、Cは400万円（10万円×40株）である。しかし、X社がDに1株4万円で100株を発行することにしたとすれば、発行後のX社の純資産は、2000万円（発行前の純資産)＋4万円×100株＝2400万円となり、1株あたりの株価は、2400万円÷300株＝8万円となる。したがって、Aは200万円（1000万円－8万円×100株)、Bは120万円（600万円－8万円×60株)、Cは80万円（400万円－8万円×40株）の経済的損失を被り、一方Dは、400万円の払込みで、増資後は400万円（8万円×100株－4万円×100株）の利益を得ることになる。

そこで、こうした「特に有利な発行価額」で増資が行われる場合には、株主間の利害を調整するために、会社法において、公開会社であるか非公開会社であるかを問わず、すべて株主総会の特別決議を要するものとし、その際取締役は、その金額で第三者に割り当てることを必要とする理由を説明しなければならないとしている（199条3項、201条1項、なお、200条2項参照)。

なお、この「特に有利な発行価額」について、最高裁判所は、「非上場会社が株主以外の者に新株を発行するに際し、客観的資料に基づく一応合理的な算定方法によって発行価額が算定されているといえる場合には、その発行価額は、特段の事情のない限り、『特に有利な発行価額』には当たらないと解するのが相当である」（下線筆者）という判断を示している（最判平成27・2・19民集69巻1号25頁)。また、上場会社の第三者割当増資については、日本証券業協会が「第三者割当増資の取扱いに関する指針」（平成22年4月1日）において、株式の発行が株主総会の特別決議を経ていない場合の「払込金額は、株式の発行に係る取締役会決議の直前日の価額（直前日における売買がない場合は、当該直前日からさかのぼった直近日の価額）に0.9を乗じた額以上の価額であること。ただし、直近日又は直前日までの価額又は売買高の状況等を勘案し、当該決議の日から払込金額を決定するために適当な期間（最長6か月）をさかのぼった日から当該決議の直前日までの間の平均の価額に0.9を乗じた額以上の価額とすることができる」という「特に有利な発行価額」に該当しないための判断基準を示している。そして、裁判例においても同指針に則った払込金額であれば差止めの対象としない運用であると評されている（江頭772頁）。

⑷　不公正発行

著しく不公正な方法による募集株式の発行等を「不公正発行」とよんでいる。そして、「不公正発行」とは、不当な目的を達成する手段として募集株式の発行等が利用される場合をいうとしている（江頭764頁）。たとえば、経営支配をめぐる争いが生じたときに、取締役が議決権の過半数を維持あるいは争奪する目的または反対派の少数株主を排斥する目的で募集株式の発行等を行う場合などである。

前述したとおり、新株を発行した場合には、既存株主の経済的な損失のほかに持株比率の希釈化（Dilution）が問題となる。〈***Case*** 2-②〉を例にとり、X 社がＤに X 社の株式100株を割当増資したとすれば、増資前後の A ないしＤの持株割合は以下のとおりとなる。

【増資前】
A －100株÷200株×100＝50％
B －60株÷200株×100＝30％
C －40株÷200株×100＝20％

【増資後】
A －100株÷300株×100＝33.33％
B －60株÷300株×100＝20％
C －40株÷300株×100＝13.33％
D －100株÷300株×100＝33.33％

このように、Ｄへの第三者割当増資により、A は約17％（50－33.33）、B は10％（30－20）、C は７％（20－13.33）とその持株割合が低下することになる。

前述したとおり、会社は、株主総会における資本多数決（持株割合）によって支配（コントロール）されていることから、こうした持株割合の変動は、経営支配権の異動をもたらし、あるいは株主としての権利行使に諸々の影響を与えることになる。そこで、会社法では、上記「不公正発行」の場合には、その差止請求ができるとし（210条2号）、株主間の利害の調整を図っている。

(ウ)　新株発行等と差止請求（210条）

(A)　差止請求ができる場合とは

以下の場合で、株主が不利益を受けるおそれがあるとき、株主は新株発行等の差止めを請求できる。

(a)　当該株式の発行等が法令または定款に反する場合

法令違反としては、上記「有利発行」が株主総会の特別決議を経ずに行われる場合や、ほかに199条5項、202条1項1号、202条4項に違反して行われる場合などがある（江頭771頁参照）。

また、定款違反としては、所定の発行可能株式総数を超過する発行や定款に定めのない種類株式の発行が行われる場合などがある（江頭773頁参照）。

(b)　不公正発行にあたる場合

裁判所は、支配権をめぐる争いが生じている中で行われた新株発行について、「不公正発行」にあたるか否かについて、「主要目的ルール」といわれる判断基準を用いている。

(B)　請求の仕方

請求の仕方は、新株発行差止めの訴えを提起することになるが、発行前での差止めが必要なことから、発行差止めの仮処分を申し立てるのが通常である。

なお、もしこの仮処分に違反して新株発行が行われた場合には、新株発行無効の訴え（826条1項2号）によって、その発行された株式を無効とすることができる（最判平成5・12・16民集47巻10号5423頁）。

(ウ)　公開会社の場合

非公開会社が増資する場合は、株主総会による議決が必要なことから(199条2項)、株主の知るところとなる。しかし、公開会社の場合は、取締役会決議でできるので、2週間前までに株主に通知または公告をする義務があり(201条3項・4項)、この通知等により株主は新株発行の差止めの訴えおよび仮処分をすることができる機会をもつことができる。なお、金融商品取引法により有価証券届出書の提出義務のある会社は、払込期日の25日前までに届出する義務がある。

(エ)　主要目的ルールとは

現経営陣の支配維持など不当な目的を主たる動機として新株発行等がなされた場合には、「不公正発行」に該当するとし、その発行等の差止めを認め、それ以外は差止めを認めないという考え方のことである(江頭764頁注(1)参照)。判例は基本的にはこの考え方をとり、「会社に具体的な資金需要があり、その調達方法として第三者割当てを行った場合には、著しく不公正な方法による新株発行とはいえない」(大阪地判平成2・7・12判時1364号104頁)など、資金調達目的が認められる場合には、まず経営陣の判断を尊重し差止めを認めない、という具合に運用される傾向が強いといわれている。

1. 増資による資金調達

X社が考えている資金調達手段として、前述したとおり増資がある。増資とは、新株を発行して資金を調達する方法であり、その方法には、①株主割当増資、②第三者割当増資、③公募増資の3つがあることは、前述したとおりである。しかし、中小企業の場合、③の方法はほとんど用いられていない。それは、③の方法が、不特定多数の一般投資家を募る方法だからである。一般には、①か②の方法によることになるが、X社の希望を前提とすれば、

②の方法を検討することになるものと思われる。

②の方法による場合の特定の資金提供者として、一般に商品の納入先、材料・部品等の仕入先や従業員および役員等が考えられる。あるいは設備投資による事業拡大を見込んで支援してくれる先や提携を考えている先があるかもしれない。

また、増資は、返済不要な資金によってX社の財務基盤を安定させ、自己資本（資本金＋資本剰余金）が増加することで自己資本比率（自己資本÷総資本）が高まることから、X社の信用力を向上させ取引上も有利となる。

しかし、他方で、第三者に新株を発行することは、前述したとおり、既存株主に対する利益分配と持株比率の減少をもたらすことになるので留意が必要である。

2．増資に際しX社が検討しておくべきこと

たとえば、X社が既存の株主であるAやBが保有している株式と同様の普通株式を発行すると、前述したとおり既存の株主の持株割合を低下させることになる。増資によって資金が増加することは歓迎すべきであるが、現にX社の経営を担っているAあるいはBの持株比率を低下させることは、経営支配権に影響を及ぼし、増資前と同様の経営ができなくなる可能性があるので慎重な検討が必要である。こうした場合の1つの方策として、後述する種類株式を活用した増資が考えられる。具体的には、議決権のない（議決権制限）種類株式を発行する方法である。議決権のない種類株式であれば、既存株主が行使できる議決権割合は、増資後においても何ら影響を受けることがないからである。

また、増資をするということは、出資者に対する利益の分配を行わなければならないし、残余財産の分配を求められる可能性についても考えておく必要がある。特に、非公開会社の場合は、株式の売却利益が簡単に得られないので、しっかりと利益を出し出資者に酬いる覚悟が必要である。

さらに、X社の今回の増資の目的は、設備資金の調達にあり、新たな株

主がＸ社の経営に参画することまでも想定していない。そうであれば、取得条項付種類株式あるいは全部取得条項付株式を活用し、当該設備投資による事業拡大によって得た利益を元手に、増資した株式を買い戻す（取得し消却する）ということも検討してみる必要がある。

３．第三者割当増資の手続

Ｘ社が第三者割当増資を行う場合の手順については、前述した〈図表17〉（72頁）を参照されたい。

なお、Ｘ社が予定している出資者との間で、総数引受契約を締結する場合で、Ｘ社の募集株式を譲渡制限株式とするときは、Ｘ社の取締役会の決議で総数引受契約の承認を受ける必要がある。

Ｘ社が、増資のために、議決権制限（完全無議決権）種類株式あるいは同種類株式に優先配当種類株式を組み合わせた株式を発行するのであれば、上記手続とあわせて〈図表18〉の手続が必要となる（なお、種類株式についての詳細は、下記Ⅱ（87頁以下）を参照）。

〈図表18〉　種類株式を発行する場合

i　新たに導入する種類株式の内容とその発行可能種類株式総数を定款で定める

ii　上記内容等での定款変更のための株主総会の特別決議（この決議によってＸ社は種類株式発行会社となる（２条13号））

（高橋理一郎）

〈*Case* 2-③〉　新株予約権

X 社は設立当初から株式上場を前提とした資本政策を進めていたが、業績が低迷したこと等から上場を一度断念した。今後は投資家だけではなく従業員のモチベーションも高めていく必要があると考えているが、従業員に対しても取締役に対するのと同じように新株予約権（ストック・オプション）を付与することは可能か。

Mission 〜 獲得目標

新株予約権者は、権利行使期間内に株価が上がるほど権利行使によって多くの利益を得ることができるため、新株予約権を会社から付与された場合には会社の業績を上げて株価を高めようとする動機を与えられることになるところ、役員ではなく従業員（使用人）に対して発行することも検討できないか。

Task & Option 〜 検　討

［*Task*］

① 新株予約権の意義
② 新株予約権の内容
③ 新株予約権の発行方法
④ 募集事項の決定機関
⑤ 募集新株予約権の払込金額

1．新株予約権の意義

新株予約権とは、株式会社が発行する権利であって、権利者があらかじめ定められた期間（権利行使期間）内にあらかじめ定められた価額（権利行使価額）を当該会社に出資することによって、当該会社の株式の交付を受けることができる権利をいう（2条21号）。

新株予約権者は、新株予約権を行使するかどうかの選択権を有するが、行使する義務はない。権利行使期間内に株価が権利行使価額を超えている場合に新株予約権者が権利を行使して会社から株式の交付を受けると経済的利益を得ることができる。

2．新株予約権の内容

株式会社が新株予約権を発行するときは会社法236条1項にあげられている事項を定めなければならない。具体的には、①当該新株予約権の目的である株式の数（新株予約権1個の行使により何株の株式を発行するのか）、②権利行使価額またはその算定方法、③新株予約権の行使により現物出資をする場合はその内容、④権利行使期間、⑤権利行使により新株を発行するときは増加する資本金および資本準備金に関する事項、⑥新株予約権の譲渡制限をするときはその旨、⑦新株予約権の取得条項を定めるときはその内容等である。

また、新株予約権の内容として会社法236条1項各号以外の事項を定めることは可能であり、その代表例が新株予約権の行使条件である。これは当該条件を満たして初めて新株予約権者は新株予約権を行使できるとするものであり、株式上場をめざすベンチャー企業がインセンティブ報酬として役職員に新株予約権を発行する場合に、当該会社がある時期までに株式上場することを条件とすることが典型例である。

3．新株予約権を発行する方法

株式会社が新株予約権を発行する主な方法としては、①その発行する新株予約権を引き受ける者を募集して行う募集新株予約権の発行（238条以下）、および②株主に対してその持株数に応じて無償で新株予約権を割り当てる新株予約権無償割当て（277条以下）がある。

なお、発行可能株式数との関係でいえば、会社は新株予約権の行使に応じることができるように定款の発行可能株式総数を確保しておく必要がある。具体的には、新株予約権（行使期間が未到来のものを除く）の行使により新株予約権者が取得することになる株式の数は、下記の総数以下でなければならない（113条４項）。

発行可能株式総数－発行済株式総数（自己株式を除く）

４．募集事項の決定機関

募集新株予約権を発行しようとする会社は、①募集新株予約権の内容（236条参照）および数（238条１項１号）、②募集新株予約権の引受人が募集新株予約権１個と引き換えに会社に払い込むべき金銭の額（同項３号）、③割当日（同項４号）、④払込期日を定めるときはその期日（同項５号）等の募集事項を決定しなければならない（同条１項）。なお、引受人が払込みを要しないものとする場合はその旨を定めることになる（同項２号）。

新株予約権が行使されることによって株式が交付されれば既存の株主は会社が募集株式の発行をする場合と同様の影響を受けることになるので、募集新株予約権の募集事項の決定機関については募集株式の発行等の場合と同様の規律が及ぼされている。

すなわち、非公開会社では、募集事項は株主総会の特別決議によって定めることが原則である（238条２項、241条３項４号、309条２項６号）。株主総会は特別決議により募集事項の決定を取締役会に委任することもできるが、その場合も募集新株予約権の内容、数の上限および払込金額の下限は株主総会が定めなければならない（239条１項）。なお、株主割当により募集新株予約権の発行をする場合には、定款でその旨を定めれば取締役会が募集事項を定めることができる（241条３項２号）。

これに対し、公開会社では募集事項の決定は原則として取締役会の決議によって行うが（240条１項、241条３項３号）、株主割当以外の方法で募集新株予約権の発行をする場合であって払込金額が引受人に特に有利である場合は、株主総会の特別決議を必要とする（240条１項、238条３項）。また、支配権の異動を伴う募集新株予約権の発行をする場合、一定以上の議決権を有する株主から異議が出されたときは、株主総会の普通決議を要することは募集株式の発行の場合と同様である（244条の２）。なお、公開会社が株主割当以外の方法で、取締役会の決議により募集新株予約権の発行をする場合は、募集株式の発行と同様、株主に対する通知または公告を要する（240条２項・３項。ただし、金融商品取引法の開示をしている場合は例外である。同条４項）。

５．募集新株予約権の払込金額

新株予約権の払込金額（238条１項３号）または238条１項２号により払込みを要しないものとすることが引受人に特に有利である場合、既存の株主の保護のため公開会社では株主総会の特別決議を要する。非公開会社でも特に有利な払込金額で募集を行うことを必要とする理由の説明が要求される（同条３項）といった特別の規制にかかる。そこで、有利発行であるかどうかの判断基準が問題となるが、紙幅の関係でここでは検討しない（〈*Case* 2-②〉76〜77頁参照）。

もっとも、会社がその使用人に対してインセンティブ報酬として新株予約権を発行する場合には、たとえ当該新株予約権について金銭の払込みを要しないこととして発行する場合であっても有利発行としての株主総会の特別決議は要しない。このような新株予約権は、使用人の職務の対価として発行するものであり、価値のあるものを無償で配るということではないからである。

なお、役員に金銭の払込みを要しないこととして新株予約権を発行する場合も、それが役員に対する報酬等として発行されるものであり、かつ新株予約権の公正な価額が会社法の規制に従い会社が定めた報酬等の額（361条1項1号、387条1項）の範囲に収まっている限り、有利発行としての株主総会の特別決議は不要である。

6．検討結果

ストック・オプションを付与する対象は会社法によって取締役に限定されているわけではなく、従業員に対して付与することも可能であるので、X社としては所定の手続に従って労務の提供を対価とした新株予約権を発行して従業員のモチベーションを高める手段とすることが考えられる。

もっとも、新株予約権の内容によってはX社の意図する効果を十分に生まないこともあるため注意が必要である。たとえば、〈*Case* 2-③〉ではX社は将来的な上場を念頭においていると考えられるが、具体的な事業計画と権利行使期間、行使条件等が適切に連動していなければ会社の業績があがることで株価が高まることが実感できないと思われ、給与の形で支給してほしいとの声が出ることも予想される。また、権利行使価額の設定によっては従業員が経済的な満足を得ることができないこともあり得るし、どの従業員に対して何個の新株予約権を交付するかについても社内の実情を踏まえたバランスが必要であり、さらには事後的な紛争を防止するために従業員が退職する際の処理についても基準を明確にしておく必要があるだろう。

（西村将樹）

Ⅱ　多様な株式とその活用

〈*Case* 2-④〉　株式の種類

Aは、電子機器を製造する株式会社X（非公開会社）の8割の普通株式（その他2割を従業員持株会が保有）を有する大株主であり、かつX社の代表取締役を務めている。年齢が60歳を過ぎたことから、そろそろ次世代の経営者にX社の経営を引き継ぎたいと考えている。現在X社の従業員は800人を超えている。Aには、子ども2人がいるが、いずれも学問や芸術の世界で活動していることからX社を引き継ぐ意思はないし、その能力もない。そこで、Aは従業員BにX社の経営を委ねることを考えている。しかし、Xには、2つの心配がある。1つは、Aが株式をBに順次移転することで、Bの独断専行を許さざるを得なくなるのではないかということ、もう1つは、Aの取締役引退後の生活についてである。AがBにX社の事業を承継させるとして、Aのこの2つの心配を解消する方法はあるか。

Mission　獲得目標

Aは、保有しているX社の8割の株式のうち過半数以上を、経営を委ねることになるBに順次移転し、残りの少数株式については、Aが死亡した時点でX社に買い取ってもらうことを考えている。Bが従業員からの人望が厚く、経営能力もあるとAは信頼しているが、いまだ40代と若いことから、仮に、Bの経営の仕方に問題が生じたときは、従業員や取引先そしてAのためにも、可能であれば、その行為を阻止し、場合によっては、Bの解任ができるようにしておきたいと思っている。

また、Aは、取締役を退任した後、その後の生活資金に不安があるためX社から利益の分配が受けられることを期待している。Aのこの2つの心配を解消する方法として考えられることは何か。

Task & Option　検　討

［*Task*］

①　Aが少数株主となった場合でも、X社の経営に干渉できる方策

②　Ａは、引退後もＸ社から一定の利益の分配を受けたいがどうしたらよいか
③　上記各方策をとるための手続

1．普通株式とその他の株式

⑴　はじめに

Ａの心配を解消するには、たとえば、ＡはＢとの間の契約（株式譲渡契約あるいは前述した株主間契約）で、Ａが譲渡した株式をある一定の事由が生じたときの買戻しや譲渡した株式の議決権行使を制約する条項を設け、またはＡが取締役を退任する際の役員退職慰労金について、株主総会で承認決議（361条）をすることの約束をとりつけておくこと（もっとも、定款で定めておけば問題はない）などの方法が考えられる。しかし、こうした契約では、Ｂがその約束に反した場合には、民法上の契約違反を問うことができるだけである。そこで、本項では、株式を活用することで、直接Ｂの経営者あるいは大株主としての行動を抑制することができないかについて検討する。

⑵　株式と株主平等の原則

㈠　普通株式

第１章Ⅱ３（17頁以下）で述べたとおり、株主は、その有する「株式の内容」が同じであれば、「一株一議決権」（308条１項）のように株主を平等に取り扱わなければならないことになっている（株主平等の原則）。

そして、こうした原則的な形態で権利内容に何ら限定のないいわば標準となる株式のことを「普通株式」（107条１項および108条１項各号列挙の事項が特に定款で定められていない株式）とよんでいる。

Ｘ社が普通株式（１種類）しか発行していない会社であれば、Ａが保有する株式は「普通株式」である。しかし、Ｘ社が非公開会社とあるので、「普通株式」全部に譲渡制限のついた株式をＡは保有していることになる。

したがって、Ａは、株主平等の原則から、その持株数が減少することに

よって、これまで有していたＸ社の経営支配権を維持できなくなることが想定される。

他方、会社法では、上記「普通株式」以外に以下のような株式の発行を認めている。なお、いずれの株式についても会社設立後は、株主総会での定款変更決議が必要である（466条）。

⑴　全株式の内容について特別の定めのある株式

会社が発行する全部の株式の内容として、定款で以下の３種類の特別の定めを設けることができる（107条）。しかし、これは、108条の種類株式とは異なり「全部の株式」の内容として共通の定めをしなければならないという点で種類株式ではなく、したがって、種類株式発行会社ともならない。

⒜　全株式譲渡制限株式（107条１項１号）

譲渡による株式の取得について会社の承認を要する株式のことである（２条17号）。

「全部の株式」の内容として、譲渡制限を課す旨の定款変更をする（107条２項）には、株主総会での「特殊決議」が必要である（309条３項１号）。要するに、当該株主総会において議決権を行使することができる株主の半数以上（出席株主数の議決権数ではなく議決権を行使することのできる株主数が基準（頭数要件）となっていることに留意）で、かつ、当該株主の議決権の３分の２以上の多数の賛成を得る決議という加重された要件である。

なお、上記決議に反対した株主を保護するため、反対した株主には株式買取請求権を認めている（116条１項１号）。

定款で、譲渡制限をつけたうえで、一定の場合（たとえば、譲受人が株主である場合）には、承認を要しないと定めることもできる（107条２項１号ロ）。

⒝　全株式取得請求権付株式（107条１項２号）

株主が、会社に対しその有する株式の取得を請求することができる株式のことである（２条18号）。

「全部の株式」の内容として、この取得請求権付株式とする旨の定款変更をするには、通常の定款変更のための決議である株主総会の「特別決議」で足り（309条２項11号）、反対株主の株式買取請求権はない。

取得請求権付株式の取得対価として交付される財産は、当該会社の社債（107条２項ロ）、同新株予約権（同項ハ）、同新株予約権付社債（同項ニ）、その他の財産を交付（同項ホ）することができる。その他の財産とは、金銭はもちろん当該会社以外の会社の株式、社債、新株予約権等である。なお、後述する種類株式発行会社と異なり当該会社の株式は含まれない（108条２項５号ロとの対比）。

取得対価は、分配可能額の制限に服し、交付する財産の帳簿価格が分配可能額を超えることができない（166条１項ただし書）。

(C)　**全株式取得条項付株式（107条１項３号）**

会社が、一定の事由が生じたことを条件としてこれを取得することができる株式のことである（２条19号）。

定款を変更して、「全部の株式」の内容として、取得条項付株式とする定めを設け、または、その定めた内容について変更しようとするときは、株主総会の特別決議ではなく、株主全員の同意が必要となる（110条）。これは、一定の事由の発生によりその有する株式が会社に取得されてしまうことから、当該株式の株主の全員の同意を得るのが相当だからである。

取得対価として交付される財産の内容および財産の価額が分配可能額の制限に服することについては、上記(B)の全株式取得請求権付株式の場合と同様である（107条２項３号ハ～ト、なお、108条２項６号ロとの対比、170条５項）。

株主全員の同意が必要なので、反対株主の株式買取請求権は当然ない。

(ウ)　種類株式と種類株式発行会社

一定の事項に限定されているが、株式の「内容の異なる二以上の種類の株式を発行することができる」（108条１項）としている。これが「種類株式」である。

そして、「108条１項各号に掲げる事項について内容の異なる二以上の種類の株式を発行する」ことが定款で定められている（現に、種類株式を発行していることまでは要しない）会社のことを「種類株式発行会社」といっている

（２条13号。江頭137頁参照）。

種類株式の対象事項および内容は、〈図表19〉のとおりであり、同対象事項のみに限定されると解されている。

〈図表19〉　種類株式の内容と名称

対象事項	名　称	内　容
①剰余金の配当	優先株式・劣後株式	剰余金の配当について、他の株式より優先または劣後する株式
②残余財産の分配	同　上	残余財産の分配について同上
③株主総会での議決権行使	議決権制限種類株式	議決権を行使できる事項に制限のある株式
④株式の譲渡	譲渡制限種類株式	株式の譲渡について会社の承認を要する株式
⑤株主から会社への取得請求	取得請求権付種類株式	株主が会社に対し、株式の取得を請求できる株式
⑥会社による株式の取得	取得条項付種類株式	一定の事由が生じたときに会社が強制的に取得できる株式
⑦総会決議による全部取得	全部取得条項付種類株式	総会決議により会社が株式全部を強制的に取得できる株式
⑧種類株主総会の承認	拒否権付種類株式	一定の事項について株主総会のほかに種類株主総会の承認が必要とされている株式
⑨取締役・監査役の選任	選任権付種類株式	取締役または監査役の選

		任・解任権を有する株式

㈡　属人的株式

非公開会社に限られるが、「株式の内容」が同じであったとしても、「株主ごとに異なる取扱いを行う旨を定款で定めることができる」（109条２項）とし、株主平等原則の例外を認めている。この属人的な定めのなされた株式のことを通常「属人的株式」とよんでいる。

２．種類株式の種類と具体的な内容

⑴　剰余金の配当および残余財産の分配に関する種類株式（108条１項１号・２号）

㈠　優先株式・劣後株式

剰余金の配当または残余財産の分配について、標準となる普通株式に優先して受けられる内容の株式（優先株）と、遅れてしか受けることのできない内容の株式（劣後株式）のことである。

優先株式には、①優先的に一定額の配当を受けるほかに、利益があればさらに普通株とともに配当を受けることを認める株式（参加的優先株）や定められた優先配当額に達しない場合に、翌年度以降の利益からその不足分の配当を受けることのできる株式（累積的優先株）がある。

優先株は、投資家にとって有利な条件であることから資金調達がしやすいというメリットがあり利用されているが、議決権や新株引受権が与えられていないのが普通である。一方、劣後株の場合は、既存株主の利益を損なわずに資金調達するために用いられるがあまり利用されていない。

【記載例】　優先株式の内容

> 剰余金の配当（残余財産の分配）をするときは、A 種優先株株主に対し、普通株株主に先立ち、A 種優先１株につき○○円（又は普通株式に対する配当額（分配額）の○○倍）の金銭を配当する。

㈠　トラッキング・ストック

特定の事業部門や子会社の業績（残余財産）に連動させて剰余金の配当（残余財産の分配）を行う株式のことである。たとえば、X社にY事業部とZ事業部という2つの事業部門があり、Y事業部の業績は好調であるがZ事業部の業績が低調であるとした場合、X社の普通株式は、YとZの両事業部の業績に基づいて剰余金の配当を受けることになるが、Y事業を対象としたトラッキング・ストックの場合は、Y事業部の業績に基づき剰余金の配当を受けることになる。要するに、事業部門を分社化、あるいは子会社を上場せずに、同様の効果が得られることから、X社の資金調達を容易にするものと理解されている。

トラッキング・ストックは、非参加的でかつ累積的な優先株式であるのが通常であり、日本での実例として、ソニー株式会社が2001年6月に発行した日本版トラッキング・ストックがある。

㈡　上記以外の定め（454条2項）

優先配当または分配以外に、たとえば、1株あたりの剰余金の配当または残余財産の分配について、2種類の株式の一方を他方の2倍とする等を定款で定めた株式も認められる（江頭145頁）。

⑵　議決権制限種類株式（108条1項3号）

株主総会で議決権を行使できる事項に制限のある株式のことである。

①一切の事項について議決権のない株式（完全無議決権株式）と②一定の事項に限り議決権を有する株式（議決権一部制限株式）とがある。この2つの株式のことを、会社法では「議決権制限株式」と称している（115条）。

一定の決議内容についてのみ議決権を制限するとは、たとえば取締役の選任など一部の議案のみについて議決権を行使することができない、あるいは監査役の選任など一部の議案についてのみ議決権を行使することができる、というような定め方（108条2項3号イ）をすることである。

したがって、ある事項について株主総会で議決権を行使できるか否かという点に限られているので、1株につき複数の議決権を付与することはできないと解されている（後述の「複数議決権と単元株制度」を参照)。

また、たとえば、取締役会あるいは定時株主総会の決議において、一定額以上の剰余金の配当がなされなかったときは、議決権が生ずる等の条件付で定めることも可能である（108条2項3号ロ)。

公開会社では、議決権制限株式数が発行済株式総数の2分の1を超えるときは、議決権制限株式数を発行済株式総数の2分の1以下にしなければならない（115条）という制約があるし、上場する場合は、一定の要件を満たすことが求められている（江頭146頁注⒁参照）ので、留意が必要である。

【記載例】　議決権制限種類株式の内容

第○条　A種種類株式を有する株主は、株主総会で議決権を行使することができない。 第○条　A種種類株式を有する株主は、次の事項についてのみ議決権を行使することができる。 ①　役員の選任・解任 ②　募集株式の発行

⑶　譲渡制限種類株式（108条1項4号）

譲渡による株式の取得について会社の承認を要する株式を譲渡制限株式とよび（2条17号)、「全部の株式」の内容とする譲渡制限株式（107条1項）については、前述したとおり（上記1⑵(イ)(A)）であるが、一部の（種類）株式の内容としての譲渡制限（種類）株式も認められている。そして、定款で前者の定めがなされている会社を全株式譲渡制限会社（非公開会社）といい、後者および譲渡制限株式を全く発行していない会社を公開会社と定義し（2条5号)、会社法では区別し取り扱われている。なお、定款で、譲渡制限をつけたうえで、一定の場合（たとえば、譲受人が株主である場合）には、承認を要しないと定めることもできる（108条2項4号）ことは、全株式譲渡制限株式と同様である。

譲渡制限条項を付するための定款変更を行う場合、当該種類株主総会の

「特殊決議」が必要である（324条３項１号、111条２項）。譲渡制限をつけることに反対の株主には、株式買取請求権が認められている（116条１項２号）。

【記載例】　譲渡制限種類株式の内容

第○条　Ａ種種類株式を譲渡により取得するには、取締役会の承認を要する。

⑷　取得請求権付種類株式（108条１項５号）

前述したとおり（上記１⑵(イ)(B)）、取得請求権付株式は全部の株式の内容として定めることができるが、一部の（種類）株式の内容としても定めることができる。

取得の請求をするときは、取得請求権付株式の種類・数を明らかにして請求（166条２項）し、株券発行会社の場合は、株券の提出が必要である（同条３項）。取得請求権付株式の取得対価として交付される財産の内容に制限はない。したがって、金銭はもちろん、当該会社（種類株式発行会社に限る）の他の株式（108条２項５号ロ）、社債（107条２項ロ）、新株予約権（同項ハ）、新株予約権付社債（同項ニ）、その他の財産を交付（同項ホ）することもできる。

取得対価の内容が当該会社の他の株式以外の財産である場合で、対価である財産の帳簿価額が、取得請求の日における会社の分配可能額を超えているときは、上記株式の取得請求をすることができない（166条１項ただし書）。

【記載例】　取得請求権付種類株式の内容

第○条　Ａ種種類株式の株主は、次項で定める期間中はいつでも、その有するＡ種種類株式の全部または一部の取得を、当会社に対して請求することができるものとし、同請求があった場合、当会社は、Ａ種種類株式の取得と引き換えに、Ａ種種類株式１株につき金○○円の金銭を支払う。 ２　前項で請求をすることができる期間は、○○○○年○月○日から○○○○年○月○日までとする。

⑸　取得条項付種類株式（108条１項６号）

この取得条項付株式は、前述したとおり（上記１⑵(イ)(C)）、株式全部の内容として定めることもできるが（107条１項３号）、一部の（種類）株式の内容として定めた場合は、種類株式となる。

一定の事由には、たとえば、「株式を上場したとき」という条件型や、「○○○○年○月○日」という確定期限型あるいは「○○○○年○月○日以降、取締役会が別に定める日」（なお、取締役会が定めた後は確定期限）、「株主本人が死亡したとき」といった不確定期限型などの定め方がある。

また、たとえば、会社が再生を図る場合で普通株式のみを発行している場合に、種類株式発行会社としたうえで、普通株式すべてを取得条項付株式とし、新たに発行する種類株式を再生会社のスポンサーとなる者に取得させるということなどが考えられる。

対価として交付される財産の内容には、特に制約がない（107条２項３号ニ～ト、108条２項６号ロ）ことや取得対価の内容が当該会社の他の株式以外の財産であり、その財産の帳簿価額が、一定の事由が生じた日における会社の分配可能額を超えている場合に取得の効力がない（170条５項）ことは、取得請求権付種類株式と同様である。

定款に取得条項の定めを設け、または、その条項の変更をしようとする場合には、当該種類株主総会の特別決議では足らず、当該種類株主全員の同意が必要である（111条１項）。したがって、反対株主の株式買取請求権はない。

【記載例】　取得条項付種類株式の内容

第○条　当会社は、○○○○年○月○日以降いつでも、取締役会が別に定める日が到来したときは、A 種優先株式の全部または一部を取得できるものとし、A 種優先株式を取得するのと引換えに、A 種優先株式１株につき、その払込金額相当額を踏まえて取締役会の決議によって定める価額の金銭を交付する。なお、一部を取得するときは、抽選または按分比例の主張によりこれを行う。

⑹　全部取得条項付種類株式（108条１項７号）

全部取得条項付種類株式とは、２つ以上の種類の株式を発行する株式会社において、そのうちの１つの種類の株式の全部を株主総会の特別決議（309条２項３号）によって取得することができる旨の定款の定めがある種類の株式のこと（171条１項）である。

このような全部取得条項を付するための定款変更を行う場合は、当該種類株主総会の特別決議が必要である（324条２項１号、111条２項）。

この特別決議の反対株主に対する株式買取請求権が認められている（116条１項２号）。

【記載例】　全部取得条項付種類株式への変更

> 第○条　当会社は、当会社が発行する普通株式について、株主総会の決議によってその全部を取得できるものとする。当会社が普通株式の全部を取得する場合には、普通株式の取得と引換えに、普通株式１株につき、A 種種類株式を○株の割合をもって交付する。

⑺　拒否権付種類株式（108条１項８号）

会社が、株主総会・取締役会（清算人会）で決議すべき事項について、その決議のほかに、ある種類の株式を保有する株主を構成員とする種類株主総会の決議を必要とする旨を定款で定め、その決議がなければ効力の生じないこと（323条、84条、45条）を内容とする株式のことである。

要するに、ある決議について、株主総会・取締役会等の決議では十分ではなく、ある種類の株主総会の決議が必要とされるために、その種類株式を有する株主には実質「拒否権」が与えられることになることから、この株式のことを「拒否権付種類株式」（別名「黄金株」）とよんでいる。換言すると、この株を１株でも保有していれば、特定の決議事項について、その賛否をコントロールすることができるという強力な権限を手にすることができるのである。

この「拒否権付種類株式」は、合弁会社、ベンチャー企業等における資本多数決の確保ができない株主によって活用されている例が多いが（江頭164頁）、事業承継でも効果的に活用できる。

「拒否権付種類株式」の定めは、定款変更の原則どおり株主総会の特別決議が必要である（309条２項11号）。

【記載例】　拒否権付種類株式の内容

> 第○条　当会社が、以下の事項について株主総会または取締役会で決議するときは、当該決議のほか、Ａ種種類株式を有する株主を構成員とする種類株主総会の決議を必要とする。
> ①　定款の変更
> ②　当会社の株式、新株予約権または新株予約権付社債の発行
> ③　剰余金の配当
> ④　自己株式の取得
> ⑤　解散

⑻　取締役・監査役選解任権付種類株式（108条１項９号）

ある種類の株主を構成員とする種類株主総会において、取締役または監査役（以下本項では、「取締役等」という）を選任することができるという内容の種類株式のことである。なお、監査等委員会設置会社の場合は、監査等委員である取締役またはそれ以外の取締役のそれぞれを種類株主総会で選任することができる（108条１項９号カッコ書）。

公開会社および指名委員会等設置会社は、この種類株式を発行することができない（108条１項本文・ただし書）。

この株式を発行した場合は、取締役等の選任は、すべて種類株主総会で選任され、全体の株主総会では行われない（347条で読み替えて適用する329条１項）ので、取締役の一部のみを種類株主総会で選任する旨を定め、残りを全体の株主総会で選任することは許されないが、ある種類の株式について、定款上で取締役または監査役の一方または双方を１人も選任できない旨の定めや発行済株式数が少ない種類の株主が過半数の取締役を選任できる旨の定めは可能である（江頭167頁注⒃）。

一方、取締役等の全部または一部を他の種類株主と共同して選任する定め

は許されている（108条２項９号ロ）。

たとえば、Ａ種、Ｂ種、Ｃ種の３種類の株式を発行し、６人の取締役を選任する場合、Ａ種株式を有する株主で４人、Ｂ種株式を有する株主で２人を選任し、Ｃ種株式を有する株主は取締役選任権を有しないとすることができる（森・濱田松本法律事務所編／戸嶋浩二著『新・会社法実務問題シリーズ２株式・種類株式〔第２版〕』342頁）。

また、社外取締役についてのみ取締役選任権を有する種類株式を発行することもできる（108条２項９号ニ、施規19条１項イ）。

この種類株式を有する種類株主総会で選任された取締役等は、当該選任をした種類株主の総会決議で解任しなければならない（347条で読み替えて適用する339条１項）が、①定款に別段の定めがある場合、または②当該種類株主総会で議決権を行使することのできる株主が存在しなくなった場合には、株主総会の決議によって解任することになる（347条で読み替えて適用する339条１項）。したがって、定款に別段の定めがない場合には、選任のみならず解任権も有する種類株式ということになる。

また、①取締役会設置会社であるのに取締役を２人しか選任できなかった場合のように、会社法、定款で定めた取締役等の数を満たす数を選任できないとき、②公開会社あるいは指名委員会等設置会社になったときには、取締役等選任権付種類株式は廃止されたものとみなされる（112条）。

この種類株式を１株でも保有していれば、大株主でなくても、単独で取締役等を選任・解任することができることになるので、たとえば、〈*Case* 2-④〉でのＡが後継者である従業員Ｂに、ほとんどの普通株式を譲渡したとしても、１株だけ取締役等選任権付種類株式を有していれば、取締役の選任や解任について、Ａの一存で決められる。したがって、Ａは大きな影響力をもちながら、経営の引継ぎができるなど、この種類株式は事業承継でも活用できる。

取締役等選任権付種類株式は、少数株主であっても経営に強い影響力をもつことが可能であることから、こうした創業者の引退の場合のみならず、ベンチャーキャピタルがベンチャー企業に出資するケース、企業が合弁会社を設立して事業を行うケースなどでの利用が考えられる。

定款で、種類株主総会にて取締役等を選任すること、選任できる取締役等の人数および上記共同選任とする場合の当該関係事項並びにこれらの事項を変更する場合の変更条件や変更後のこれらの事項について定めておく必要がある（108条２項９号イ～ハ）。また、当該株主が当該会社と無関係になった場合や、死亡したときのことを考え、取得条項付株式との組合せを検討するなどの工夫も必要である。

【記載例】　取締役等選任権付種類株式

①　A種種類株式を有する株主を構成員とする種類株主総会において、取締役○名及び監査役○名を選任する。但し、A種種類株主が保有するA種種類株式の数が当会社の発行済株式総数の○分の○未満となった場合には、この限りではない。
②　B種種類株式を有する株主を構成員とする種類株主総会において、取締役○名を選任する。但し、B種種類株主が保有するB種種類株式の数が当会社の発行済株式総数の○分の○未満となった場合には、この限りではない。
③　C種種類株式を有する株主を構成員とする種類株主総会において、取締役及び監査役を選任することができない。

3．属人的株式の具体的な内容

非公開会社に限定されているが、会社法では、前述した株主平等の原則とは異なり、以下の３つの権利について、「株主ごと」に異なった取扱いができるとしている（109条２項）。

①　剰余金の配当を受ける権利
②　残余財産の分配を受ける権利
③　株主総会における議決権

要するに、上記３つの事項について、特定の株主に対し、持株数に関係なしに異なる取扱いを行う旨の定め（これを「属人的定め」という）を設けることができる。こうした定めをした株式のことを一般に「属人的株式」とよんでいる。

上記①②の具体例として、ⓐ持株数に関係なく全株主同額とする、ⓑ原始株主等特定の株主を持株数以上の割合で優遇するなど、上記③の具体例として、ⓐ株数に関係なく全株主の議決権を同じにする、ⓑ一定数以上の持株につき議決権の上限制・逓減制を設ける、ⓒ特定の株主にのみ、１株につき複数議決権を認めるなどが考えられる（江頭169頁）。

こうした内容の権利は属人的に定款に定められた株主のみに帰属し、当該株主がその株式を移転した場合には、その権利は認められない。この点種類株式とは異なる。

属人的定めとは、株主ごとに異なる取扱いを定めることであるが、新たな種類株式の追加ではなく、既存の株式の内容変更と同視でき、かつ議決権に関する属人的定めが設けられると、異なる取扱いを受ける株主の有する株式は、内容の異なる種類の株式とみなされて、会社法第二編および第五編の規定が適用される（109条３項）ので、実質は種類株式に等しいといえる。

なお、種類株式の定めは登記事項である（911条３項７号）が、属人的株式の定めは登記事項ではないので（上記で第七編が準用されていない）、非公開会社の株主になろうとする場合には定款を確認する必要がある。

１．問題の所在

〈*Case* 2-④〉の場合、Ａは、①Ａから従業員Ｂへと株式を移転した場合のＢの独断専行と②取締役引退後の生活資金という２つの心配を抱えている。

①については、ＡがＢへ普通株式の大半を譲渡した場合、確かにＸ社の

経営支配権は、ＡからＢへと移ることになり、ＢがＡの意向を無視して経営支配を掌握することが可能となる。また、②については、取締役引退後も、Ｘ社から剰余金の配当を受けたいと思っていても、保有する株式数が少なくなれば、その減少した株式数の割合に応じて、剰余金の配当額も少額となり、Ａが期待しているような額の配当は得られないことになる。

しかし、Ａのこうした心配は理解できるとしても、こうした処置をとらなければ、いつまでも、Ｘ社の事業承継はできない。

そこで、こうしたＡの懸念にも配慮しながら、Ｂに対して円滑にＸ社の事業を承継させることができないかが問題となる。

こうした問題を解決する方策として、株主当事者間での株主間契約を締結するという方法（たとえば、議決権拘束契約）と種類株式等を活用する方法とがある。前者は、違反した場合に、契約法理により解除あるいは損害賠償等を求めることになるが、違反行為が会社法上無効となるものではない（江頭336～337頁参照）。しかし、後者では、違反行為が無効となることから、当該株主の目的を直接に達成でき、前者よりも強力な方策になる。以下では、後者の方策について述べる。

2．独断専行の防止の問題

上記１①の問題は、これはＸ社の株主であるＡの議決権に関する問題である。会社法では、株主は、原則として１株式につき１議決権を有するとしている（308条１項）が、他方で、この原則と異なった種類株式や属人的株式を認めていることは前述したとおりである。

議決権に関し、異なった内容の定めができる種類株式として、ⓐ議決権制限株式、ⓑ拒否権付種類株式、ⓒ取締役等選任権付株式がある。

たとえば、上記のⓐ議決権制限種類株式を利用してＢの議決権を制限し、あるいは、ⓑの拒否権付種類株式、ⓒの取締役等選任権付種類株式を活用することで、議決権、種類株主総会を通じて、ＡはＸ社への一定程度の支配権を保持することが可能となる。

また、X 社は、非公開会社であるから属人的株式を用い、あるいは後述の単元株制度を利用した事実上の複数議決権株式を設計することで、A に対し複数議決権を与えるという方法も考えられる。

〈*Case* 2-④〉の場合、たとえば、X 社の発行済株式総数が5000株であるとした場合、A が保有する株式は4000株、従業員持株会が保有する株式は1000株となる。このうち、A が B に3000株を譲渡したとすれば、A は1000株となってしまう。しかし、A に属人的に１株につき６個の議決権を付与したとすれば、A の議決権割合は全議決権数の60％を占めることとなり、X 社の経営支配権を維持したままで B に対し全株式数の過半数を占める株式の譲渡ができる。

単元株制度を利用した場合でも、単元の数は、種類株式ごとに定めることができる（188条３項）ことから、B および従業員持株会保有の種類（普通）株式について、１単元＝８株とし、A 保有の種類株式について、１単元＝１株とすれば、A の議決権割合は、全議決権の３分の２を占め、属人的株式と同様に経営支配権を維持したままで B に全株式の過半数を占める株式の譲渡ができる。

上場会社において、こうした単元株制度を利用し、創業者が支配権を維持したままで株式を上場（IPO）した事例（CYBERDYN 株式会社）が一例ある。しかし、この事例は特殊であり一般的ではない。また、非公開会社においては、単元株の制度趣旨が株主管理コストの削減にあることから、そうした趣旨を逸脱し事実上の複数議決権を与えるための利用には否定的な見解もある。したがって、複数議決権を与えるための単元株制度の利用にはその点の留意が必要である。

３．取締役引退後の生活資金の問題

上記１②の問題は、剰余金の配当の問題である。会社法は、配当決議は株主の有する株式の数に応じて配当財産を割り当てることを内容とするものでなければならないと規定し、株主平等の原則を示している（454条３項）が、他方で種類株式の場合は、当該種類の株式の内容に応じて、異なる配当財産の割当てをすることができるとしている（同条２項）。こうした内容の種類株式としては、優先株式あるいは優先権はないが他の種類株式よりも多額の剰余金の配当が受けられる種類株式（108条１項１号、454条２項）が前述したとおり（94頁参照）認められているし、属人的株式においてもこうした優先株式と同様な内容の定めをすることができる。したがって、Ａは、こうした株式を保有できれば、Ａの取締役引退後の生活資金の不安解消にもつながる。

４．まとめ

Ａの従業員Ｂの独断専行の危惧（上記１①）につき、Ａにどのような種類株式あるいは属人的株式（両者の併用も可）を付与させるべきかは、ＡにＸ社に対する経営支配権をどの程度残す必要があるのかということと、Ｂを信頼し経営を承継させていくためには、どの段階で、どの範囲までＸ社の経営に関する権限をＢに委譲する必要があるかというバランスの中で判断することになろう。

Ａの取締役引退後の生活資金の不安（上記１②）については、Ａは、取締役在任中得られる役員報酬、退任後の退職慰労金の確保とその金額、Ａの株式譲渡によってどの程度の資金が得られるか、Ｘ社の配当可能利益がどの程度見込まれるのか、Ａの引退後の生活設計やその他諸々の事情を総合的に勘案しながら判断すべきものと考える。

〈***Case*** 2-④〉において、上記のような種類株式等の利用にあたっては、専門家による税務上の検討は欠かせない。また、税務上およびその他上記の事情等の諸々の事柄を勘案したうえで、Ａの意向に配慮しながらＢおよびＸ社の利益を考慮するなど当事者の利害の調整も図りつつ最適な方法を選択し活用することになろう。

なお、Ａに対し、上記のような種類株式などの活用により特典を与えるとしても、認知症、病気その他による判断能力の喪失や死亡などの場合には、

Aから X 社が当該株式を取得できることやBが後継者としてふさわしくないときのB保有の株式を取得できる措置など、万が一の場合のリスクを想定し、その軽減策を講じておく必要もある。

（高橋理一郎）

〈*Case* 2-⑤〉　種類株式等の導入と種類株主総会

Aは、電子部品の製造を目的とするX株式会社（非公開会社・取締役会設置会社）を営んでいる。資本金は5000万円、発行済株式総数は（普通株式）1000株である。そのうちAが500株、Bが300株、Cが200株を保有し、A（代表取締役）・B（取締役）・C（取締役）の3人で力を合わせてX社を経営してきた。しかし、Cは、Aとの経営方針をめぐる対立から、X社の取締役を退任し、X社と競業関係となるY株式会社を設立した。そして、Y社の代表取締役には、Cの息子C_1が就任し、X社の社員を引き抜き、あるいはX社の顧客らに対し、X社との取引をやめてY社と取引をするよう積極的に働きかけるなどしている。また、Cは、X社の株主として、X社の経営方針にことごとく反対し、X社の会計帳簿、計算書類および取締役会議事録の閲覧と謄写等を目的とする仮処分命令の申立てをしている。

こうした状況の中で、Aは70歳を迎えたことから、そろそろ次期後継者にX社の経営を委ねたいと考えている。しかし、Aには、相続人として妻および娘2人（孫3人）がいるが、いずれもX社の経営を承継する意思も能力もないことから、次期後継者には、Bの息子のB_1（現X社の取締役）を予定している。

Aは、X社の株式価額が高額であることと、X社の株式の一部をAの推定相続人らにも残しておく必要があるので、Aは、X社の株式の承継方法として種類株式および属人的株式を活用したいと考えている。また、CのX社に対する敵対行為は許しがたいので、Cの議決権割合を１%未満（〈図表９〉（23頁）参照）にして、配当割合も他の株主の１%程度にしたいと考えているがどうしたらよいか。

Mission　獲得目標

Ａは、まず、Ｘ社の次期後継者としてB_1を想定し、そのためには、Ａが保有する株式をB_1に承継させなければならないと考えている。しかし、一方では、Ａの退任後も、ＡおよびＡの相続人らがＸ社の経営に関与し、あるいはＸ社の株式を一部保有し続けたいという思いも強い。そこで、種類株式の活用を考え、導入したいと考えている。また、敵対的行動をとるＣが、Ｘ社にとって厄介な存在なので、Ｘ社に対するＣの影響力を排除あるいは小さなものにしたいと考えている。

Task & Option　検　討

［*Task*］

①　種類株式等を新たに導入するにはどうしたらよいか。

②　既発行の普通株式の一部を種類株式に変更したいがどうしたらよいか。

③　種類株式等を導入した場合、どのようなことに留意しなければならないか。

１．種類株式等の導入と手続

会社設立後に、種類株式等を導入し、あるいは種類株式等の内容を変更するためには、原則株主総会の特別決議による定款変更手続が必要である（466条、309条２項11号）。しかし、種類株式等の内容によっては、既存株主の利害に大きな影響を与えることから、その決議要件を加重したり、特別な手続が求められたりしているので、以下では、種類株式等ごとにその手続について説明する。

⑴　既存株式の全部を「内容について特別の定めのある株式」（107条）に変更

1種類の株式しか発行していない会社（種類株式発行会社でない会社）が、当該株式全部の内容として、㋐〜㋒の内容を付加する場合の手続は以下のとおりである。なお、種類株式発行会社が種類株式全部の内容として、たとえば、譲渡制限を付する場合は、この107条1項1号で定める株式ではなく、後で述べる108条1項4号で定める種類株式ということになる（論点解説53頁）。

㋐　全株式譲渡制限株式（107条1項1号）への変更手続

①　107条2項1号で定める各事項を定款で定めること（同条2項柱書）。
②　株主総会の特殊決議による上記内容での定款変更（〈図表20〉③ⓜ）
③　譲渡制限の内容の変更および制限の定めの廃止の場合は、通常の定款変更決議（特別決議。466条、309条2項11号）

㋑　全株式取得請求権付株式（107条1項2号）への変更手続

①　107条2項2号で定める各事項を定款で定めること（同条2項柱書）。
②　株主総会の特別決議による上記内容での定款変更（〈図表20〉②ⓓ）。

㋒　全株式取得条項付株式（107条1項3号）への変更手続

①　107条2項3号で定める各事項を定款で定めること（同条2項柱書）。
②　株主総会での特別決議および株主全員の同意による上記内容での定款変更（〈図表20〉⑤ⓟ）。
③　上記内容の定款を変更する場合も株主全員の同意が必要（110条）。上記内容の定めを廃止する場合は、通常の定款変更決議（特別決議。110条カッコ書、466条、399条2項11号）。

⑵　種類株式の導入と内容の変更

㈠　はじめに

種類株式は、出資を受けて株式を発行する際に、新たに導入（追加）することができるほか、既存の一部の種類株式についての内容を変更することも可能である。

新たな種類株式の導入（追加）あるいは内容の変更によってある種類の株式の種類株主に損害を及ぼすおそれがある場合には、後述する㈢⒜譲渡制限種類株式、⒝取得条項付種類株式および⒞全部取得条項付種類株式への各変更の場合を除いて、当該種類株主総会の特別決議が必要である（322条１項１号イ・同号ロ・同号カッコ書、324条２項４号）。

なお、新たに導入した種類株式の発行は、前述した新株発行手続によることになる（69頁参照）。

㈡　新たな導入

新たな種類株式を導入する場合には、①その種類株式の内容とその発行可能種類株式総数を定款で定める（108条２項）、②上記内容等での定款変更のための株主総会特別決議（〈図表20〉②ⓒ）を経る必要がある。

当該会社が種類株式発行会社でない場合には、上記定款変更によって種類株式発行会社（２条13号）となる。

また、種類株式の内容（108条２項に定める事項）のうち、一定の細目については、当初から定めておく必要はなく、当該種類株式を実際に発行する時までに、株主総会（取締役会設置会社にあっては、株主総会または取締役会）の決議によって定める旨を定款で定めておくことでもよい（なお、設立時発行株式については32条２項参照）。

しかし、その場合は、「その内容の要綱」を定款で定めておかなければならない（108条３項）。換言すれば、定款では、「要綱」を定めておけば足り、その要綱とは、定款変更決議にあたって株主が適切に判断するために必要な事項のことで、事後に行われる細目の決議にとって参考となる事項のことである（一問一答58頁）。

なお、上記要綱ではなく、定款をもって必ず定めなければならない事項として、会社法施行規則20条は、１号から７号までを掲げている。

定款で要綱を定めた場合は、株式の発行時までに株主総会または取締役会で細目の内容を定めることになるが、その内容は直ちに定款の内容となるものではない。したがって、当該内容での定款変更を行う必要がある。この場合、当該定款の変更によって損害を被る種類株主がいる場合には、その種類株主による種類株主総会決議も必要となる（論点解説62頁）。

⑺　既発行のある種類株式の内容を変更する場合

定款変更決議および以下の手続により、既発行の種類株式の内容を変更することができる。

⒜　譲渡制限種類株式への変更と同内容の変更

①　上記内容での定款変更には、譲渡制限とする種類株式の種類株主総会および関係する種類株主総会の特殊決議も必要（〈図表20〉③①）。

②　「ある種類の種類株主に損害を及ぼすおそれがある場合」（322条１項）の規定の適用はない（同項１号カッコ書）。

③　譲渡制限の内容を変更し、または譲渡制限を廃止する場合は、111条２項の適用はなく（論点解説85頁）、通常の定款変更決議（株主総会の特別決議）で足りる（466条、309条２項11号）。しかし、この場合は、上記②の規定の適用があるので、当該種類株主総会の特別決議が必要である（322条１項１号ロ、324条２項４号。〈図表20〉②ⓕ）。

⒝　取得条項付種類株式への変更と同内容の変更

①　ある種類の株式の内容として上記定款の定めを設けまたは同内容の定めのある定款を変更（廃止を除く）するには、当該種類株式を有する種類株主全員の同意が必要である（〈図表20〉⑥ⓖ）。

②　なお、種類株式発行会社において、すべての株式につき全部取得条項を付し、その全部取得条項付種類株式の取得の対価として取得条項付種類株式を交付する旨を定めた場合（171条１項イ）は、上記①のような当該種類株主全員の同意を要せず、次の⒞で述べる全部取得条項付種類株

式の手続（株主総会の特別決議）で、全部取得条項付種類株式のすべてを取得条項付種類株式に変更することができる（論点解説80頁、87頁、88頁）。この場合、反対株主には、株式買取請求権や価格決定についての申立権（下記(C)⑤）が認められる。

③　「ある種類の種類株主に損害を及ぼすおそれがある場合」（322条1項）の規定の適用はない（同項1号柱書・カッコ書）。

④　取得条項を廃止する場合は、株主総会の特別決議で足りる（111条1項カッコ書）が、その場合は、上記③の規定の適用がある（322条1項1号ロ、324条2項4号。〈図表20〉②ⓕ）。

(C)　全部取得条項付種類株式への変更と同内容の変更

①　全部取得条項を付される種類株式の種類株主総会および関係する種類株主総会の特別決議による上記内容での定款変更（〈図表20〉②ⓔ）

②　「ある種類の種類株主に損害を及ぼすおそれがある場合」（322条1項）の規定の適用はない（同項1号カッコ書）。

③　全部取得条項付種類株式の内容を変更し、または廃止する場合は、111条2項の適用はなく（論点解説85頁）、通常の定款変更決議（株主総会の特別決議）で足りる（466条、309条2項11号）。しかし、この場合は、上記②の規定の適用がある（322条1項1号ロ、324条2項4号。〈図表20〉②ⓕ）。

④　なお、全部取得条項付種類株式を取得するためには、株主総会の特別決議（309条2項3号）が必要であり、同決議で171条1項各号の事項を定めなければならない。

⑤　上記④の取得決議に反対した株主（議決権行使のできない株主を含む）には、取得対価の価額の決定につき裁判所への申立権が認められている（172条）。

(D)　その他の種類株式への変更と同内容の変更

剰余金の配当（108条2項1号）、残余財産の分配（同項2号）、議決権制限種類株式（同項3号）、取得請求権付種類株式（同項5号）、拒否権付種類株

式（同項８号)、取締役・監査役選任権付種類株式（同項９号）への変更および同内容の変更と廃止については、定款変更決議のほかある種類の種類株主に損害を及ぼすおそれがあるときは、当該種類株主総会の特別決議が必要である（322条１項１号、324条２項４号)。

(E)　特定の種類株式の一部のみを他の種類株式に変更する場合

たとえば、普通株式の一部を議決権制限種類株式に変更しようとする場合は、特定の株主だけが保有する株式の内容を変更することになるので、株主平等の原則に反することになる。

こうした場合についての会社法の規定はない。そこで、登記実務上行われている株主全員の同意を得ることによって変更しているのが実務である。

この場合、まず、議決権制限種類株式を導入するための定款変更手続を行い、議決権制限種類株式に変更する予定の普通（種類）株式の株主全員の同意を得る必要がある。また、変更を予定していない普通（種類）株主の同意も必要である（昭和50年４月30日民事４第2249号民事局長回答)。

(3)　属人的株式の導入と同内容の変更

(ア)　種類株式との違い

属人的株式は、前述したとおり、上記種類株式とみなされ（109条３項)、種類株式の規定が適用されるが、種類株式と異なる点は以下のとおりである。

①　非公開会社でなければ発行できない。

②　定款変更の要件が異なる（309条４項)。

109条２項の規定による定款の定めについての定款の変更（当該定款の定めを廃止するものを除く）は、株主総会において、総株主の半数以上であって、総株主の議決権の４分の３以上にあたる多数の決議（特別特殊決議）をもって行わなければならない（309条４項。〈図表20〉④ⓞ)。

なお、定款の定めを廃止する場合は、通常の定款変更決議（特別決議）で足りる（309条４項カッコ書)。

登記をする必要はない（911条３項参照)。

(イ)　属人的株式の導入と同内容の変更

発行済みの株式すべてについて、譲渡制限をつけること（非公開会社の要件）が必要である。

属人的株式を導入するためには、「105条第1項各号に掲げる株主の権利につき、株主ごとに異なる取扱いを行う旨」を定款で定める（109条2項）。

そして、上記および上記内容を変更するための定款変更決議には、株主総会の特別特殊決議が必要である（309条4項）が、定めを廃止する場合には、通常の定款変更のための特別決議（同条2項11号）で足りる。

属人的定めの変更および廃止の場合は、「定款の定めがある」場合なので、種類株式とみなす会社法109条3項が適用され、後述する損害を及ぼすおそれのある場合の種類株主総会の決議が必要である（322条1項1号ロ、324条2項4号）。しかし、属人的定めを新たに定款に設ける際には、まだ「定款の定めがない」場合なので、種類株式とみなす会社法109条3項の適用はない。したがって、損害を受けるおそれのある株主の承認は不要である。

また、属人的な権利内容として同じ取扱いが定められた株主が複数いる場合は、当該複数の株主が種類株主を構成し、1人ずつ異なる取扱いが定められた株主は、1人で種類株主総会を構成することになる（江頭170頁注(5)）。属人的株式は、「株主」に着目した取扱いであるため、相続や譲渡によって株式が移転した場合、その属人的株式に付された特殊な権利は、その「株主」にのみ付された権利であり、承継者は当然引き継ぐことはないと解されている。

しかし、念のためその株主が死亡した場合、あるいは意思能力を喪失した場合も含めて定款で承継者が引き継がない旨を定めておくのが無難である。

属人的株式は、剰余金の配当を受ける権利、残余財産の分配を受ける権利、株主総会における議決権について株主ごとに異なる定めを設けられるという、各株主にとって非常に影響力をもつ制度である。特別特殊決議の要件を満たせば、基本的には属人的株式の設定は可能である。しかし一方で、株主平等の原則があり、裁判例（東京地立川支判平成25・9・25金判1518号54頁）では、属人的株式の定めによる特定の株主に対する差別的な扱いが、合理的な理由がなく正当性を欠いている、特定の株主の基本的権利を実質的に奪っているようなケースでは、当該定款変更に係る株主総会決議は株主平等原則の趣旨に違反するものとして無効としているので、慎重な検討が必要である。

２．種類株主総会

⑴　種類株主総会とは

種類株主総会とは、種類株式発行会社におけるある種類の株主で構成する株主総会のことである（２条14号）。種類株式が発行された場合、その種類株主間での利害の調整が必要なことから、この種類株主総会制度が設けられている。

この種類株主総会には、株主総会に関する規定が準用されている（325条、施規95条。なお、295条１項・２項、296条１項・２項、309条が準用されていないことに留意）。なお、種類株主総会で決議できるのは、会社法で規定する事項および定款で定めた事項に限られている（321条）。

⑵　会社法で規定する決議事項

会社法では、〈図表20〉記載（※印）の場合に種類株主総会の決議を要するとしている。

⑶　定款で定めることのできる決議事項

種類株主総会の決議事項は、会社法で定める事項のほか、定款でも定めることができる（321条）。

しかし、定款で定めることができるのは、「当該種類株主の利害に密接な関係がある事項」に限られると解されている（江頭322頁）。

具体的には、譲渡制限付種類株式に関する譲渡の承認や取得条項付種類株式に関する取得の日の決定あるいはトラッキング・ストックに関するその連動対象である子会社の役員等の選・解任権等である（江頭322頁）。

⑷　322条で定める種類株主総会

㈠　概　要

種類株式発行会社が下記㈡の行為をする場合で、「ある種類の株式の種類株主に損害を及ぼすおそれがあるとき」は、その種類株式の株主を構成員とする種類株主総会の特別決議が必要であるとして、不利益を被る種類株式の株主の保護を図っている。

もっとも、当該種類株主総会において議決権を行使することのできる種類株主がいない場合は決議が不要である（322条1項ただし書）。

㈡　322条の適用を受ける行為

①　次の定款変更（なお、111条の場合を除く）（322条1項1号）

ⓐ　株式の種類の追加

ⓑ　株式の内容の変更

ⓒ　発行可能株式総数または発行可能種類株式総数の増加

なお、上記で株式の種類の廃止や発行可能（種類）株式総数の減少は規定されていないので、適用外ということになる。

②　特別支配株主による株式売渡請求の承認（同1の2号）

③　株式の併合または株式の分割（同2号）

④　185条の株式無償割当て（同3号）

⑤　株式を引き受ける者の募集（202条1項各号の事項を定めるものに限る）（同4号）

⑥　新株予約権を引き受ける者の募集（241条1項各号の事項を定めるものに限る）（同5号）

⑦　277条の新株予約権無償割当て（同6号）

⑧　合併（同7号）

⑨　吸収分割（同8号）

⑩　吸収分割による他の会社がその事業に関して有する権利義務の全部または一部の承継（同9号）

⑪　新設分割（同10号）

⑫　株式交換（同11号）

⑬　株式交換による他の株式会社の発行済株式全部の取得（同12号）

⑭　株式移転（同13号）

なお、優先配当・無議決権株式でも、種類株主総会の議決権は有することになるので、留意が必要である。

⑸　定款による種類株主総会の省略

以下の場合には、定款である種類の株式についての当該種類株主総会の決議を省略することができる。

①　322条1項1号の株式内容の変更のうち単元株式数に関するものおよび同1項1号の2から13号の場合（322条2項～3項）。

②　譲渡制限種類株式募集の場合の募集事項の決定・委任（199条4項、200条4項）、譲渡制限種類株式を目的とする新株予約権の募集事項の決定・委任（238条4項、239条4項）および種類株式発行会社である存続会社等が交付する株式が譲渡制限株式である場合において、当該交付する種類株式の株主による吸収合併・分割または株式交換に関する承認の場合（795条4項カッコ書）。

なお、①についての定款の定めは、①掲記の事項全部について種類株主総会の決議を要しない旨を定めなければならず、一部につき要しない旨を定めることはできないと解されている（江頭172頁注⑸）。

ある種類の株式の発行後に定款を変更して上記種類株主総会の決議を要しない旨を定める（上記①の場合）には、当該種類株主全員の同意を得なければならない（322条4項）。したがって、たとえば、普通株式を発行し、その後種類株式発行会社となり、322条2項に基づき、種類株式の内容として、上記決議を要しない旨の定款の定めを設けるには、既発行の普通株主全員の同意が必要である。この場合、もし当該普通株主の同意が得られない場合には、その後に発行する種類株式に限定して上記定めを設けることになる。

したがって、手続の煩雑さを避けるためには、上記種類株主総会の決議を要しない旨の定めをしておくべきである。なお、この定めがある場合には、その定めにより議決権の行使のできない当該種類株主には、代わりに株式買取請求権が与えられている（116条1項3号、785条2項1号ロ、797条2項1号ロ、806条2項2号）。

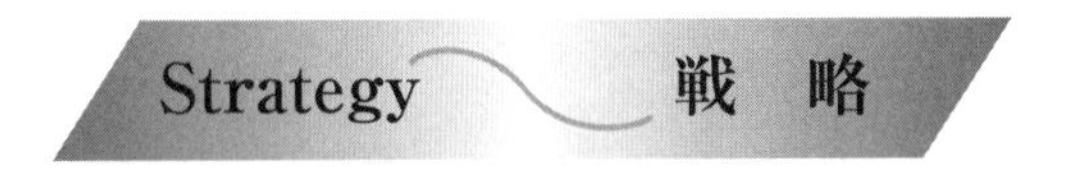

1．問題の所在

〈*Case* 2-⑤〉では、Aは、①B_1をX社の次期後継者とし、Aが保有する株式（普通株式500株）をB_1に承継させたいが、他方では、AおよびAの推定相続人ら（以下、「Aら」という）がX社の経営に関与するために一部株式を保有し続けたいという思いも強く、そのために種類株式を活用できないかと考えている。また、②X社の株主Cが保有する株式（普通株式200株）の議決権割合（20%）を1%未満とし、X社からの配当割合も他の株主の1%程度とする差別的な取扱いをすることで、X社から何とか排除できないかという2つの課題を抱えている。

①については、まず、AがX社の経営について、何のためにどの程度の権限を残したいと考えているかの整理が必要であろう。また、他方では、B_1の経営手腕に期待し、B_1にX社の経営を委ねるのであれば、B_1が経営手腕を十分に発揮できるだけの権限をB_1に委譲する必要があるが、他方で、AらにもAの保有する株式の一部を残し、X社の経営に関与できるようにしたいという悩ましい問題がある。②の場合は、CをX社から排除するために、どのような手法であれば、法的に認められるかという問題である。

2．①の問題

(1)　Aの目的

AがX社の経営をB_1に委ねた後も、Aの保有する株式を一部残し、X社の経営にAらが関与できるようにしておきたいというAの目的について、以下のとおりであることを前提とする。

ⓐ　配当および残余財産の分配について、AらがB_1よりも多くの分配を受けたい。

ⓑ　Aらは、X社の経営をB_1に委ねた後もX社の経営に関与したい。

⑵　ⓐの目的を達成する方法

この場合、優先配当種類株式の活用が考えられる。要するに、A以外の株主が有する普通株式よりも、何割かを増加させた配当金を、Aらが受け取れるように設計した種類株式である。

この種類株式を発行するには、前述したとおり株主総会による特別決議によって、種類株式発行会社となる必要がある（〈図表20〉②ⓒ）。

〈***Case*** 2-⑤〉の場合、優先配当種類株式の内容とその発行種類株式総数を定款で定め（108条2項）、X社の株主総会での特別決議を経る必要がある。この場合、Cの反対が予想されるが、AとBの賛成があれば上記定款変更は可能である。そして、X社はAに対し、上記優先配当種類株式を発行（第三者割当増資）し、その後にA保有の普通株式をAからB_1に譲渡することになる。

なお、第三者割当増資においても株主総会の特別決議を要する（199条1項・2項、309条2項5号）が、この場合、Cの反対が想定される場合には、Aの議決権行使が831条1項3号（特別の利害関係を有する者が議決権を行使したことによって、著しく不当な決議がされたとき）に該当しないよう留意が必要である。

また、Cに異論がない場合には、A、BおよびCの同意を得たうえで、Aが有する普通株式の一部を優先配当種類株式に変更することも可能であるし、Aの株式の一部をX社が取得し、その取得対価として、X社がAに対し、優先株式を交付することも考えられる。しかし、後者の場合、株主総会での特別決議（160条1項、309条2項2号）が必要であり、Aは特定の株主として同総会での議決権行使ができない（160条4項）ことから、Cの賛成を得られることが前提となる。

Cの賛成が得られない場合には、後述するようにCがX社の株主でなくなった後で、Bの協力を得てこうした方策をとることになる。

⑶　ⓑの目的を達成する方法

この場合、Aらが想定している経営への関与の程度と、B_1に十分な経営手腕を発揮させるために必要な委ねるべき権限の程度との均衡を十分に検討することが重要である。

B_1の経営の暴走を懸念するのであれば、AらがX社の株式の3分の1以上を保有しておくのが一般的である（特別決議の阻止要件）。また、仮にAらが取締役として就任することを望むのであれば、取締役選任権付種類株式（108条2項9号）や、経営の意思決定についての関与であれば、拒否権付種類株式（黄金株。同項8号）の活用についても検討してみる必要がある。

⑷　属人的株式の活用

〈*Case* 2-⑤〉の場合、X社は、非公開会社であることから、属人的株式を活用して、前述したとおり持株数（割合）に関係なく、剰余金の配当・残余財産の分配・議決権を定めることができる。そして、属人的株式を導入するためには、X社での株主総会において特別特殊決議が必要である（〈図表20〉④ⓞ）が、〈*Case* 2-⑤〉では、AおよびBが出席し、両者の議決権割合は、総株主の4分の3を超える。したがって、属人的株式の活用についても検討すべきである（なお、後述する3⑷㈤で述べる決議取消事由や総会決議無効の裁判例についての留意が必要である）。もっとも、属人的株式の場合は、その「株主」のみに付された権利であり、「株式」に付された権利ではないことから、A（あるいはB_1）以外の承継者が当然にその権利を引き継ぐことにはならない。

3．②の問題

⑴　株主Cを排除（スクィーズ・アウト）する方法

AらX社の経営陣は、CがX社に敵対的な行動をとることから、CをX社の株主から排除できないかと思案している。いわゆる少数株主の排除のためには、一般的に以下のような手法が用いられている。

ⅰ　全部取得条項付種類株式を用いる手法

ⅱ　株式併合を用いる手法

ⅲ　特別支配株主の株式等売渡請求を用いる手法

なお、ⅲは、株式会社の総株主の議決権の90％以上を有する株主（特別支配株主）が、他の株主全員にその有する株式の全部を売り渡すことを求めること（株式売渡請求）ができる制度である（179条１項）。また、あわせて、新株予約権および新株予約権付社債についても売渡請求ができる（同条２項）。

しかし、この特別支配株主とは、上記90％の株式を自らおよびその完全子法人等と共同で有するものをいう（179条１項、施規33条の４第１項・２項）ので、〈*Case* 2-⑤〉の場合はこの手法を用いることはできない。

⑵　全部取得条項付種類株式を用いる手法

X社がⅰの手法を用いる場合には、以下の手続をとることになる。

① X社が、前記２（①の問題）で、すでに種類株式発行会社となっている場合は不要であるが、そうでない場合は、種類株式発行会社となるための定款変更手続が必要である。具体的には、X社の株主総会の特別決議で、ある種類株式の内容を定めて定款変更をし（〈図表20〉②ⓒ）、種類株式発行会社となり、X社の普通株式も種類株式となる。

② X社の普通株式を全部取得条項付種類株式とする定款変更決議（特別決議。〈図表20〉②ⓓ）。

③ ②で全部取得条項付種類株式に変更されるX社の普通株式を有する（種類）株主による種類株主総会の特別決議（111条２項１号、324条２項１号）。

この決議に反対する株主には、一定の要件の下で株式買取請求権が与えられる（116条１項２号）ので、Cが反対をし、X社にCの株式買取請求をしてくる可能性が想定される。

④ 全部取得条項付種類株式を取得するための株主総会の特別決議（171条１項、309条２項３号）。

この株主総会では、X社の取締役がその取得を必要とする理由を説明し（171条3項）、かつ171条1項各号掲記の事項を決議しなければならない。

上記決議された取得対価に不満のある株主は、一定の要件の下で、裁判所に対し取得対価の決定の申立てをすることができる（172条1項）。なお、取得については、全部取得条項付種類株式の種類株主総会の決議は不要である（一問一答55頁）。

また、①から④（③は種類株主総会）までの4つの株主総会は、同じ株主総会で行うことも可能であると解されている（論点解説90頁、江頭159頁）。この場合、②の定款変更決議が成立することを条件として③の種類株主総会が開催されることになるが、同総会において議決権を行使できる種類株主予定者に関し基準日を設定する必要があり（124条）、かつ基準日を設定したときは、当該基準日の2週間前までに公告しなければならないのでこの点留意が必要である（東京地判平成26・4・17金判1444号44頁、東京高判平成27・3・12金判1469号58頁参照）。

⑤　全部取得条項付種類株式を取得する旨の通知または公告（172条2項・3項）。

取得日の20日前までに全部取得条項付株式の株主に対し行う。

⑶　株式併合を用いる手法

X社が、ⅱの手法（株式併合の詳細は271頁以下参照）を用いる場合には、以下の手続によることになる。

①　X社の株主総会の特別決議で180条2項掲記の事項を定める必要がある。

上記決議にあたり、X社の取締役は、株式の併合を必要とする理由を説明しなければならない（180条4項）。

この決議に反対し、かつ株式の併合により1株に満たない端数が生じる株主は、自己の有する株式のうち1株に満たない端数となるものの全部を公正な価格でX社に買い取ってもらうことを請求することができる（182条の4第1項）。また、一定の条件の下で、裁判所に対し、価格決定の申立てもすることができる（182条の５第２項）。

② 種類株式発行会社の場合、株式の併合によってある種類株式の株主に損害を及ぼすおそれがある場合には、上記の株主総会の特別決議に加えて、当該種類株主総会の特別決議がなければ、その効力は生じない（322条１項２号）。ただし、定款で決議を要しない旨を定めている場合は不要であり、その場合には、反対株主による株式買取請求が認められている（116条１項３号イ）。

⑷ X社おける取得対価および併合割合の定め方

㈠ 全部取得条項付種類株式を用いる手法の場合

〈***Case*** 2-⑤〉において、上記ⓘの手法による場合は、全部取得条項付種類株式の取得対価として、新たに発行する普通株式を交付することにする。この場合、「株主の有する全部取得条項付株式の数に応じて取得対価を割当てなければならない」（171条２項）ということに留意し、その割当比率を調整して、Ｃの手元には、１に満たない端株しか残らないようにする。具体的には、Ｘ社は、全部取得条項付種類株式250株に対して普通株式を１株の割合で交付すると、Ａ～Ｃが有することとなる普通持株数は以下のとおりとなる。

Ａ＝500株→２株

Ｂ＝300株→1.2株

Ｃ＝200株→0.8株

㈡ 株式併合を用いる手法の場合

〈***Case*** 2-⑤〉において、上記ⓘⓘの手法による場合は、Ｘ社の普通株式250株を１株の割合で定めれば、株式併合後のＡ～Ｃが有することとなる普通株式数は、上記㈠の場合と同じになる。

㈢ １株に満たない端数株式の処理

１株に満たない端数株式の処理は、上記ⓘの手法の場合234条１項２号の規定、上記ⓘⓘの手法の場合235条１項の規定により、ＢおよびＣの株式を競売しまたは競売に代えて市場価格のない株式の場合は、裁判所の許可を得たうえで競売以外の方法により売却し（234条2項、235条2項）、その代金を端数に応じてBおよびCに交付することになる。また、競売以外の方法による売却の場合は、X社がその株式を買い取ることも可能である（234条4項、235条2項）。

以上の手続によって、X社はCをX社の株主から排除することができる。

(エ)　少数株主の排除目的と株主総会決議の不当性

少数株主の排除のうち、上場会社等公開会社の買収後に残った少数株主を排除する場合は、それ自体「著しく不当な決議」にあたらないと解すべきであるとし、他方、非公開会社の内紛に起因する少数株主の排除については、「目的の不当性」から831条1項3号（特別利害関係者の議決権行使による著しく不当な決議）が適用にならないかの点を、裁判所は慎重に判断すべきであるという見解がある（江頭160〜161頁）。しかし、裁判例では、全部取得条項付種類株式を利用して少数株主を排除した事案において、単に会社側に少数株主を排除する目的があるということだけでは決議取消事由（831条1項）にあたらないとし（東京地判平成22・9・6判タ1334号117頁）、あるいは全部取得条項付種類株式の全部取得についての正当事由は不要と解すべきである（大阪地判平成24・6・29判タ1390号309頁、福岡高判平成26・6・27金判1462号18頁）としている。

他方、〈*Case* 2-⑤〉でのX社とCとの関係に類似し、属人的株式を利用し少数株主の排除を目的とした事案で、定款変更をした株主総会決議を無効とした裁判例がある（東京地立川支判平成25・9・25金判1518号54頁）。この裁判例では、属人的株式の利用にもおのずと限界があることを前提に、「差別的取扱いに合理的な理由がないこと」、「目的に正当性がないこと」あるいは「手段に相当性がないこと」（野村修也「株式の多様化とその制約原理」商事1775号33頁参照）を理由に、当該決議は、法令（株主平等の原則）に違反し無効であるとしている。

このように、属人的株式を含めた種類株式の活用にもおのずと制約が伴う。しかし、その活用の限界が必ずしも明確ではないので、専門家と十分に相談・検討したうえで活用すべきである。

〈図表20〉　種類株式等に関する決議方法

決議方法	決議事項
①普通決議（324条１項） 定款で定めがない場合、総株主の議決権の過半数を有する株主が出席し、出席株主の議決権の過半数にあたる多数による決議	ⓐ拒否権付種類株式の決議の対象とする事項（108条２項８号、84条、323条、324条１項）※ ⓑ取締役・監査役選任権付種類株式による選任および解任（108条２項９号、324条２項５号、347条で読み替えて適用する329条１項１号、339条１項、341条）、なお、監査役の解任は、特別決議による（347条で読み替えて適用する343条４項、309条２項７号）※
②特別決議（309条２項、324条２項） 議決権を行使できる株主の議決権の過半数（３分の１以上の割合を定款で定めた場合は、その割合以上）を有する株主が出席し、出席株主の議決権の３分の２（これを上回る割合を定款で定めた場合は、その割合）以上にあたる多数による決議	ⓒ各種類株式の内容とその発行可能種類株式総数の定め（108条２項柱書、466条、309条２項11号） ⓓ全株式取得請求権付株式（107条２項３号、466条、309条２項11号） ⓔ全部取得条項付種類株式（111条２項１号、108条１項７号、324条２項１号）※ なお、上記の場合、以下の種類株主総会の決議も必要※ ・上記種類株式を交付される可能性のある取得請求権付種類株式（111条２項２号、324条２項１号） ・上同種類株式を交付される可能性のある取得条項付種類株式（111条２項３号、324条２項１号） ⓕ下記ⓠ並びに上記ⓔおよび下記①以

	外で「種類株式の内容の変更・種類の追加・発行可能株式総数の増加によりある種類の株式の種類株主に損害を及ぼすおそれがある場合」（322条1項1号、324条2項4号）※ ⓖ上記ⓕ以外で「ある種類の種類株主に損害を及ぼすおそれがある場合」（322条1項1の2号～13号、324条2項4号）※ ⓗ譲渡制限種類株式に関する募集事項の決定またはその取締役等への委任（199条4項、200条4項、324条2項2号）※ ⓘ譲渡制限株式を目的とする新株予約権の募集事項の決定またはその取締役等への委任（238条4項、239条4項、324条2項2号）※ ⓙ上記ⓖないしⓘの場合の種類株主総会の決議を要しない旨の定款の定め（322条2項、199条4項、200条4項、238条4項、239条4項、466条、309条2項11号） ⓚ吸収合併等の対価として譲渡制限株式を交付する場合、交付する存続会社で上記ⓙの定めのない種類株式の当該種類株主総会（795条4項、324条2項6号）※
③特殊決議（324条3項） 　議決権の行使できる株主の半数以上（これを上回る割合を定款で定めた場合は、その割合以上）であって、その	①譲渡制限種類株式（111条2項1号、108条1項4号、324条3項1号）※ 　なお、上記の場合、以下の種類株主総会の決議も必要※

株主の議決権の３分の２（これを上回る割合を定款で定めた場合は、その割合）以上にあたる多数の決議	・上記種類株式を交付される可能性のある取得請求権付株式（111条２項２号、324条３項１号） ・上同種類株式を交付される可能性のある取得条項付株式（111条２項３号、324条３項１号） ⓜ全株式譲渡制限株式（107条１項１号、309条３項１号） ⓝ譲渡制限株式を除く種類株式の株主に、合併、株式交換、株式移転の対価として譲渡制限株式等を交付する場合、その交付を受ける種類株主の種類株主総会（324条３項２号、783条３項、804条３項）※
④特別特殊決議（309条４項） 総株主の半数以上（これを上回る割合を定款で定めた場合は、その割合）以上であって、総株主の議決権の４分の３（これを上回る割合を定款で定めた場合は、その割合）以上にあたる多数の決議	ⓞ属人的株式（109条２項、309条４項）
⑤全株主の同意	ⓟ全株式取得条項付株式（種類株式発行会社および定めを廃止する場合を除く） （107条１項３号、73条３項、110条）
⑥当該種類株主全員の同意	ⓠ取得条項付種類株式（定めを廃止する場合を除く）（108条１項６号、111条１項） ⓡある種類の株式の発行後に定款を変更して当該種類の株式について当該種

	類株主総会の決議を要しない旨を定める（322条２項）こと（同条４項） ⓢ合併、株式の交換の対価として持分等の交付をする場合、その交付を受ける種類株主（783条４項）

（※印は当該種類株主総会での決議）

（高橋理一郎）

第3章
会社の運営・支配と株式

Ⅰ　株主総会と株式

Ⅱ　各種書類の閲覧権と株式

Ⅲ　従業員と株式（従業員持株会）

Ⅳ　組織再編と株式

Ⅴ　会社の清算・解散と株式

Ⅵ　訴権と株式

Ⅰ　株主総会と株式

〈*Case* 3-①〉　少数株主による株主総会の開催

A株式会社では創業者の死亡後、創業家の意向を重視して経営を行う現経営陣と改革を訴える機関投資家が激しく対立しているが、業績が悪化している現状から改革派が多数派になりつつあった。

現経営陣は、業績の悪化は景気動向の影響であって、改革路線に踏み出した場合にはかえって会社の存続が危ぶまれる事態に陥ると主張していることから、改革派株主は自ら株主総会を開催して取締役の選任議案を可決することを考えている。

Mission　獲得目標

会社法の条文に従えば株主総会において多数派となる株式を取得すれば経営権を取得することができるが、経営陣が徹底的に抵抗した場合には取締役を交代させることは実際には簡単ではない。そこで、株主側で株主総会を自ら開催することを検討する必要がある。

Task & Option　検　討

［*Task*］

① 株主による株主総会招集請求
② 株主総会招集の許可申立て
③ 基準日公告
④ 株主総会の日時等の決定

⑤　招集通知・議決権行使書面の印刷と発送等
⑥　株主総会の運営

1．株主による株主総会招集請求

総株主の議決権の３％以上を６カ月前から保有している株主は、取締役に対し、株主総会の目的である事項および招集の理由を示して、株主総会の招集を請求することができる。そして、当該請求後、遅滞なく招集の手続が行われない場合には、当該請求をした株主は、裁判所の許可を得て、株主総会を招集することができる（297条）。

なお、複数の株主が共同して株主総会招集請求をする場合には、請求株主の保有議決権を合計したものが３％以上であればよい。

株主が取締役宛てに総会招集請求をする場合には、請求日を立証するために、実務上は配達証明付内容証明郵便で請求することが望ましい。当該請求日後、どの程度の期間で「遅滞なく、招集の手続が行われない」と認定するかは裁判所の裁量によるが、株主総会の招集決定を行うための取締役会の招集手続に少なくとも１週間を要すること（368条）および取締役は招集請求日から８週間以内に株主総会を開催しなければならず（297条４項２号）、株主総会の招集準備（基準日公告および招集通知の発送）に少なくとも５～６週間がかかることを考慮すれば、当該請求日から２週間を経過しても取締役会の招集さえ行われない場合には、許可が認められるべきであろう。

2．株主総会招集の許可申立て

株主による株主総会招集の許可申立ては、株主が議題を明示して裁判所に申立てを行い、上記１の要件が満たされれば、比較的速やかに認められる。単に株主の期待する決議成立の可能性がないとの理由のみで申請を却下することはできないと解される（東京地決昭和63・11・2判時1294号133頁）。

なお、当該許可においては、株主が株主総会を開催する期限が付されるため、裁判所に対して、できるだけ長い期限を設けるように求めることが望ましい。非上場会社の場合には許可後２カ月が期限とされることが多いが、上場会社の場合には会社側が招集手続への協力を拒めば、２カ月内に株主総会を開催することは極めて困難であろう。

３．基準日公告

総会招集許可を得た後、株主は、総会招集の準備として基準日公告を行う必要がある。株式会社の公告は、本来、代表取締役が行うものであるが、総会招集許可を得た株主は、代表取締役が基準日公告に協力しなくても、自ら基準日公告を行うことができる権限をもつ。

もっとも、公告方法が定款で電子公告と定められている場合、電子公告を行うサイトの管理は会社が行っていることから、株主が基準日公告を電子公告で行うことはできない。この場合、定款で「事故その他やむを得ない事由によって電子公告による公告をすることができない場合の公告方法」（939条３項）が定められているのが通常であるから、株主は、当該公告方法（上場会社の場合は定款で定められた日刊新聞紙）で基準日公告を行うことができる。

４．株主総会の日時等の決定

総会招集許可を得た株主は、いつ、どこで株主総会を開催するかを決定することができる。もっとも、株主には会社の施設を使う権限はないため、独自に開催場所を確保する必要があるところ、総会招集許可の時期、招集期限、株主名簿の閲覧等をすることができる時期が決まらないと、開催日時を決めることはできず、開催日時が決まらないと開催場所を確保することも困難となる。

５．招集通知・議決権行使書面の印刷と発送等

株主が株主総会を招集する場合には、少なくとも、招集通知、議決権行使書面および封筒を準備しなければならない。現在は、株主名簿管理人が、招

集通知等の印刷や封入作業を行うことが一般的であるため、通常の印刷業者に依頼しても経験に乏しく、納期が長くなる可能性が高いので注意が必要である。

招集通知発送の数日後から、議決権行使書面が到着し始める。株主が議決権行使書面に賛否をきちんと記載していれば問題ないが、賛否欄ともに空白なもの等賛否に解釈を要するものもある。議決権行使書面にはあらかじめ「賛否が不明な場合には、株主提案に賛成、会社提案に反対のものとして取り扱うものとします。」と印字しておくと、賛否欄ともに空白の場合は株主提案に賛成票として集計することができる。他方、賛否欄ともにマークされている場合の取扱いは、無効と解する見解（欠席とする）と棄権と解する見解（出席株主として母数に入れる）がある。ただし、これらは会社が株主総会を招集する場合にも発生する問題である。

6．株主総会の運営

株主が招集した株主総会においては、議長に関する定款の定め（たとえば、社長を議長とする旨の定め）は適用されず、招集株主等が仮議長を務めて議長の選任を提案し、株主総会で議長を決定する。

その後、招集株主が議案の説明を行い、審議のうえ、議案を採決するが、書面による議決権行使の結果と委任状等を合わせて可決要件を満たすことが確実であれば、拍手による採決でもかまわない。

なお、株主総会の招集手続と同時に、会社の取締役・監査役に株主総会への出席を促す通知を行うことを忘れてはならない。株主総会で株主提案が可決され、取締役が交代した場合には、直ちに会社の印鑑・通帳等の交付や開示システムのパスワードの開示等さまざまな引き継ぎをしてもらう必要があるので、少なくとも代表取締役が株主総会に臨席するよう求めるべきであろう。

7．検討結果

以上のように、少数株主が株主総会を開催しようと考えた場合には、裁判所に対して株主総会招集の許可申立てを行うことになるが、上記1の要件が満たされていれば株主が期待する決議がなされる可能性が低くても比較的速やかに許可される運用がなされているものの、会社側が開催する場合と違ってさまざまな点で苦労することが多いのが実情である。

少数株主側が株主総会の事務に精通しているとは限らず、特に当該会社の株主総会ということになると代理人に依頼したとしても会社側の協力がない前提で考えた場合にはスムーズに進まないことを覚悟しておく必要があるだろう。裁判所は、非上場会社の場合には許可後2カ月以内を期限として許可することが多いが、申立て以前にある程度の準備を整えておかなければ招集期限内に開催不能に陥る可能性があるので注意が必要である。

（西村将樹）

Ⅱ　各種書類の閲覧権と株式

〈*Case* 3-②〉　会計帳簿等閲覧請求権

小規模で閉鎖的なA株式会社の株主であるXは、ここ数年配当が全く行われなくなったのは取締役であるYが業務を適切に執行していないからではないかと考えている。

また、Xは、仮にYの業務執行に問題がないとしても、A社の株式を保有し続ける意味がないので売却したいと考えている。

そこで、XがA社の財産状況を調査するために会計帳簿の閲覧を請求することはできるか。

Mission　獲得目標

Xとしては、A社の経営そのものに関心があるわけではないが、会社の実情を把握したうえで会社に配当を要求することが効果的ではないかと考えている。また、株式を売却するとしてもA社が閉鎖的な会社であることから、上場会社等とは違って株価を算定するための資料が必要になると考えている。

Task & Option　検　討

［*Task*］

① 会計帳簿とは
② 会計帳簿等閲覧等請求権
③ 閲覧等請求権者
④ 閲覧謄写請求の理由
⑤ 閲覧謄写請求の拒絶
⑥ 閲覧謄写の対象
⑦ 閲覧謄写請求の方法

1．会計帳簿

株式会社は、法務省令で定めるところにより適時に正確な会計帳簿を作成しなければならない（432条1項、計規4条～56条）。ここで会計帳簿とは、会社がその財産および損益の状況を明らかにするために作成する帳簿であり、計算書類およびその附属明細書の作成の基礎となるものであって（計規59条3項参照）、具体的には仕訳帳、総勘定元帳および各種の補助簿といったものがある。

これに対し、株式会社が事業年度ごとにその財産や損益の状況を明らかにするために作成する書類を計算書類といい、具体的には貸借対照表、損益計算書、株主資本等変動計算書および個別注記表からなる（435条２項、計規59条１項）。なお、株式会社が計算書類等を作成し、その監査を受け、それを定時株主総会で報告し、または承認を受け、さらに株主・債権者等の利害関係者に開示するという一連の行為を株式会社の決算という。

２．会計帳簿等閲覧等請求権

株式会社の計算書類等は、会社の本店（写しは支店）に備え置かれ、株主、債権者、親会社社員の閲覧等請求に供されるが（442条）、一定の株主および親会社社員には、会社の財産状況を調査するため会計帳簿等の閲覧等を請求する一定の権利が認められている。すなわち、総株主の議決権の100分の３以上の議決権または発行済株式（自己株式を除く）の100分の３以上の株式（いずれの要件も定款による引下げは可能）を有する株主は、株式会社の営業時間内はいつでも会計帳簿またはこれに関する資料の閲覧、謄写の請求をすることができる（433条）。

３．請求権者

持株比率以外の要件は特に規定されていないが、たとえば株主１人では100分の３以上の持株比率を満たさない場合であっても、複数の株主が集まってその持株数を合計して要件を充足するのであれば、共同して請求することは可能であると解される。なお、２人以上の株主が共同して持株比率を満たして請求をした場合の閲覧謄写の実行に関しては、全員が共同して実行するかまたはそのうちの一部の者が他を代理して実行する必要があるとする見解と、各株主が各別に閲覧謄写の実行をすることができるという見解の対立がある。

これに対し、株主ではない取締役が会社に対し、取締役としての地位に基づいて閲覧謄写請求をすることについては法的根拠がなく、現行法の下ではできないと解する見解が有力である（東京地判平成23・10・18金判1421号60頁）。

4．閲覧謄写請求の理由

会社法では書面によって閲覧謄写請求すべきことは要求されていないが、請求理由の明示が求められる趣旨について、①会社が理由と関連性のある会計帳簿等の範囲を知り、また閲覧拒絶事由の存否を判断するために必要である、②一般的調査が安易に認められると会社の営業に支障が生じるだけでなく、営業秘密の漏えい、閲覧株主による会計情報の不当利用等の危険が大きくなるから、ある程度具体性のある閲覧謄写目的が株主にある場合に限って閲覧謄写を認めるべきであると解されていることからすると、株主は請求するに際して目的を具体的に記載する必要があると考えられる（最判平成16・7・1民集58巻5号1214頁）。

もっとも、会社法433条1項は、閲覧謄写請求の要件として持株比率要件と請求理由の明示を要求しているのみであるから、請求理由を基礎づける事実が客観的に存在することまで株主が立証する必要はない（前掲最判平成16・7・1）。

5．閲覧謄写請求の拒絶

自益権実現の目的で会計帳簿等の閲覧謄写請求権を行使できるか（会社が請求を拒絶できるか）否かは、会計帳簿等閲覧謄写請求権の法的性質をどのように考えるかにもよるが、前掲最判平成16・7・1は株式の譲渡制限のある株式会社において株式を他に譲渡しようとする株主が、株式の適正な価格を算定する目的でした会計帳簿等の閲覧謄写請求は、特段の事情がない限り、旧商法293条の7第1号（法433条2項1号）所定の拒絶事由には該当しないと判示している。

6．閲覧謄写の対象

株主は、請求理由と関連する会計帳簿等を特定して請求する必要があるが、会計帳簿等は会社が作成し、かつ会社ごとに名称や内容が必ずしも同じではないことからすれば、株主が最初から会計帳簿等の名称等を詳細に特定することは困難であることが多い。したがって、請求当初は対象の特定がある程度包括的・概括的なものにとどまることはやむを得ないといえる。なお、実際の訴訟においても、株主が可能な限りにおいて請求理由と関連すると思われる会計帳簿等を特定して請求を行い、これに対して会社が請求された会計帳簿等の存否や請求理由との関連性について反論をすることにより、請求対象がおのずと限定されていくことが多い。

７．閲覧謄写請求の方法

閲覧謄写請求は、株主本人に限らず代理人によってもこれをすることができるし、補助者を利用してもよいが、受任者または補助者について433条２項３号ないし５号の拒絶事由が認められる場合には会社は閲覧謄写を拒絶することができると解される。

また、433条１項は、あらかじめ訴訟外において閲覧謄写請求をして会社から拒絶されることを訴え提起の要件とはしていないので、株主は直ちに訴えをもって閲覧謄写請求をすることも可能である。

Ｘは自分が保有するＡ社の株式を売却するという目的のためであっても会計帳簿の閲覧を請求することは可能であるが、Ｘの動きを警戒するＡ社側が拒絶することは十分に考えられるし、Ａ社が応じたとしても閲覧の対象範囲を限定してくることも予想される。

Ｘは、Ａ社に対して閲覧の理由を具体的に明示した書面をもって請求することが必要となるが、理由と関連させて閲覧の対象も可能な限り当初から特定することが実務上は重要であり、それが不十分であるとＡ社側に拒絶の根拠を与えることになる。単に「財産状況を調査するため」とするのではなく、なぜ財産調査をする必要があるのか、そのためには何の書類を確認する必要があると株主としては考えているのか、さらには株式の譲渡まで検討するのであればその視点も交えて請求を構成すべきであろう。

（西村将樹）

Ⅲ　従業員と株式（従業員持株会）

〈*Case* 3-③〉　取得価格での買戻しの問題

非公開会社であるＸ社は、従業員持株会制度を設けている（以下、「Ｘ社従業員持株会」という）。

Ｘ社従業員持株会の規約においては、Ｘ社従業員持株会がＸ社から取得したＸ社株式は各会員に割当配分されて当該会員の所有となり、会員がＸ社株式を売却する際には、会員による取得価格と同額でＸ社従業員持株会がこれを買い戻すとの条項（以下、「本件条項」という）が設けられているところ、これまでＸ社従業員持株会は、本件条項に従い、会員に対してＸ社株式を譲渡する際には、Ｘ社株式の額面額である１株あたり50円で譲渡し、会員からの買戻しの際には、同条項に基づき同額で買い戻していた。

Ｘ社の従業員であるＹは、ＹがＸ社従業員持株会を通じて取得したＸ社株式をＺへ譲渡したとして、Ｘ社に対し株式譲渡承認請求を行った（なお、当該譲渡を承認しない場合にはＸ社または指定買取人が買い取ることがあわせて請求された）。

なお、現時点における一応合理的な算定方法により算定されるＸ社株式の価格は、１株あたり3000円前後になると見込まれている。

Mission 獲得目標

X社としては、会社の閉鎖性を維持することを重視しており、また、X社からの現金の流出を避けたいと考えているため、Zへの譲渡を承認することおよび自らがX社株式を買い取ること以外の方法を検討している。どのような方法が考えられるか。

Task & Option 検　討

［*Task*］

① 譲渡制限株式の譲渡承認請求手続

② 従業員持株会の法的性質

③ 売渡強制等条項の有効性（最判平成21・2・17判時2038号144頁）

1．はじめに

(1) 譲渡制限株式の譲渡承認請求手続

X社のとり得る方法を検討する前提として、譲渡制限株式の譲渡承認請求手続の流れを簡単に確認しておく。

Yは、Zへの譲渡承認請求とあわせて、仮に当該譲渡を承認しない場合にはX社または指定買取人が買い取ることを請求しているため（138条1号ハ）、X社がYからの譲渡承認を承認しない場合には、X社が買い取る旨の株主総会決議による決定およびYに対する通知（140条1項・2項、141条1項）または指定買取人の指定およびYに対する通知（140条4項・5項、142条1項）を行う必要がある。

X社が、自らX社株式を買い取る旨の通知をした場合には、その売買価格はX社とYとの間の協議により定めることになるが（144条1項・7項）、

X社およびYのいずれも、裁判所に対して売買価格の決定の申立てをすることができる（同条2項）。

同申立てが行われると、裁判所がX社およびYの陳述を聴いたうえで(870条2項3号)、譲渡承認請求をした時におけるX社の資産状態その他一切の事情を考慮して売買価格を決定する（144条3項)。X社が指定買受人を指定した場合も同様である（同条7項、870条2項3号)。

裁判所による売買価格の決定においては、一応合理的な算定方法として、簿価純資産法、時価純資産法、配当還元法、収益還元法、DCF法、類似会社比準法などが用いられているため、額面額との間には大きな差が生じることが通常である。

なお、上述の手続における期間制限には留意が必要である。すなわち、X社がYからの譲渡承認請求の日から2週間（これを下回る期間を定款で定めた場合にあっては、その期間）以内に承認をするか否かの通知をしなかった場合や、X社が承認をしない旨の通知をしてから10日以内（これを下回る期間を定款で定めた場合にあっては、その期間）に指定買取人が買い取る旨の通知をせず、かつ40日以内（これを下回る期間を定款で定めた場合にあっては、その期間）にX社が自ら買い取る旨の通知をしなかった場合には、X社はYからZへの株式の譲渡を承認したものとみなされる（145条1号・2号)。したがって、X社としては当該期間制限を意識して迅速に対応することが求められる。

⑵　X社のアイデアと問題意識

X社としては以上の対応方法のいずれにもよることなく、X社の閉鎖性を維持し、X社から現金ができる限り流出しない方法を希望しているところ、譲渡承認請求を行ったYが、X社従業員持株会の会員であることに着目した。

すなわち、これまでX社従業員持株会は、本件条項に従い、会員に対してX社株式を譲渡する際には、X社株式の額面額である1株あたり50円で譲渡し、会員からの買戻しの際は、同条項に基づき同額で買い戻してきているため、今回も同様に、X社従業員持株会がYから、X社株式を１株あたり50円で買い戻すことができないかと考えた。

他方で、現時点における一応合理的な算定方法により算定されるX社株式の価格が１株あたり3000円前後になると見込まれていることに鑑みれば、X社従業員持株会がYから、X社株式を１株あたり50円で買い戻すことには問題があり、本件条項の有効性を慎重に判断する必要があるのではないかとX社は懸念している。

そこで、以下では従業員持株会の目的および法的性質に触れたうえで、判例に照らし、本件条項の有効性はどのような点から判断されるのか、X社はどのように対応すべきかを検討する。

２．従業員持株会の目的および法的性質

従業員持株会制度は、従業員の財産形成を促進し、会社の利益との共同意識を高めることにより従業員の勤労意欲を向上させて生産性を増進させること、および会社に対して長期的なコミットメントをもつ従業員株主を育成すること等を主要な目的としている（西村あさひ法律事務所＝野村證券ライフプラン・サービス部『新しい持株会設立・運営の実務――日本版ESOPの登場を踏まえて』８頁）。

また、非公開会社でかつ上場を考えていない場合には、安定株主確保の手段、事業承継の手段、大株主である経営陣や退職者からの株式の放出の受け皿および創業者の相続税対策等として利用されている。

なお、従業員持株会の法的性質は、各従業員持株会の規約の定め方により個別的に解釈されており、民法上の組合や法人格なき社団として構成されている。

３．売渡強制等条項の有効性

(1)　従来の考え方

非公開会社における従業員持株会の規約においては、会員の退会の際や、

会員が株式を譲渡する際には、会員が保有している株式を、会員による取得価格と同額で従業員持株会に売り渡すものとする条項が設けられていることが多い（以下、退会の際等に従業員持株会へと売り渡すとの点を「売渡強制条項」、その際の買戻価格を取得価格と同額にするとの点を「買取額固定条項」といい、これらをあわせて「売渡強制等条項」という）。

こうした売渡強制等条項については、低い買取価格に不満をもつ従業員側から、投下資本の回収を著しく制限する不合理なものであるとか、公序良俗（民90条）に反し無効であるという訴えがこれまでしばしば提起されているものの、裁判所は、売渡強制条項の効力に関しては、「投下資本の回収を著しく制限する不合理なものとはいえず」違法ではないとの判断を示しており（最判平成7・4・25裁判集民175号91頁）、買取額固定条項の効力に関しても、市場価格のない株式の評価は困難であること等から、公序良俗に反するものではないと判断している（東京高判平成5・6・29金判932号28頁）。

⑵　最判平成21・2・17判時2038号144頁

また、日刊新聞紙の発行を目的とする非上場の株式会社に設けられた従業員持株会における売渡強制等条項の有効性が問題となった最判平成21・2・17判時2038号144頁においても、以下のとおり売渡強制等条項が有効であると判断されている。

【事案の概要】

売渡強制等条項についての定めのある従業員持株会制度を設けている、日刊新聞紙の発行を目的とする非上場の株式会社が、従業員持株会を通じて株式を取得した株主からの譲渡承認請求を受け、これを承認しない旨の通知を行った。

その後、当該会社の従業員持株会が、当該譲渡承認請求により、当該株主の従業員持株会からの退会の意思が明らかになったとの理由で、当該売渡強制等条項に従い、当該株主による取得時の価格による買戻しを行い、当該買戻しに伴う株式譲渡について譲渡承認請求を行った。

会社がこれを承認したため、当該売渡強制等条項は、株式に対する投下資本回収の可能性を制限するものであり、会社法107条、同127条および公序良俗に反するとしてその効力が争われた。

【判断の概要】

裁判所は、おおむね以下の理由により、売渡強制等条項は有効であり、従業員持株会による当該株主からの買戻しもまた有効であると判示した。

① 当該売渡強制等条項は、当該会社が社員株主制度（日刊新聞紙の発行を目的とする株式会社の株式の譲渡の制限等に関する法律（日刊新聞法）１条に基づき、当該株式の譲受人を当該会社の事業に関係ある者に限ると規定し、当該会社の株式の保有資格を原則として現役の従業員等に限定するもの）を維持することを前提に、これにより譲渡制限を受ける当該株式を、当該従業員持株会を通じて円滑に現役の従業員等に承継させるため、株主が個人的理由により当該株式を売却する必要が生じたときなどには当該従業員持株会が額面額でこれを買い戻すとしたものであり、その内容に合理性がないとはいえない。

② 当該会社は非公開会社でありもともと当該株式には市場性がなく、株主である従業員等が当該従業員持株会に当該株式を譲渡する際の価格のみならず、従業員等が当該持株会から当該株式を取得する際の価格も額面額とされていたので、従業員等としては、将来の譲渡価格が取得価格を下回ることによる損失を被るおそれもない反面、およそ将来の譲渡益を期待し得る状況にもなかったということができる。

③ 当該株主は、①②のような当該売渡強制等条項の内容を認識したうえ、自由意思により当該持株会から額面額で当該株式を買い受け、当該売渡強制等条項に従う旨の合意をしたのであり、当該会社の従業員等が当該株式を取得することを事実上強制されていたというような事情はうかがわれない。

④ 当該会社が、多額の利益を計上しながら特段の事情もないのに一

切配当を行うことなくこれをすべて会社内部に留保していたというような事情もみあたらない。

前掲最判平成21・2・17の示した基準に照らせば、その内容が合理的であるか否か、X社株式についての将来の譲渡益をYが期待し得る状況にあったか否か、YがX社従業員持株会への参加およびX社株式の取得を事実上強制されていたか否かおよびこれまでのYへの配当実績等を踏まえて、本件条項の有効性が判断されることになる。

仮にそれらの基準に照らして本件条項が有効であると判断される見込みが高いのであれば、X社としては、Yからの譲渡承認請求を承認しないとの通知を行ったうえで、X社従業員持株会が、本件条項に従い、YがZへと譲渡したと主張するX社株式を1株あたり50円で買い戻し、当該買戻しに伴うX社株式の譲渡をX社が承認することで、X社の閉鎖性は維持され、またX社自体から現金が流出することはない。X社従業員持株会からYに対して、X社株式の譲渡時にYから支払われた金額を返還するだけで足りることになる。

なお、前掲最判平成21・2・17の示した基準に照らし、本件条項が無効であると判断される可能性が無視できないような場合に、どのように対応するかは難しい問題である。

本件条項が無効であると判断される場合のうち、売渡強制条項は有効であるものの買取額固定条項は無効であると判断される場合には、従業員持株会による買戻し自体は認められるため、従業員持株会による買戻し金額が高額になり得るというリスクはあるものの、当該リスクは、譲渡制限株式の譲渡承認請求手続において、会社が買い取る場合と同程度のリスクであると評価できる。

他方で、売渡強制条項および買取額固定条項の両方が無効とされる場合には、上述したとおり、譲渡制限株式の譲渡承認請求手続における期間制限により、当該譲渡承認請求に係る株式の譲渡を承認したものとみなされることになるため、会社の閉鎖性を維持することができなくなるリスクを負うことになる。

（福原一弥）

Ⅳ　組織再編と株式

〈*Case* 3-④〉　買収過程における株主間契約

半導体メーカー大手の株式会社Aは、半導体製造装置メーカーの中堅であるB株式会社の買収を進めていたが、B社の創業家一族Xらが現時点で株式を売却することに難色を示していた。Xらが所有するB社株式は全体の3割弱であったが、Xらの対外的な影響力を考慮して、A社としてはひとまずXらの株式保有をそのまま認め、時機をみて株式を取得することにした。

A社は、Xらの株式保有を認めるリスクを限定するために、Xらとの間でどのような取り決めをしておくことが考えられるか。

Mission　獲得目標

企業買収においては、対象会社の発行済株式をすべて取得できれば対象会社を自由に運営できるが、①リスク限定の観点から投下資本を限定するために、発行済株式の全部を取得しない場合や、②株主が対象会社の事業上重要な役割を果たしているため対象会社と当該株主との間の関係を維持する場合などは、少数株主が残ることがあり、株主間契約の締結を検討する必要がある。

そして、株主間契約の相手方が法人であれば、倒産リスク等を除き、通常は相手方の存続に問題が生じる可能性は低いといえるが、相手方が個人である場合には、個人であることに起因する特有の問題点も検討する必要がある。

Task & Option　検　討

［Task］

① 株主間契約に規定される一般的な条項
② 相手方が個人である場合の留意点
③ 相続時の売渡請求権
④ プット・オプションまたはコール・オプションのトリガー事由
⑤ 議決権拘束条項
⑥ 拒否権条項

1．株主間契約に規定される一般的な条項

株主間契約において留意すべき条項としては、①コール・オプションおよびプット・オプション、②議決権拘束条項、③拒否権条項等がある。

⑴ コール・オプションおよびプット・オプション

コール・オプションとは、一定の条件を満たす場合に、相手方から、その保有する株式を買い取ることができる権利であり、これを行使すると相手方を対象会社から退場させることが可能となる。プット・オプションとは、一定の条件を満たす場合に、相手方に対して自ら保有する株式を買い取るよう請求できる権利であり、これを行使すると自ら対象会社から退出することが可能となる。相手方が株主間契約に定める義務を履行しない場合やデッド・ロックの状態が一定期間継続した場合には、コール・オプションまたはプッ

ト・オプションを行使できるよう定めることが一般的であるが、このような場合における株式の譲渡価格は、オプションを行使する当事者に有利な価格とすることが多い。その際は、なるべく具体的に算定可能な数式や算定方法を定めておくべきである。コールにするかプットにするかは、当事者の資金力や事業の運営能力等も考慮して、より現実的かつ実効的なオプションを規定すべきである。

⑵　議決権拘束条項

議決権拘束条項とは、株主総会において、一定の議題に関する当事者の議決権行使を拘束する条項である。株主間契約では、各当事者が対象会社に対して一定数の取締役を派遣できる旨を定めることが多いが、株主総会において、一方当事者が指名した取締役候補者を取締役に選任する議案に賛成の議決権行使をする義務を相手方に課すことなどが考えられる。

⑶　拒否権条項

拒否権条項とは、対象会社の経営に関する一定の重要な事項について当事者の事前承諾を必要とする旨を定める条項である。当事者の一方が対象会社の議決権の過半数を保有している場合、会社法上は、原則として当該当事者の意見が対象会社の経営に最も反映される。しかし、対象会社の経営や事業の運営に重要と考えられる一定の事項については、少数の議決権しか保有しない当事者の事前承諾を必要とすることで、当該当事者の意見が対象会社の経営や事業運営に反映されることになる。

２．相手方が個人である場合の留意点

相手方が個人である場合は、その者に相続が発生した際の契約当事者の変更にどう対処し、契約上どのように規定するかを検討する必要がある。

この点、会社法上は、相続による場合は譲渡制限の対象にならないため、適切な規定を設けることをしておかないと対象会社の経営にとって好ましくない者が株主になるおそれがあるので注意が必要である。

3．相続時の売渡請求権

会社法上、株式会社は、相続等の一般承継により株式を取得した者に対し、当該株式を会社に売り渡すことを請求することができる旨を定款に定めることができるとされている（174条）。そのため、かかる規定を定款に定めておけば、相手方に相続が発生した場合に、対象会社は、相続人に対して株式の売渡しを請求するという対応が可能となる。

そのうえで、株主間契約に、かかる規定を設ける旨の定款変更への協力義務（株主総会の定款変更議案に賛成する形での議決権行使義務等）等を相手方に課すことになる。なお、かかる規定に基づいて対象会社が相続人から株式を買い取る場合であっても財源規制には服する点に注意が必要である（461条1項5号）。

4．プット・オプションまたはコール・オプションのトリガー事由

個人に相続が発生した場合、遺言等に別段の定めがある場合を除き、個人が保有する株式は相続人に承継される。

しかし、当該相続人に対象会社の経営に参加する意思があるか否か不明であるし、相続人との間で被相続人と同様の関係を構築・維持できるかは不透明である。そのため、不確定要素である相続人が株主となる可能性を排除したいという要請が出てくる。あるいは、相手方個人の才覚や経歴等が対象会社の事業継続上重要であるために株主間契約を締結・維持したのであって、相手方に相続が生じるのであれば株主間契約を維持する必要がなくなり、株主間契約から離脱したいという場合も考えられる。

そこで、株主間契約に相手方の相続発生をプット・オプションまたはコール・オプションのトリガー事由として定め、相手方に相続が生じたら、自己が保有する株式を相手方に売りつけることができる、または、相続人が承継した株式を買い取ることができるようにしておくことも検討すべきである。

もっとも、株主間契約の内容が被相続人の個性に着目したものであった場合には、当該契約に基づく権利義務が被相続人の一身専属的なものであると解される余地がないわけではない。この場合には、相続人は対象会社の株式を承継しても、オプションに応じる義務を承継しないと解されるおそれがある。かかる事態を防ぐためには、株主間契約に、当該契約に基づく権利義務が一身専属的な権利義務ではなく相続人に承継されることを規定することで相続人に当該権利義務が承継される可能性を高めたり、または、相手方の相続人（その時点では推定相続人）を株主間契約に参加させ、相続人にオプションに応じる義務を直接課すことも考えられる。

５．議決権拘束条項

実際に、対象会社に対するプット・オプションを行使した場合、または対象会社が相続人に対して売渡請求をするときに、対象会社に十分な分配可能額がない場合には、定款に相続時の売渡請求権を規定したり株主間契約に対象会社に対するプット・オプションを設けても実効性が認められない。

そこで、かかる場合に備えて、相手方に分配可能額を増加させるための協力義務として、募集株式の発行、減資等の議案への賛成の議決権行使を義務づけることが考えられる。

また、対象会社が相続人に対して売渡請求をする場合には、株主総会決議を得る必要がある（175条１項）。この点、当該相続人には当該株主総会における議決権行使は認められていないが（同条２項）、相続人が複数いる場合、売渡請求権の相手方以外の相続人による議決権行使は禁止されていない。そのため、かかる議案についても相続人の議決権行使を拘束する必要があると解される。

６．拒否権条項

株主間契約に議決権拘束条項を規定しても、対象会社による自己株式取得、募集株式の発行、または減資等、財源規制をクリアするための手続について、相手方が拒否権を発動できる旨が規定されている場合には、相手方の同意なしに対象会社に対するプット・オプションを行使し、または対象会社をして相続時売渡請求をさせることができないおそれがあるため、上記事由について相手方に拒否権を認めないよう留意する必要がある。

株主間契約は、当事者の個性が大きく影響する契約類型であり、個別事情に応じて将来の経営やビジネスの環境を想定しながら事前に十分な検討を行う必要がある。B社の創業一族Xらが現時点で株式を売却することに難色を示している〈*Case* 3-④〉では、それではいつの時点でXらは株式を手放すことにするのか、またどのような条件が整えばよいのか等を事前に合意しておくことがA社のリスクを限定することにつながる。そして、Xらの保有期間の長さにもよるが、A社としてはXらの株式所有割合が3割弱であったとしても会社の安定的な経営を考えた場合にはXらの関心事に焦点を当てて議決権行使に関する合意をしておくことが重要となる。さらに、Xらが死亡した場合には関係者が多数となって問題が複雑化することが懸念されるので、相続の発生を想定した契約上の手当ては必須であろう。

（西村将樹）

〈*Case* 3-⑤〉　株主の把握が困難な場合

X株式会社は、設立以降創業者Aの一族によって運営され、対外的な必要性が乏しかったため、株主名簿、株主総会議事録、取締役会議事録等の法令上作成が義務づけられる書類が十分に作成されていなかった。

Aの親族から事業承継の相談を受けたBは、Y株式会社との間でM&Aを検討することがよいのではないかと考えたが、Y社が株式を取得できるようにするためには、どのような点に注意をすればよいか。

Mission　獲得目標

M&Aにおいては、通常は、対象となる株式について売主が適法に所有していることが大前提となるため、この点が確認できないままM&Aを実行すれば、買主は適法に対象株式を取得できないという重大なリスクを負担することになる。そこで、株式の帰属について実務上の対応策が必要となる。

Task & Option　検　討

［*Task*］

① 名義株がある場合の対応

② 株主の変遷が確認できない場合の対応

１．事業承継M&Aの特徴

先代経営者の親族以外への事業承継の手段の一つとして、第三者への事業の売却（M&A）があるが、法的な観点からみた場合にいくつかの特徴があげられる。

１つには、事業承継の対象となる会社には、会社設立に際して発起人が７名以上要求されていた平成２年の商法改正以前に設立された会社が少なくないため、会社の名義上の株主と実質的な株主との間に齟齬が生じている、いわゆる名義株が存在するケースがみられることである。

また、多くの場合、事業承継の対象となる会社は、長年にわたって外部からの関与なく創業者一族のみによって運営されてきたため、株主名簿、株主総会議事録、取締役会議事録等の法令上作成が義務づけられる書類が作成されていない、法令上必要とされる手続が履践されていない、過去の株主の変遷について十分に把握できない等の状態にあることも珍しくはない。

2．名義株がある場合

一般的に名義株とは、他人の承諾を得て、その名義を用いて株式の引受けまたは取得がなされた場合等に生じる、名義上の株主と実質的な株主が異なる株式をいう。上述のとおり、平成2年の商法改正前に設立された会社において多くみられるほか、債権者や税務当局との関係上等、真の株主名を明らかにしたくない事情が存在する場合にも、他人名義を用いた名義株が利用されることがある。

M&Aにおいて売却の対象となる会社に名義株が存在する場合、名義借用者（実質株主）である経営者が名義株を含めて株式を譲渡しようとする際に、名義貸与者（名義人）が真の株主であることを主張し、譲渡を拒否する、あるいは対価の支払いを要求する等、さまざまな問題が生じ得る。

実務上は、名義株の真の所有者が名義借用者であることを立証することは困難である場合が多い。このため、事業承継の手段としてM&Aを検討するにあたり、経営者株主が、自己を名義借用者とする名義株が存在すると認識している場合には、具体的なプロセスを検討する際に、①当該株式に関して、経営者株主と名義人との間に、名義貸与に係る明確な合意があるか、ある場合にはこれを裏付ける証拠があるか、②名義人が、利益配当を受領する、議決権を行使する、株主割当株式を引き受ける等、過去に株主としての行動をとっていたか、③名義株の取得資金を実質的に負担した者は誰であったか、④名義株とする必要性・目的は何であったのかといった点を検証し、当該株式に係る真の株主が経営者株主であると認められるか否かを見極める必要がある。

特に、①が確認できず、②が認められるような場合には、その他に名義貸与関係をうかがわせるような事情が存在しても、裁判所において経営者株主が真の株主であると認められない可能性が高いとも考えられるため、M&A

を計画するうえでは、名義人への確認等を通じて、事前に権利関係を明確にしておくことが望ましい。

3．株主の変遷が把握できない場合

会社設立時の株主構成から現時点で把握できる株主構成に至るまでの株主の変遷が、書面によって確認できない、あるいは、過去の株式の譲渡において、株券の交付等、法令上必要とされる要件を満たしていたことが確認できないことがある。M&Aにおいては、通常は、対象となる株式について売主が適法に所有していることが大前提となるため、この点が確認できないまま実行すれば、買主は適法に対象株式を取得できないという重大なリスクを負担することになる。

このようなリスクを回避し、または低減する対応策としては、以下のようなものが考えられる。

⑴　株券の再交付

株券発行会社において、対象となる株式の過去の譲渡に伴い株券が交付されていない場合、当該譲渡は原則として無効と解さざるを得ない（128条1項）。したがって、かかる譲渡を有効とするためには、譲渡人に株券を発行したうえで、譲渡人・譲受人間（およびその後の譲受人との間）で当該株券の交付を伴う譲渡を再度行うことが考えられる。

もっとも、譲渡人や譲受人が所在不明の場合もあるうえに、譲渡を再度行ってもその時点での譲渡が有効となるにすぎず、過去の譲渡にさかのぼって有効とはならないため、真の株主が株主として取り扱われていなかった期間があったこととなり、株主総会決議の効力の問題やその他の会社法・税務上の問題等も生じ得ることから、現実的にとり得る対応策ではないケースも多いであろう。

⑵　株券発行前の有効な譲渡

株券発行会社において、会社設立後または新株発行後にそもそも会社が株券を発行していない場合に、「会社が株券の発行を不当に遅滞し、信義則に照らして、株式譲渡の効力を否定するのを相当としない状況に至った」場合であれば、株券の交付がなくとも株式の譲渡は有効であると解するのが判例（最判昭和47・11・8民集26巻9号1489頁）である。

事業承継M&Aの対象会社には、会社設立時または新株発行時から株券を発行していない会社も少なくないため、そのような会社の株式について株券の交付を伴わない譲渡が行われている場合には、上記の判例の射程範囲内であるとして、譲渡の効力が認められることもあり得る。

ただし、実際にどのような事実関係の下で、どの程度の期間株券の発行が遅滞していれば、株券の交付が不要となるかは、個別具体的な事情によるところであるから、上記判例に依拠して株券の交付がない株式の譲渡を有効と判断することが困難な場面も多いと思われる。また、株式譲渡制限会社においては、株主から請求を受けるまでは株券の発行をしないことができるため（215条4項）、単に会社が株券を発行していなかったという事実のみでは、会社が株券の発行を不当に遅滞していたとはいえず、少なくとも株主が会社に対して株券の発行を要求したという事実が必要となる点には留意が必要である。

⑶　株式の善意取得

株券の交付を受けた者は、譲渡人が無権利者であることにつき悪意または重過失がない限り、当該株券に係る株式の権利を取得する（善意取得。131条2項）。したがって、売主となる名義借用者が株券を保有しており、譲渡に伴って買主がその交付を受ければ、後に名義人が、売主から譲渡を受けたとして自らが真の株主であることを主張した場合に、買主が善意取得で保護されることもあり得よう。問題は、株券発行会社が株券を発行しておらず、過去に株券の交付を伴わない株式譲渡が行われている事案において、当該M&Aで売主となる株主に株券を発行し、買主が当該株券の交付を受ければ、買主は善意取得により保護されるかという点である。株券の効力が発生するのは、株券が株主に交付された時点であると解するのが判例であるから、この考え方を前提とすると、適法な株主である点に疑義のある現在の売主に株券を交付しても、当該売主が無権利者であった場合には、当該株券自体が株主ではない者に交付されたものとして無効であったことになるため、善意取得の適用の余地はないと解さざるを得ないであろう。

⑷　売主による表明保証

株式譲渡契約等に関する契約の中で、対象となる株式に係る適法な所有者であること等についての売主の表明保証を規定し、当該表明保証違反がないことを取引実行の前提条件とし、違反した場合に売主に補償義務を負わせることは頻繁に行われていることであり、これにより一定のリスク低減が確保できる。

ただし、売主が株主でないことを買主が知っていた場合や、重過失によりこれを知らなかった場合等には、裁判所が補償義務を否定する可能性もある点には留意が必要である。

〈***Case*** 3-⑤〉のX社は、設立以降創業者Aの一族によって運営されていたということであるから、株主名簿、株主総会議事録、取締役会議事録等が作成されていなかったり法令上必要とされる手続が履践されていない部分が発見された場合には、Aら一族から十分に事実経過等について聴取する必要があり、その中でM&Aで特に必要となる過去の株主の変遷について可能な限り特定していくことが肝要である。

それにもかかわらず上述のように株主の変遷が十分に把握できない場合には、そのままM&Aを進めることはY社にとって重大なリスクとなり得るので、帰属先に疑義のある株式を譲渡対象から除外する（Y社として100%の取得をめざさない）、新株の第三者割当発行を組み合わせる（Y社のシェアを高める）、事業譲渡や会社分割を活用する（X社の株式ではなく事業に着目した手法）等、売主と買主の目的を実現できる範囲内で、M&Aのストラクチャーそのものを変更することも1つの選択肢となろう。

（西村将樹）

〈*Case* 3-⑥〉　M&Aの検討初期段階における準備

X社は創業30年を超える自動車部品メーカーであるが、創業者である現社長は自らが退任した後の安定した経営を考えて数年前から分散した自社株の買取交渉を進めている。その中で、大手企業であるY社から、数年後の社長退任を前提にしたM&Aの話がもちかけられたので協議を開始したところ、条件面でいくつか検討課題が残ってはいるものの、おおむね方向性がみえてきた。

この時点でX社としてどのような準備を進めておくことが望ましいであろうか。

Mission　獲得目標

M&Aの実現に向けたプロセスにおいては、株式譲渡契約、事業譲渡契約、合併契約等の最終契約の締結に先立ち、当事会社間において、基本的な取引条件や独占交渉権等に関する条項を規定した基本合意書が締結されることが多い。当事会社が基本合意書を締結する目的はさまざまであるところ、特に上場会社を当事会社とするM&Aや複雑な条件を含む案件においては、基本合意書の締結がM&Aのプロセスに与える影響を十分に考慮したうえで、基本合意書締結の内容やタイミングを検討する必要がある。

Task & Option　検　討

［*Task*］

①　M&Aの実現に向けた体制の整備

②　従業員への説明
③　M&Aの検討・交渉に関する事実の公表を望まない場合の対応

1．M&Aの実現可能性の確保

両社間で締結する基本となる合意書（基本合意書）においては、予定されているスキーム等、取引の基本的な条件について規定されることが多い。他方で、デュー・ディリジェンスを経て初めて確定することができる取引条件については規定されないことが多く、最終契約の締結のタイミングで決定されることが一般的である。

基本合意書を締結する第一義的な目的として、最終契約の締結に向けた検討・交渉過程における当事会社間の暫定的なコンセンサスを書面化して確認することで、M&A実現の確度を高めることがあげられる。M&Aが実現しなかった場合には費やしたコストの多くが無駄になってしまう可能性があるため、M&Aの実現について一定程度の確度が担保されていなければ、当事会社が本格的な準備・交渉を開始することが困難な場合がある。基本合意書の締結は、当事会社間で暫定的なコンセンサスの内容を確認し、M&Aの実現に向けた意識づけが行われる点で、M&Aの実現の確度を高める機能を有するといえる。

2．M&Aの実現に向けた体制の整備

M&Aの実現に向けたプロセスの初期段階においては情報管理等の観点から、検討・交渉の事実をごく少数の関係者にしか知らせていない場合が多いが、M&Aの実現に向けた準備をそれらの少数の関係者だけですべて対応することは困難が伴う。たとえば、経営統合型のM&Aのように、M&A実現後の組織運営に関する検討が特に重要な意味をもつ性質の案件においては、M&Aの実行前の段階であっても当事会社双方の関係各部署の担当者で組成される準備委員会等を設置することも少なくない。基本合意書を締結する段

階で当事会社の内部においても M&A の検討・交渉の事実をオープンにすることで、準備委員会等を組成し、具体的な検討を開始することが可能になる。

また、取引実行の最終決定を行う前にデュー・ディリジェンスを実施する実務が定着しているが、効果的なデュー・ディリジェンスを行うためには、デュー・ディリジェンスの対象となる会社において、関係各部署から適切な内容・量の資料・データが収集され、調査項目との関連がわかりやすい方法をもって相手方に開示されることが前提となるが、デュー・ディリジェンスを受ける会社における案件関与者の範囲を広げることで、デュー・ディリジェンスへの対応を効率的に進めることが可能となる。

3．従業員等に対する説明

従業員に対する説明をいつ開始するかも重要な問題であるが、基本合意書を締結し、M&A の検討・交渉に関する事実を公表できるタイミングで早期に行うことが重要な場合が多い。雇用条件の変更や配置転換等、M&A の実施が当事会社の従業員に対して大きな影響を与えるケースがあり、特に事業所がさまざまな地域に点在しており、従業員の数も多いような会社については、従業員に対する説明を行うために多くの時間を要することも考えられる。

基本合意書の締結に伴って M&A の検討・交渉に関する事実を公表することで、従業員に対する説明を早期に開始し、従業員の理解を得るために必要かつ十分な時間を確保することができる。

また、当事会社の主要取引先、重要拠点に係る不動産の賃貸人等に対しては、M&A の実行後も従前の取引関係や契約関係が継続することを担保するため、個別にコミュニケーションをとり、実行予定の M&A に関する取引先や賃貸人の意向を確認することがある。情報管理および秘密保持の観点から、案件の公表前の段階では、当事会社の外部の関係者に対して M&A の検討・交渉に係る情報を提供することは困難であるが、基本合意書を締結し、案件が公表されることで、主要取引先や賃貸人等との間で M&A の検討・

交渉中であることを前提としたコミュニケーションを行うことが可能となる。

4．公表を望まない場合の対応

M&Aの検討・交渉に関する事実の公表は、実務的な観点からは、基本合意書を締結することの意義と密接に関連するが、基本合意書を締結するタイミングにおいて案件を公表することが必ずしも望ましくない場合もある。M&Aの実施に関する情報は、当事会社の利害関係者に対して大きなインパクトを与えることがあり、仮に一度公表されたM&Aが延期または中止されることとなった場合には、従業員・取引先が混乱したり、ネガティブな印象をもたれて当事会社の株価・評価が下落するリスク等も考えられることから、案件を公表するタイミングについては慎重な検討を要する。

なお、基本合意書の締結に際して案件を公表することを望まないケースで、当事会社が上場会社である場合は基本合意書の締結に際して金融商品取引所規則上の適時開示の対象とならないよう留意する必要がある。東京証券取引所の有価証券上場規程上、合併等の組織再編行為については、「業務執行を決定する機関」が組織再編行為を「行うことについての決定をした場合」には適時開示の対象となり（同規程402条(1)k）、同取引所の適時開示ガイドブックにおいては、基本合意書に法的拘束力がないこと、合併比率等の取引の詳細条件が規定されていないことをもって、直ちに適時開示が不要と判断すべきではないことが指摘されているので注意が必要である（東京証券取引所上場部編集『会社情報適時開示ガイドブック〔2018年8月版〕』51頁）。

X社としては、大手企業であるY社が相手であっても譲ることができない諸条件はもちろんのこと、自社の強みだけではなくマイナスの評価をされることが予想されるポイントも社内で速やかに整理して交渉に臨む必要がある。中小企業の場合は、代表者主導で話が進むことが多く、ある程度の段階

になって初めて他の役職員が事態を把握するケースも珍しくないものの、問題点等が十分に検討されないまま話が進んでしまっていると後に紛争となる可能性が高まる。

他方で、X社内で早い時期に本件をオープンにしてしまうと混乱が生じるのは必定であるから、社内の体制整備およびスケジューリングが極めて重要となる。そのうえで、基本合意書を締結するか、仮に締結するとしてどのタイミングで行うか、どのような条項を規定するかといった点について検討を進め、基本合意書が締結された時点で従業員に対して説明することが望ましいだろう。もっとも、対外的な公表をいつにするかは別の検討が必要となるので注意が必要である。

（西村将樹）

V　会社の清算・解散と株式

〈*Case* 3-⑦〉　解散の訴え

小規模で閉鎖的なＡ株式会社の株主であるＸは、設立当初から友人であるＹとともに50%ずつの議決権を有しているが、剰余金の配当を多くするか役員報酬を多くするのかでＹと激しく対立するようになり、会社の運営にもみすごせない影響が出るようになってきた。

このままでは解決の糸口をみつけることができないと考えたＸは、Ａ社を一度清算してしまい、ＸとＹがそれぞれ別の会社を設立してやり直すのがよいとの結論に至ったので、Ａ社の解散を請求することを検討しているが、この請求は認められるか。

Mission 獲得目標

会社の支配権をめぐる紛争において対立当事者間の持株比率が拮抗している場合には、仮にある問題について一方が望む結果を得ても終局的な解決にはつながらず、他の問題において対立が続くことになるところ、M&A による解決ではなく会社を一度清算することができるか。

Task & Option 検討

［*Task*］

① 解散事由
② 解散の訴え
③ 解散判決

１．解散事由

解散とは、株式会社の法人格の消滅の原因となる事由であるが、解散によって直ちに法人格が消滅するのではなく、原則として解散に続いて清算の手続が行われ、清算の結了を待って消滅する。

解散事由は、471条が規定しているが、大別すると広い意味で株主の多数の意思に基づくもの（定款の存続期間満了・定款の解散事由の発生・株主総会の決議・合併）と、それ以外のもの（破産手続開始決定・解散判決・解散命令）がある。

⑴ 定款所定の事由の発生

定款で株式会社の存続期間を定めた場合は、その満了により会社は解散する（471条１号）。また、定款で解散事由を定めた場合も当該事由の発生により会社は解散する（同条２号）。

⑵　株主総会の特別決議

株主総会で解散を決議すると、株式会社は解散する（471条3号）。株式会社の存続の有無は、基本的にその構成員（実質的な所有者）である株主の多数意思に従うということである。そして、解散は株主の利益に重大な影響を及ぼすことから、株主総会の特別決議を要する（309条2項11号）。

⑶　合　併

消滅会社として他の会社と合併すると株式会社は解散する（471条4号）。

⑷　破　産

破産手続開始の決定を受けると株式会社は解散する（471条5号）。

⑸　解散命令

解散命令とは、株式会社の設立が不当な目的に基づいてされたなど一定の事由に該当し、公益の確保のため当該会社の存立を許すことができないと認められる場合に、法務大臣または利害関係人の申立てにより、裁判所が当該会社の解散を命ずる制度である（824条1項）。解散命令により株式会社は解散する（471条6号）。

⑹　解散判決

解散判決とは、一定の事由がある場合に株主の請求によって裁判所が株式会社の解散を命ずる制度である（471条6号、833条）。解散命令が公益の確保を目的とするのに対し、解散判決は主に株主の利益保護を目的とする制度である。

2．解散の訴え

株式会社の解散の訴えは、総株主（無議決権株式の株主を除く）の議決権の10分の1以上の議決権を有する株主または発行済株式（自己株式を除く）の10分の1以上の数の株式を有する株主のみが提起することができる（833条1項。要件はいずれも定款で引下げ可能）。

ここで、解散判決のためには、次の①または②のいずれかにあたり、かつ、やむを得ない事由（解散するほかに問題状況を打開する公正かつ相当な手段がないこと。最判昭和61・3・13民集40巻２号229頁参照）があると認められる必要がある。

① 会社が業務の執行において著しく困難な状況に至り、会社に回復することができない損害が生じ、または生ずるおそれがあるとき（833条１項１号）

典型的にはともに50％ずつの議決権を有する２名の株主が対立し（２派に分裂している場合も該当する）、新たな取締役を選任することができず、正常な会社運営ができなくなった場合がこれにあたるであろう（東京地判平成元・7・18判時1349号148頁）。

② 会社の財産の管理または処分が著しく失当で、会社の存立を危うくするとき（833条１項２号）

たとえば取締役が他の株主との対立から事業活動を停止してしまった場合がこれにあたるであろう（大阪地判昭和57・5・12判時1058号122頁）。

３．解散判決

解散判決（原告勝訴判決）が確定すると会社は当然に解散したとして清算手続に入ることになる。清算人は、641条７号による解散として、利害関係人もしくは法務大臣の申立てによりまたは職権で、裁判所が選任することとなる。

これに対し、請求棄却判決（原告敗訴判決）が確定した場合、原告に悪意または重大な過失があったときは、原告株主は会社に対し連帯して損害賠償の責任を負わなければならない（846条）。

Ｘは、このままＹと経営を続けていくとＡ社に回復することができない損害が生ずるおそれがあること、またはXY間の対立が激化するに伴ってＡ社の事業活動が停止してしまうのでＡ社の存立が危ういこと等を主張し

て、解散を求めて訴訟を提起する必要がある。

もっとも、裁判所が上記主張を認めるためにはXとして相応の立証をすることが求められるし、実務上は他に膠着状態を解消する手段を検討できる状況である場合には解散の請求が認められることは難しいであろう。

この点、確かに膠着状態に陥った場合に会社法がそれを解消するための法的手段を正面から用意している状況ではないので、解散の訴えも検討すべき1つの手段であるとはいえ、場合によっては裁判所に訴えることでその場を利用して相手方と協議を進めることも考えられるところではある。

しかしながら、裁判所としても他の手段が十分に講じられた状況であるかどうかに着目するので、膠着状態に至った原因はもちろんのこと、膠着状態に至ってからの会社の状況の変化の有無、膠着状態を脱するために当事者が講じた手段の内容等について的確な整理をしたうえで解散の訴えを選択すべきか判断する必要がある。

（西村将樹）

Ⅵ　訴権と株式

〈*Case* 3-⑧〉　総会決議の取消訴権

X株式会社は、平成29年6月30日に開催された第○回定時株主総会（以下、「本件株主総会」という）において、前任者の任期満了に伴いUとVを新たに取締役に選任する決議（以下、「本件総会決議」という）を行った。本件株主総会において、株主Yは、「取締役2名選任の件」という議題について「候補者WとZを取締役に選任する」旨の修正動議を提出したが、否決された。その後、株主Yは、本件株主総会では代表取締役TがなぜUとVが取締役としてふさわしいかについて説明が不十分であったとして、本件総会決議の取消しの訴えを提起した。

Mission　獲得目標

X社としては、訴訟においてどのような点に留意すべきだろうか。

Task & Option　検　討

［*Task*］

① 株主総会決議取消しの訴えとは

② 訴訟対応において留意、検討すべき点

③ 予防法務的視点

1．株主総会決議取消しの訴えとは

株主総会決議がいったん成立すると、それを前提にさまざまな法律関係が形成されていく。したがって、決議が成立するまでの手続や決議内容に瑕疵があったことを理由にその決議を常に無効としてしまうと、法的安定性を害することになりかねない。そこで、会社法は、株主総会決議の取消しの訴えという制度を設けている（831条）。すなわち、会社法は、これらの瑕疵があっても、取消しの訴えで取り消されない限り、決議を有効と扱うことで、法的安定性を確保しようとしている。

したがって、株主総会決議に無効事由があるとか、そもそも決議自体が不存在といえる場合（830条参照）でない限り、株主Yが株主総会決議の効力を争うためには、取消しの訴えを提起しなければならない。

2．訴訟対応において留意検討すべき点

(1)　問題の所在

X社としては、UとVを含む現経営陣による経営を維持したいと考えて

いるであろうから、Yによる本件総会決議の取消しの訴えを退けなくてはならない。そのためにX社が留意、検討すべき点はどのような点だろうか。

⑵　訴訟要件を争う

㈠　原告適格

株主総会決議の取消しの訴えを提起できる者は株主等に限られている(831条1項)。株主が原告となるためには、訴え提起時から訴訟中を通じて株式を保有し続けている必要があるが、決議後に株式を取得した者であっても原告となり得る。しかし、株主であっても議決権を有していなければ、原告適格を有しない（株式の譲渡を制限する旨の定款変更をする際の株主総会決議などは除く）。

㈡　出訴期間

株主総会決議の取消しの訴えは、株主総会決議の日から3カ月以内に提起されなくてはならず、この期間を過ぎてから提起された訴えは却下される。また、出訴期間内に訴えを提起していたとしても、出訴期間経過後に当初の取消事由とは別の取消事由を追加で主張することはできない（最判昭和51・12・24民集30巻11号1076頁）。

㈢　訴えの利益

決議後の事情の変化によって決議を取り消す実益が失われた場合には、訴えの利益を欠くことになり、取消しの訴えは却下される。たとえば、退職慰労金贈呈の先行決議の取消判決が確定した場合にさかのぼって効力を生ずるものとされているところ、先行決議と同一内容の後行決議が有効に成立し、それが確定した場合（最判平成4・10・29民集46巻7号2580頁）、役員選任決議後に、当該役員の任期が満了し、後任役員が選任された場合（最判昭和45・4・2民集24巻4号223頁）、役員解任決議後に、解任がなされていなかった場合の任期が満了し、後任役員が選任された場合（福岡地判平成16・4・27金判1198号36頁）などは、訴えの利益を欠くことになる。

⑶　取消事由を争う

Yの主張する事由が取消事由にあたらなければ、請求は棄却される。831

条１項は、取消事由として、①招集手続、決議方法の法令定款違反・著しい不公正（同項１号）、②決議内容の定款違反（同項２号）、③特別利害関係人の議決権行使による著しく不当な決議（同項３号）を定めている。〈図表21〉は、具体的に、どのような瑕疵がこれらに該当するかを整理したものである。

株主総会における取締役の説明義務は、株主が、会議の目的たる事項を合理的に判断するのに客観的に必要な範囲の説明で足り、取締役が上記説明をしたか否かを判断するにあたっては、平均的な株主が基準とされる（東京地判平成22・9・6判タ1334号117頁）。また、質問株主が平均的な株主よりも多くの知識ないしは判断資料を有していると認められるときには、そのことを前提として、説明義務の内容を判断することも許されると解されている（東京地判平成16・5・13金判1198号18頁）。

会社訴訟においては、一般的に、会社側が事実関係を立証するのに必要な資料を多く保持していることが多いはずであるから、被告とされた会社としては、そうした資料を収集したり、関係者から事情を聴取し記録化するなどして、事実関係の正確な把握に努め、必要十分な資料を証拠として訴訟の早い段階で裁判所に提出する必要がある。

なお、実際の訴訟では、法所定の取消事由に該当するかどうかが必ずしも明らかでない瑕疵が主張されることもあり得るが、そのような主張に対しては、法の趣旨や裁判例に現れた取消事由などと比較しながら、原告の主張する瑕疵が法所定の取消事由には該当しないことを説得的に反論していくことも重要である。

〈図表21〉　株主総会決議取消事由の瑕疵

招集手続の法令定款違反	・招集通知期間（299条１項）の不足（最判昭和44・12・18裁判集民97号799頁） 　もっとも、全株主が出席し、この点について異議なく決議がなされた場合、瑕疵は治癒される（大阪地判昭和37・5・23判時316号24頁）。
	・招集通知の必要的記載事項（299条４項）の不記

	載 　たとえば、営業の重要な一部の譲渡を決議した株主総会の招集通知において、当該譲渡の要領を記載しなかった場合（最判平成７・３・９裁判集民174号769頁）。
	・招集通知の添付書類の不送付 　たとえば、437条に基づき添付すべき計算書類を添付しなかった場合（大阪地堺支判昭和63・9・28判時1295号137頁）
	・442条に基づき備え置くべき計算書類等を備え置かなかった場合（宮崎地判平成13・8・30判タ1093号192頁）。
決議方法の法令定款違反	・定足数が不足していた場合（最判昭和35・3・15裁判集民40号367頁）
	・賛否を誤って認定した場合（東京地判平成19・12・6判タ1258号69頁）
	・取締役会設置会社における招集通知に記載されていない事項の決議（最判昭和31・11・15民集10巻11号1423頁、東京高判平成３・３・６金法1299号24頁）
	・取締役等の説明義務（314条）違反（東京地判昭和63・1・28判タ658号52頁）
	・（委任状勧誘にあたっての）株主への利益供与禁止（120条１項）違反（前掲東京地判平成19・12・6）
招集手続または決議方法の著しい不公正	・出席困難な日時・場所への招集 　たとえば、（有限会社につき）７人の社員中の１人が町会議員に立候補したことを知りながら選

	挙期日の６日前を会日として臨時社員総会を招集した場合（大阪高判昭和30・2・24下民集６巻２号333頁）。
	・出席株主の修正動議をとり上げなかった場合（大阪地判昭和49・3・28判時736号20頁）
決議内容の定款違反	・定款所定の人数を超える数の取締役を選任する旨の決議（江頭365頁）
特別利害関係人の議決権行使による著しく不当な決議	・責任を追及されている取締役が議決権を行使して責任の一部免除決議を成立させた場合（大阪高判平成11・3・26金判1065号８頁）

⑶　裁量棄却を求める

裁量棄却とは、決議取消事由が存在しても、その瑕疵が招集手続または決議方法の法令・定款違反という手続上の瑕疵にすぎない場合に、裁判所が①その違反する事実が重大でなく、かつ、②決議に影響を及ぼさないものであると認めるときに、裁判所に決議取消請求を棄却することを認めた制度である（831条２項）。

⑷　判決の効力

取消事由の存在が疑われ、裁量棄却も見込めない場合には、敗訴した場合の対応も検討しておく必要がある。総会決議を取り消す判決が確定した場合には、さかのぼって当該決議が存在しなかったことになり、また、その判決の効力は第三者に対しても及ぶ（838条）。

３．予防法務的視点

一度こうした訴訟が提起されてしまうと、被告とされた会社としては、既述のとおり原告の主張を争いながら訴訟に対応していくほかないわけであるが、最終的な判断は裁判所に委ねざるを得ない。そのような中で総会決議が取り消されるリスクを少しでも軽減するために、事前に何かできることはあるだろうか。

まず、株主総会の招集手続や決議方法について、法の定めに従うことは大前提である。

次に、将来的に株主総会決議の取消しの訴えが提起されることも予測できる場合であれば、訴訟において、その招集手続や決議方法について適法性を裏付けるために、総会検査役選任の申立て（306条１項）を行っておくことも有益と考えられる。総会検査役は、株主総会の招集手続および決議方法を調査する機関であり、その適法性を審査・判断する機関ではないものの、総会検査役が作成する報告書（同条５項）は、後の決議取消しの訴えにおいて招集手続および決議方法に関する事実関係を立証する重要な証拠となり得るからである。もっとも、申立手数料は安価であるものの検査役の報酬は会社が支払うものであり、その金額は数十万円から事案によっては100万円を超える場合もあるので、その点は注意が必要である。

さらに、株主総会当日における取締役らの説明義務や議事に関する取消事由が主張される場合に備えて、こうした総会の運営面での適法性を確保するための一方策としていわゆる一括審議方式を推奨する見解もあり（浜田道代ほか編『会社訴訟（専門訴訟講座(7)）』398頁〔西本強〕）、近時は上場企業において積極的に同方式が採用されている傾向も認められるので考慮に値しよう。

１．訴訟対応

(1)　訴訟要件

(ア)　原告適格

〈*Case* 3-⑧〉におけるＹは、Ｘ社の株主であり、議決権を有していないわけでもないので、原告適格に問題はない。もっとも、Ｙが訴訟中にＸ社の株式を譲渡したりして株主でなくなれば、原告適格を欠くことになり、その時点で訴えは却下される。実務上は、会社に不満のあるＹが株式の譲渡を希望している場合も少なくないので、そうした事情があれば速やかに裁判所に指摘することになる。

(イ)　出訴期間

株主総会決議の取消しの訴えが出訴期間内に提起されたものかどうかは、客観的に明らかであり、裁判所にも容易に判明するので、そこまで気にする必要はない。しかし、もしＹが訴訟中に取消事由の主張を変更したようにみえる場合には、その時期や従前の主張との相違点をよく確認して、出訴期間経過後の取消事由の追加にあたるようであれば、訴訟においてそのことを主張する必要がある（Ｙは訴訟提起までの短期間のうちに取消事由を整理しておく必要があるといえる）。

(ウ)　訴えの利益

本件総会決議後の事情によってこれを取り消す実益が失われたといえるような場合には、Ｘ社は、訴訟においてもそのことを主張していくことになる。なお、〈*Case* 3-⑧〉でも前掲最判平成4・10・29の事案と同様に、あらためて本件総会決議と同内容の決議を行うことも考えられるが、このような役員の選任決議に同最判の事案と同じような遡及効を付すことが認められるかどうかは疑問がないわけではなく（大内俊身「判解」最判解民〔平成4年度〕445頁は、役員解任決議については遡及効を付すことはできないとする）、訴えの利益を消滅させるという目的を達成できない可能性もあるから、対応として推奨はしがたい。

(2)　取消事由

Ｙが、〈*Case* 3-⑧〉で主張している説明義務違反については、取消事由にあたると解されている（東京地判昭和63・1・28判タ658号52頁）。このような場合、原告が主張する取消事由の前提になっている事実関係や評価を争うこともある。

また、Ｘ社としては、前掲東京地判平成22・9・6、同東京地判平成16・5・13の観点から代表取締役Ｔに説明義務違反がなかったことを主張・立証していくことになる。

〈*Case* 3-⑧〉であれば、本件株主総会の議事録やＴをはじめとした出席役員らの陳述書などは、重要な証拠となろう。

⑶　裁量棄却

取消事由が認められてしまうおそれがある場合は、被告とされた会社としては、上記の要件に該当することを主張・立証したうえで、裁判所に対し、裁量棄却を求めるべきである。

⑷　判決の効力

〈*Case* 3-⑧〉のような取締役の選任決議が取り消された場合にはその決議で選任されていた取締役が会社のためにした取引の効力が問題となるが、会社と取引関係に立った第三者は、善意無過失であれば、表見法理（908条2項等）などで保護され（江頭368頁）、取引は有効と扱われることになる。

Ｘ社としては、敗訴の可能性がある場合には、このような事態を想定して、具体的な対応を検討しておくことになる。

2．予防法務的視点

予防法務的視点としては、既述のとおりである。

（西村将樹）

〈*Case* 3-⑨〉　株式発行・自己株式処分・新株予約権発行の無効訴権

Ｘ株式会社は、公開会社である。Ｙ株式会社は、Ｘ社の買収を企図し、３カ月ほど前から、Ｘ社の株式の取得を進め、ついに平成29年３月31日の時点で、Ｘ社の発行済株式数の約３割を保有するに至った。同日時点でのＸ社の株価は1500円であった。

Ｙ社による買収を何とか阻止したいＸ社は、平成29年４月１日、取締役会を開催して、発行価格を１株あたり1000円として１万株を第三者Ｚに割り当てる方法で新たに発行することを決議し、Ｚは、定められた払込期日に割り当てられた新株の払込金額の全額について払込みを行った（以下、「本件新株発行」という）。

ところが、その後、Y社は、①本件新株発行が株主に対する事前の通知・公告を欠いている点、②第三者割当ての方法による有利発行であるから株主総会の特別決議が必要であるにもかかわらず、これを経ていない点で瑕疵があるとして、新株発行無効の訴えを提起した。

Mission　獲得目標

X社は、訴訟においてどのような点に留意すべきだろうか。

［*Task*］

① 新株発行無効の訴えとは

② 訴訟対応において留意、検討すべき点

1．新株発行無効の訴えとは

新株が発行されると、それを前提にさまざまな法律関係が形成されていくから、新株発行に瑕疵があったからといってそれを常に無効としてしまうと、法的安定性を著しく害することになりかねない。そこで、会社法は、新株発行無効の訴えという制度を設けている（828条1項2号）。すなわち、法は、瑕疵ある新株発行の無効について、訴えによってのみ主張することができることとして、法的安定性を確保しようとしている。

したがって、新株発行の実体がそもそも存在しないといえるような場合を除き、新株発行の効力を争うためには、新株発行無効の訴えを提起しなければならない。

2．訴訟対応において留意、検討すべき点

⑴　問題の所在

Y社による買収を阻止したいX社としては、Y社による新株発行無効の訴えを退けなくてはならない。そのためにX社が留意、検討すべき点はどのような点だろうか。

⑵　訴訟要件を争う

会社法は、新株発行無効の訴えについて、いくつかの訴訟要件を定めており、訴訟要件を欠く訴えは却下されることになる。

㈀　原告適格

新株発行無効の訴えを提起できる者は株主等に限られている（828条2項2号）。株主が新株発行無効の訴えの原告となるためには、訴え提起時から訴訟中を通じて株式を保有し続けている必要がある。

㈁　出訴期間

新株発行無効の訴えは、公開会社については払込期日の翌日から6カ月以内（非公開会社については1年以内）に提起されなくてはならず、この期間を過ぎてから提起された訴えは却下される。また、出訴期間内に新株発行無効の訴えを提起していたとしても、出訴期間経過後に当初の無効事由とは別の無効事由を追加で主張することはできない（最判平成6・7・18裁判集民172号967頁）ので、株主としては主張内容を精査しておくことが重要である。

⑶　無効事由を争う

Y社の主張する事由が無効事由にあたらなければ、請求は棄却される。会社法は、具体的にいかなる事由があれば新株発行が無効になるかについては何ら規定をおいていないが、法的安定性、取引の安全に配慮して、一般的には、重大な法令・定款違反の場合に限って無効となると解されている。〈図表22〉は、実際に裁判で争われた事由等を整理したものである。

まず、〈*Case* 3-⑨〉②の瑕疵については、判例（最判昭和36・3・31民集15

巻3号645頁）は、取締役会決議がなかった事案について、授権資本制度をとり、会社成立後の株式発行権限を取締役会に委ねている旧商法の下では、新株発行は会社の業務執行に準じるものとして対外的に会社を代表する権限のある取締役が発行した以上、取引安全の見地から、その新株発行は有効であるとしている。そして、株主総会の特別決議を経ないで、新株が第三者に有利な価格で発行された場合であっても、法的安定性、取引安全の見地から、新株発行は無効とはならず、新株引受人の引受てん補責任や取締役に対する損害賠償請求で解決すべきであるというのが通説的な考え方である。

もっとも、実際の訴訟では、無効事由に該当するかどうかが明らかでない瑕疵が主張されることもあるから、被告とされた会社としては、原告の主張をよく検討したうえで、法の趣旨や裁判例に現れた無効事由などと比較しながら、原告の主張する瑕疵が重大な法令・定款違反とはいえないことを説得的に反論していかなければならない。

〈*Case* 3-⑨〉①の瑕疵については、無効事由にあたるとするのが判例の立場である（最判平成9・1・28民集51巻1号71頁）。このような場合、被告とされた会社としては、原告の主張の前提となっている事実関係そのものを争うことが考えられる。

また、通知・公告の欠缺については、新株発行の差止事由（210条）がない場合や株主に新株発行の差止請求をする機会が与えられていれば、無効事由にはならないと解されているから、これらを主張・立証することも考えられる。

〈図表22〉　新株発行無効事由

無効事由にあたる場合	・新株発行差止めの仮処分命令に反して新株発行がされた場合（最判平成5・12・16民集47巻10号5423頁）
	・公開会社で株主に対する募集事項の通知・公告（201条3項・4項）を欠く場合（最判平成9・1・28民集51巻1号71頁、最判平成10・7・17裁判集

	民189号395頁） 　ただし、新株発行差止事由が許容されないと認められる場合は無効事由にあたらず、また、募集事項の通知・公告を欠いても、株主の新株発行差止めの機会を奪わない限りは、無効事由にはあたらない。
	・非公開会社において、株主総会の特別決議を経ないまま株主割当て以外の方法による募集株式の発行がされた場合（最判平成24・4・24民集66巻6号2908頁）
	・非公開会社が株主割当て以外の方法により発行した新株予約権に株主総会によって付された行使条件（当該新株予約権を発行した趣旨に照らして当該新株予約権の重要な内容を構成しているもの）がある場合に、同条件に反する新株予約権の行使によって株式が発行された場合（前掲最判平成24・4・24）
	・新株発行にあたり株主に株式の割当てを受ける権利を与えた場合に、202条4項所定の通知がされなかったとき（東京高判平成6・2・24金判956号20頁）
	・会社を代表する権限のない者による新株発行（東京高判昭和47・4・18高民集25巻2号182頁）
	・定款所定の発行可能株式総数を超過する新株発行（東京地判昭和31・6・13下民集7巻6号1550頁） 　なお、新株の一部が発行可能株式総数を超過する場合でも、発行された新株全部が無効となる（東京地方裁判所商事研究会『類型別会社訴訟Ⅱ〔第3版〕』607頁）。

	・定款に定めのない種類の株式の発行（江頭770頁）。
無効事由にあたらない場合	・（公開会社について）株主総会の特別決議を経ることなく、株主以外の者に対して特に有利な発行価額をもって新株が発行された場合（最判昭和40・10・８民集19巻７号1745頁、最判昭和46・７・16裁判集民103号407頁）
	・（公開会社について）取締役会決議を欠いた場合（最判昭和36・３・31民集15巻３号645頁）
	・著しく不公正な方法によって発行された場合（最判平成６・７・14裁判集民172号771頁）
	・発行価額未満の金額しか払い込まれていないのに株式会社が新株を発行した場合（最判昭和30・４・19民集９巻５号511頁）
	・募集事項が募集ごとに均等でない場合（江頭憲治郎ほか編『会社法大系⑷』296頁）。

⑷　判決の効力

相手方の主張や事実関係を踏まえた結果、無効事由の存在が疑われる場合には敗訴した場合の対応も検討しておく必要がある。新株発行を無効とする判決が確定した場合、その効力は第三者にも及び（838条）、新株発行は将来に向かって効力を失う（839条）。会社は、判決確定時の当該株式に係る株主に対し、払込みを受けた金額等に相当する金銭を支払わなければならない（840条１項）。この金額については、会社財産の状況に照らして著しく不相当であるときは、会社は、裁判所に対し、減額を求めることもできる（同条２項）。

⑸　自己株式処分および新株予約権発行無効の訴え

自己株式処分および新株予約権発行無効の訴えについても、基本的には新株発行無効の訴えについて述べたことがあてはまる。

1．訴訟要件

X社としては、Y社による訴えが訴訟要件を満たしているかを検討し、どこか欠けているところがあれば、裁判所に対し、そのことを指摘しなければならない。

⑴　原告適格

〈*Case* 3-⑨〉ではY社はX社の株主であるから原告適格に問題はない。もっとも、Y社が訴訟中にX社の株式を誰かに譲渡したりして株主でなくなれば、原告適格を欠くことになり、その時点で訴えは却下されるので、そうした事情があれば速やかに裁判所に指摘することになる。

⑵　出訴期間

新株発行無効の訴えが出訴期間内に提起されたものかどうかは、客観的に明らかであり、裁判所にも容易に判明するので、そこまで気にする必要はない。しかし、もしY社が訴訟中に無効事由の主張を変更したようにみえる場合には、その時期や従前の主張との相違点をよく確認して、出訴期間経過後の無効事由の追加にあたる場合には、裁判所に対しそのことを主張する必要がある。

2．無効事由

Y社の主張のうち〈*Case* 3-⑨〉②の瑕疵については、判例（前掲最判昭和36・3・31）が無効事由にならないと解しているので、X社にとって問題はない（もっとも、取締役の善管注意義務違反の問題は別に生じる可能性がある）。

一方〈*Case* 3-⑨〉①の瑕疵については、判例（前掲最判平成9・1・28）は無効事由にあたるとしているので、X社としては、本件新株発行にあたり適法に株主に対する通知・公告を行ったことを主張・立証していくことになる。

新株発行の差止事由との関係では、Y社から本件新株発行は著しく不公正な方法によるものであるとして争われる可能性が高い。この点について、近時の裁判例は、支配権の帰すうに影響を与える新株発行を原則として著しく不公正なものとしつつ、対抗策の必要性・相当性を肯定できる場合には、例外的に差止めの対象としないという方向性を示していると解されており（伊藤靖史ほか『リーガルクエスト会社法〔第3版〕』325頁）、X社としては、Y社の買収の意図や経営方針、X社への影響等を踏まえて本件新株発行の必要性・相当性を論証していくことになるが、実務上はY社側の意図等をX社側で事前に把握することは容易ではなく、外形的な事実を中心に準備を進めるしかないので、くれぐれもX社の取締役の保身目的のために経営権を維持したいと主張していると誤解されないように留意する必要がある。

3．判決の効力

X社としては、敗訴が見込まれる場合には、Zに支払う払込金相当額の金銭の準備や、その金額が会社財産の状況に照らして著しく不当になっていないかを検討しておく必要がある。

（西村将樹）

〈*Case* 3-⑩〉　設立・資本金額減少・組織変更・合併・会社分割・株式交換および株式移転の無効訴権

X株式会社は、Z株式会社との間でX社が存続会社となる吸収合併契約（以下、「本件合併契約」という）を締結した。本件合併契約では、X社が合併に際してZ社の株主に対してZ社株1株あたりX社株5株を交付することが定められていた（以下、この比率を「本件合併比率」という）。その後、X社およびZ社において、それぞれ本件合併契約について株主総会の承認決議（以下、X社における本件合併契約の承認決議を

「本件決議」という）を経て、吸収合併契約の効力は、平成29年４月１日に生じ、同日、Ｘ社は、Ｚ社との吸収合併（以下、「本件合併」という）に係る変更登記を行った。ところが、その後、以前からＸ社の株主であったＹから、本件合併比率は著しく不公正であるとして、本件合併の無効の訴えが提起された。

Mission　獲得目標

Ｘ社は、訴訟においてどのような点に留意すべきだろうか。

［*Task*］

① 合併無効の訴えとは

② 訴訟対応において留意、検討すべき点

１．合併無効の訴えとは

合併に限らず会社分割、株式交換、株式移転（以下、これらをあわせて「組織再編」という）が行われると、それを前提にさまざまな法律関係が形成されていく。したがって、組織再編の手続に瑕疵があったからといってそれを常に無効としてしまうと、法的安定性を著しく害することになりかねない。そこで、会社法は、それぞれの組織再編に対応した無効の訴えという制度を設けている（828条１項７号～12号）。すなわち、法は、組織再編の手続に瑕疵があっても、無効の訴えで無効とされない限り、これを有効と扱うことで、法的安定性を確保しようとしている。

したがって、株主が組織再編の効力を争うためにはその組織再編に対応した無効の訴えを提起しなければならない。

組織再編の無効の訴えには共通する部分も多いため、以下では、特に組織再編の類型を分けずに無効の訴えに関する説明を行いつつ、適宜合併無効の訴えや〈*Case* 3-⑩〉における対応についても触れることとする。それにあたって、吸収合併、吸収分割および株式交換を承継型組織再編、新設合併、新設分割および株式移転を新設型組織再編とそれぞれ呼称する。

2．訴訟対応において留意、検討すべき点

(1)　問題の所在

組織再編の無効の訴えにおいて請求を認容する判決が確定すると、後述のとおり、組織再編は将来に向かって効力を失うが、その場合の処理は、非常に困難であり、特に上場会社を当事会社とする合併の無効処理は実際上不可能に近いといわれており、そのため裁判所も請求を認容することを躊躇せざるを得ないと指摘されている（浜田道代ほか編『会社訴訟（専門訴訟講座(7)）』50頁〔戸川成弘〕）。

しかし、だからといって被告とされた会社が主張・立証の手を抜いてよいかといえば、決してそのようなことはない。本件合併後の存続会社で事業を継続したいと考えているＸ社としては、Ｙによる無効の訴えを退けるために、以下に述べるように、無効原因を争わなくてはならない。

なお、法は、組織再編の無効の訴えについて、株主としてこの訴えを提起できるための資格や出訴期間といった訴訟要件を定めており（828条１項７号～12号・２項７号～12号）、これらを満たさない訴えは却下されることになる。

(2)　無効事由を争う

Ｙの主張する事由が無効事由にあたらなければ、請求は棄却される。法は、具体的にいかなる事由があれば組織再編が無効になるかについては何ら規定をおいていないが、一般的には、軽微とは認められない組織再編手続の瑕疵が無効事由になると解されている。

たとえば、組織再編に係る契約あるいは計画における必要的記載事項の欠

缺がある場合（合併に関して大判昭和19・8・25民集23巻524頁）、組織再編を承認する株主総会決議に不存在・無効・取消事由がある場合、必要な債権者異議手続が履践されていない場合、組織再編に係る契約あるいは計画の内容等を記録した書面等の不備置や不実記載などが無効事由になると考えられる。

なお、組織再編を承認する株主総会決議に取消事由があることを無効原因として主張する場合、その決議後3カ月以内に限られ、その期間を過ぎてから取消事由の存在を無効原因として主張することはできないと解されているので、株主としては出訴期間に注意が必要となる。

それでは、Yの主張する本件合併比率が著しく不公正であることはどうだろうか。

この点、東京地判平成元・8・24判時1331号136頁は、「合併比率が不当であるとしても、合併契約の承認決議に反対した株主は、会社に対し、株式買取請求権を行使できるのであるから、これに鑑みると、合併比率の不当又は不公正ということ自体が合併無効事由になるものではない」と判示しており、この結論は最高裁判所でも維持されている（最判平成5・10・5資料版商事116号196頁）。株主は自己の有する株式を公正な価格で買い取ることを会社に請求することによって経済的損失を被ることはないということであり、合併比率を問題とされる限りX社にとってあまり問題はないようにも思えるが、この判例の射程は合併比率が「著しく」不公正な場合については及ばないとする見解があり、そもそもX社としては合併比率が公正・妥当であること（取締役に善管注意義務違反はないこと）を正面から主張できるように準備しておくことが重要である。

実際の訴訟では、このように無効原因に該当するかどうかが必ずしも明らかでない瑕疵が主張されることもあるから、被告とされた会社としては、原告の主張をよく検討したうえで、法の趣旨や他の無効事由などとも比較しながら、原告の主張する瑕疵が組織再編の無効原因にならないことを説得的に反論していくことになる。

したがって、X社としても合併比率は公正・妥当であること、仮に合併比率が不公正であると判断されることがあっても無効事由にはあたらないこと等を丁寧に論証していくことが重要である。

しかし、どんなに主張・立証を尽くしても、裁判所は、合併比率の著しい不公正を無効原因と考えるかもしれない。そのような場合に備えて、被告とされた会社としては、原告が主張する無効原因の前提になっている事実関係や評価を争うことも考えられる。

⑶ 判決の効力

原告の主張や事実関係を踏まえた結果、無効事由の存在が疑われる場合には敗訴した場合の対応も検討しておく必要がある。組織再編を無効とする判決が確定した場合、その効力は第三者にも及び（838条）、組織再編は将来に向かって効力を失う（839条）。その結果、組織再編の類型に応じて、法律関係が処理されることになる。

吸収合併については、消滅会社が復活し、合併対価として交付されていた株式は無効となる。合併後に変動がなかった株主や債権債務関係については、各当事会社にそれぞれ復帰する。合併後に取得した財産は、各当事会社の共有に属し、合併後に存続会社が負担した債務は、各当事会社の連帯債務となる（843条１項・２項）。

１．無効事由

〈*Case* 3-⑩〉でいえば、X 社は、本件合併比率が公正であることを主張していく（仮に合併比率の著しい不公正が無効原因になるとしても、本件合併比率は著しく不公正とはいえないので、本件合併に無効原因はないとの主張も含む）。もし、X 社と Z 社の間で特別な資本関係がない場合には、本件合併に関する情報が適切に開示されたうえで、株主総会の承認決議を経たのであれば、特段の事情のない限り、合併比率は公正なものとみられる（最判平成24・2・

29民集66巻３号1784頁)。一方、両社の間に資本関係がある場合には、いかに公正な手続を経て本件合併比率が定められたかに重点をおいて主張・立証を行うことになろう。この点について、実際の裁判例では、組織再編の当事会社から独立した第三者に組織再編比率の算定を依頼したこと、組織再編比率が妥当である旨のフェアネス・オピニオンを取得したこと、独立した専門家複数名で構成される委員会を設置して組織再編比率決定プロセスの公正性や少数株主の利益に配慮されているかを諮問したこと、法務アドバイザーから法的助言等を得たうえで手続を進めたこと、過去に一方当事会社の役員・従業員であった者を当時会社間の交渉や各会社における取締役会での協議等から排除していたことなどが、公正性を基礎づける事情として評価されており、組織再編に先立って比率を定める際の予防法務的観点からも参考になる。

２．判決の効力

Ｙ社としては、敗訴が見込まれる場合には、［Task & Option］２(3)の事態を想定して対応を練っておく必要がある。

（西村将樹）

〈*Case* 3-⑪〉　代表訴訟提起権

Ｘ株式会社は、平成26年３月１日、取締役会を開催し、代表取締役のＷを含む５名の取締役の全員一致で、長年の業績不振により多額の債務超過に陥った関連会社Ｚに対し５億円の融資を行うことを決議し、Ｗは、同年４月１日、同融資を実行した。しかし、結局、Ｚ社の業績は回復せず、同社は、平成28年４月１日、破産手続開始の申立てをするに至り、同月５日、破産手続開始決定がなされたので、融資した５億円のほとんどが回収不能となった。

その後、Ｘ社の株主であるＹは、代表取締役ＷがＺ社への融資を実行したことは当初より回収の見込みがなかったのであるから取締役としての善管注意義務および忠実義務に違反し、これによりX社に損害を与えたとして、平成29年4月1日、X社に対し、Wに対する損害賠償請求訴訟を提起するよう請求した。しかし、X社としては、Z社が破産に至ったのは、不測の事態が生じたことによるものであり、代表取締役Wに責任はないと考えている。

Mission　獲得目標

X社は、対応にあたってどのような点に留意すべきだろうか。

［*Task*］

①　株主代表訴訟とは

②　提訴請求を受けた際に留意、検討すべき点

③　代表訴訟において留意、検討すべき点

1．株主代表訴訟とは

取締役のほか会計参与、監査役、執行役、会計監査人、清算人（以下、「取締役等」という）の任務懈怠によって損害を被った会社は、その取締役等に対し、損害賠償を求めることができる（423条）。しかし、会社が常にその損害賠償請求権を適切に行使するとは限らないことから、法は、個々の株主に会社のためにその取締役の責任を追及する訴えを提起することを認めている（847条3項・1項。なお、この訴えの対象となる取締役等の責任は423条所定の責任に限られない）。これが株主代表訴訟である。もっとも、株主代表訴訟は、提訴した株主等の直接的な経済的価値の回復を目的としたものではないから、

場合によっては提訴の動機が売名や会社内の紛争の有利化といった目的のためにに行われることがあるともいわれている（浜田道代ほか編『会社訴訟（専門訴訟講座(7))』499頁〔松山遙／中川直政〕）。

株主代表訴訟を提起しようとする株主は、847条5項本文に定める場合を除き、提訴に先立って、会社に対し、取締役等の責任を追及するよう請求（以下、「提訴請求」という）しなければならない（847条1項）。これは、取締役等に対する責任を追及するかどうかの判断の機会を会社に与える趣旨である。提訴請求は、書面または電磁的方法で行わなければならず、被告となるべき取締役等、請求の趣旨および請求を特定するのに必要な事実を記載しなければならない（施規217条）。

2．提訴請求を受けた際に留意、検討すべき点

(1)　名宛人が誤っている場合

提訴請求は、会社法所定の名宛人に対して行わなければならず（349条4項、386条2項1号、389条7項、399条の7第5項1号、408条5項1号、420条3項等）、名宛人を誤った提訴請求は無効な提訴請求であるから、会社として対応する必要がないようにも思える。もっとも、本来の名宛人が提訴請求書の記載内容を正確に認識したうえで訴訟を提起すべきか否かを自ら判断する機会があったといえるときには、適式な提訴請求があったものと解される（最判平成21・3・31民集63巻3号472頁）。なお、法は提訴請求に記載すべき内容について、「請求の趣旨および請求を特定するのに必要な事実」と規定しているので（施規217条2号）、Yとしては請求を特定するために必要な事実を具体的に記載することが必要となる。

(2)　提訴するか否かの判断

提訴請求があった場合には、会社としては必要な事実調査を行ったうえで、提訴するか否かを検討判断しなければならない。具体的には、問題とされている行為に関する書類やメモ、電子メールなどを収集するとともに、責任を問われている取締役等をはじめとした関係者からの事情聴取を行って、これ

らを記録化しておくべきである。なお、事案によっては事実調査を社外の第三者委員会等に委ねることも有益な場合もある。

そして、収集した各証拠に照らして取締役等に法的責任があると思われる場合であっても、会社の判断として、提訴を見送ることもあるだろう（たとえば、損害額が僅少であるにもかかわらず、そのために過大なコストを要する場合等）。

⑶　提訴を見送った場合の対応

提訴を見送った場合には、会社は、提訴請求をした株主、または、責任追及の相手方とされた取締役等から請求を受けたときは、その者に対して、遅滞なく、提訴しない理由を通知しなければならない（847条４項）。この理由の記載については、後述の担保提供命令の申立てにおいて株主の「悪意」の疎明に役立つ可能性もあるので、会社としては、それまでの調査結果を踏まえて、不提訴という結論に至った理由を、可能な限り具体的に記載することが望ましい場合もある。

３．代表訴訟において留意、検討すべき点

⑴　会社の被告側への補助参加

会社が提訴請求の日から60日以内に訴えを提起しない場合には、株主が、責任追及の対象となる取締役等を被告として、株主代表訴訟を提起できる（847条３項）。この場合、被告となるのはあくまでも当該取締役等個人である。しかし、会社の協力なしに自らに有利な証拠を収集しようとしてもおのずと限界もあり、また、不提訴の判断を行った会社としても、被告とされた取締役等の主張・立証を補助していくことが経営上望ましい場合もあろう。そのような補助は訴訟外において事実上行うこともできるし、そのために会社が被告とされた取締役等の側に補助参加という形で訴訟に参加することもできる（849条１項本文）。なお、851条が定める場合を除き、代表訴訟の原告は、訴訟係属中は株主であり続ける必要があり、株主でなくなった場合には、原告適格を欠くに至り、訴えは却下されることになる。

(2)　担保提供命令

被告となった取締役等が、株主による訴えの提起が悪意によるものであることを疎明すれば、裁判所は、相当の担保を立てるよう原告に命じることができる（847条の4第2項・3項)。ここでいう「悪意」とは、訴えを手段として不法不当な利益を得る目的を有する場合など正当な株主権の行使と相容れない目的に基づく場合（不法不当目的)、または、請求原因の重要な部分が主張自体失当であること、請求原因事実の立証の見込みが低いと予測すべき顕著な事由があること、あるいは被告の抗弁が成立して請求が棄却される蓋然性が高いことなどの事情を株主が認識しながら訴えを提起した場合（不当訴訟）がある（東京地判平成6・7・22判時1504号121頁)。近年、担保提供命令は容易に発令されない傾向にあるとされているが（浜田ほか・前掲書504頁〔松山遙／中川直政〕)、代表訴訟を提起した株主への対抗手段の一つと考えられている。前述の不提訴理由通知書に、十分な理由が記載されており、それを受領したにもかかわらず、あえて代表訴訟を提起したとすれば、そのことが株主の「悪意」の存在を推認させる1つの事情になる場合もある。また、この通知に現れた会社の対応が、後の代表訴訟での裁判所の心証形成に影響する可能性があることも指摘されている（江頭490頁)。

(3)　責任免除

423条1項所定の取締役等の責任は、総株主の同意がなければ免除することはできないものの（424条)、会社法所定の要件を満たした場合には一部免除が可能となる（425条以下)。経営判断の萎縮防止や将来の人材確保といった観点から一部免除が相当な事情があれば、そのための手続をとることも選択肢である。責任の一部免除に関する定款を定めていなければ（426条1項、427条1項)、株主総会の特別決議によることになるが（425条)、実務上は、被告とされた取締役等が1審判決で敗訴した場合に、控訴後に、上記特別決議を行うことが現実的な流れではないかとされている（浜田ほか・前掲書513頁〔松山遙／中川直政〕)。

⑷ 訴訟上の和解

上記のように訴訟外で責任を免除する場合と異なり、代表訴訟の手続上で和解する場合には、取締役等の責任免除規定の適用がないとされている(850条４項)。したがって、訴訟外の責任免除に比べて、より柔軟に被告とされた取締役等の責任を免除することも可能である。なお、この場合は、会社が承認しない限り、効力は会社には及ばず（同条１項)、そのことから、裁判所は、会社に対し、和解の内容を通知し、和解に異議があるときは２週間以内に異議を述べるよう催告しなければならないとされている（同条２項)。

１．提訴請求への対応

⑴ 名宛人が誤っている場合

Ｘ社としては、提訴請求の名宛人に誤りがある場合でも、直ちに提訴請求への対応を不要と判断せず、法所定の名宛人に提訴請求があったことを知らせたうえで、提訴すべきか否かの判断の機会を確保しておくことが後に提起される可能性のある代表訴訟への早めの対応という意味でも望ましい。

⑵ 提訴するか否かの判断

〈*Case* 3-⑪〉では、取締役会の議事録や稟議書、融資の前提となっているＺ社の当時の経営状況や将来の融資回収の見込みを裏付ける各種資料等が証拠として考えられる。また、代表取締役Ｗを含む５名の取締役や関連部署の担当者など考えられる関係者から、任意性を担保したうえで、事情を聴取し、重要な事実関係に関する内容を聴き取った場合には、適宜、書面化しておくべきである。その際に、可能であれば、本人に内容に間違いがないことを確認してもらったうえで、署名押印してもらうことが望ましい。

(3) 提訴を見送った場合の対応

X社として提訴を見送ったのであれば、場合によっては、収集した資料や関係者の供述内容を適宜引用しながら、把握した事実関係を具体的に明らかにするとともに、Wの責任の有無や不提訴に至った理由（責任がないと判断したのか、責任がないとはいえないが経営判断として提訴を見送ったのか等）を示すことを検討してよい。

2．代表訴訟への対応

(1) 被告側への補助参加

X社として必要があると判断した場合は、訴訟外における事実上の補助もしくはWに補助参加するか、いずれかの方法でWを補助していくことになる。

(2) 担保提供命令

被告とされたWとしては担保提供命令の申立てを検討すべきであるし、それも見据えて、X社としては、提訴請求を受けた段階で充実した調査を行っておくことが望ましい。また、Yから請求がなくても、X社から任意に不提訴理由を通知しておくことも差し支えない。

(3) 責任免除

X社としては、訴訟における主張・立証を踏まえたうえで、敗訴判決も見込まれる場合に、なおWの責任を軽減すべき事情があると考えるのであれば、会社法所定の要件を満たすかどうかの検討を行うなどWの責任の一部免除に向けた準備を進めることも検討することになる。

(4) 訴訟上の和解

Yも同意することが前提ではあるが、Wの敗訴も見込まれるのであれば、和解も視野に入れながら訴訟対応を行っていくことになる。

（西村将樹）

第4章

株式（株主）の管理

Ⅰ　株式の譲渡と制限／株主名簿

〈*Case* 4-①〉　株式と株主名簿

全株譲渡制限会社であるＸ社は、数十年の歴史がある同族会社であり、株券発行会社であるが、株主名簿に記載された株主ごとの所有株式数が、必ずしも実態と一致していないようである。過去に株券を発行したこともあるかもしれないが、現在では、どの株主も株券を所持していない。また、取得年月日も必ずしも正確ではないようである。このままでもよいか。

Mission　獲得目標

株式会社は、株主による出資により設立され、その経済活動で得た利益を株主に分配することを目的とする法人であり、定款変更や役員の選解任等の会社の根本的なことは株主総会の決議により定める。よって、現在の株主が誰であるかやその議決権割合が不明のままでは会社の基本的な事項を確定的に定めることができず、また思いがけない紛争を招くことになりかねない。株主名簿の記載・記録が実態と異なる場合にどのような方策をとりうるかを検討する。

Task & Option　検　討

［*Task*］

①　なぜ株主名簿は必要か

②　株主名簿の作成義務

③　株式取得日
④　株券番号

1．なぜ株主名簿は必要か

会社にとっては、まず、株主に対する通知・催告については、株主名簿上の株主の住所宛てに発送すれば足りる（126条1項）。また、株主やその所有株式数を把握しておくことは、株主総会の招集通知や、総会における定足数の確認、決議の成否の確認のために不可欠である。株主に相続が発生したときも、そのことによる株主構成の変動を正確に把握することができ、無用な争いを招かずに済む。

株主にとっても、株式の譲渡を受けた場合は、株主名簿への記載・記録がなければ、その譲受けを会社に対しても、第三者に対しても対抗する（所有者であると主張する）ことができない。また、株券発行、不発行にかかわらず、いったん株主名簿に記載・記録されれば、以後、自ら株主であることを証明する必要がない。

2．株主名簿の作成義務

会社法121条は、株式会社に、株主名簿の作成を義務づけ、記載事項を次のとおり法定している。

①　株主の氏名または名称および住所
②　それぞれの株主の所有株式数（種類株式を発行している場合は、種類および種類ごとの数）
③　株主ごと、株式ごとの株式取得日
④　株券発行会社である場合には、株券番号

〈***Case*** 4-①〉では、株主名簿が作成されているので、形式的には、会社法121条の要請を満たしていることになる。しかし、株主が、所有株式数に応じた株主総会議決権や配当請求権、残余財産分配請求権を有することを考

えると、株主が信じる自分の所有株式数と、株主名簿に記載された株式数との齟齬は、対会社あるいは株主間の紛争を招くことになるだろう。

３．株式取得日

上記２③の株式取得日は、会社の成立、新株発行等による取得の場合は、株主となった日、譲渡による取得であれば、株主名簿の名義書換えがなされた日を記載する。

取得日の記載を必要とする理由は、一般的に株式譲渡の場合であれば、会社が譲渡人と譲受人のどちらを権利者として取り扱うべきかの争いに巻き込まれないよう権利移転の日を明確にしておく必要があり、また、新株発行に無効事由があったにもかかわらず既存の株主に譲渡・発行されたような場合に、譲受人の有しているどの株式が無効になったのかを明確にする必要があるからである。

４．株券番号に関して

上記２④の株券番号であるが、株券発行会社であるにもかかわらず、株券を発行していない場合はどうしたらよいか。

会社は、株券を発行する場合は、その旨を定款で定めなければならない(214条)。会社法（平成17年制定）により、株券発行を定款で定めた会社のみが株券発行会社となったが、会社法制定以前は、定款に株券不発行を定めない限り株券を発行する必要があったので、会社法施行時に存続する会社で、定款に株券不発行の定めがない場合は、定款に株券発行の定めがあるものとみなされる（整備法76条４項)。

しかし、株券発行会社であっても、215条４項の規定により、非公開会社は、株主から請求がある時までは株券の発行を要さず、217条の規定により、株主が株券の不所持を申し出た場合はやはり発行を要しないが、申出による不発行の旨を遅滞なく株主名簿に記載・記録しなければならない。

Strategy　戦　略

株式会社は、その設立目的の達成のためにも、運営の必要からも株主が誰であって、議決権割合（種類株主がいる場合は加えてその権利の内容等）を明確にしておかなければならない。したがって、株主名簿の記載・記録が実態と異なる場合には、会社設立以降の株式発行（増資）の経歴を、以下に掲げる書類等により調べる必要がある。

①　定款

発行可能株式総数の推移を調べる。

②　登記簿謄本（履歴事項全部証明書）

発行可能株式総数、発行済株式総数、新株予約権の発行状況等の推移を調べる。

③　閉鎖登記簿謄本

発行可能株式総数、発行済株式総数、新株予約権の発行状況等の推移を調べる。

④　株主総会議事録

株主割当発行、第三者割当発行、株式併合、株式分割、自己株式の処分等の決議の状況を調べる。

⑤　過去の株主名簿

過去にさかのぼって株主や所有株式数の変動を調べる。

⑥　会計帳簿

株主からの払込状況を調べる。

⑦　入出金記録

株主からの払込状況を調べる。

これらによっても確認できない場合は、現在の株主により、現況を相互に確認する内容の株主間合意書を作成して確定し、121条記載の法定事項を満たす株主名簿を整備する必要がある。

取得日については、その記載を要する趣旨が、上記［Task & Option］3記載のとおりであるので、そのような必要がない場合には、そこまで厳密な記載を要するものではないように思われる。

【記載例】 株主間合意書

株式会社A社の株式に関する合意書

株式会社A社（以下「A社」と言う。）及びA社の株主B（以下「B」と言う。）、同C（以下「C」と言う。）、同D（以下「D」と言う。）、同E（以下「E」と言う。）及び同F（以下「F」と言う。）は、A社の株式及び株主につき、次のとおり合意する。

第1条　A社の株主

B、C、D、E及びFは、本合意書の署名日におけるA社の株主が、B、C、D、E及びFのみであることを相互に確認し、A社はこれを認める。

第2条　A社の株主名簿等

A社は、本合意書の署名日におけるB、C、D、E及びFに対する発行済株式総数が、同日現在のA社登記簿記載のとおり普通株式○○○○株であり、同社の株主名簿記載事項によれば、B、C、D、E及びFそれぞれが保有する株式数、同住所、同株式を取得した日等が以下のとおりであることを表明し、B、C、D、E及びFは、同じ内容をA社に対し及び相互に確認する。

株主の氏名	株主の住所	普通株式の数	各株式の 取得年月日
B		株	昭和　年　月　日
		株	昭和　年　月　日
		株	昭和　年　月　日
		株	平成　年　月　日
		合計○○○○株	

C		株	昭和　年　月　日
		株	昭和　年　月　日
		株	昭和　年　月　日
		株	平成　年　月　日
		合計○○○○株	
D		株	昭和　年　月　日
		株	昭和　年　月　日
		株	昭和　年　月　日
		株	平成　年　月　日
		合計○○○○株	
E		株	昭和　年　月　日
		株	昭和　年　月　日
		株	昭和　年　月　日
		株	平成　年　月　日
		合計○○○○株	
F		株	昭和　年　月　日
		株	昭和　年　月　日
		株	昭和　年　月　日
		株	平成　年　月　日
		合計○○○○株	

第３条　株券の発行

B、C、D、E及びFは、A社がA社の株式につき株券を発行していないことを相互に確認する。
2　B、C、D、E及びFは、同人らが有する前条の株式全株につき株券の所持を希望しない旨を本合意書をもってA社に申し出、同社は、これを承諾する。

第4条　損害賠償
B、C、D、E及びFは、上記各条項が真実であることを相互に確認するとともに、万が一B、C、D、E及びFのいずれかが同条項と異なる事実を主張し、その結果A社が損害を被ったときは、それによって被ったA社の損害すべてを賠償することに同意する。

本合意の成立を証するため、本合意書6通を作成し、各自記名押印のうえ、各1通を保有する。

○○○○年○月○日

（所在地）東京都○○区○○1-2-3
（名　称）株式会社A社
代表取締役　○　○　○　○

（住　所）神奈川県○○市○○7-8-9
（氏　名）　　　　B

（以下略）

（佐藤麻子）

〈*Case* 4-②〉　所在不明株主についての対応

非上場会社であるX社には、数年間、通知等を送っても返送されてしまう株主がおり、配当金の受領もされていない。このような株主を、

X社は今後もずっと株主として扱わなければならないのか。できればその株主の株式を自社で買い取りたいがそのようなことは可能か。なお、株式の質権者はいない。

Mission　獲得目標

所在不明株主が生じた場合に、株式会社はそのような者をこの先もいつまでも株主として扱わなければならないとすればコストがかかる。その者の株式を自社で買い取るにはどのようにしたらよいか。また、すでに生じたその者に対する配当金はどのようにしたらよいか。

Task & Option　検　討

［*Task*］

① 所在不明株主の問題点

② 通知・催告に関する免責

③ 所在不明株主の株式の競売等

1．所在不明株主の問題点

株主は、株式会社という経済活動を行う法的主体に資金を提供し、その経済活動から得た利益の還元を受ける。「会社は誰のものか」という問いに対しては、一義的には「株主のものである」といわれるように、会社にとって自分の株主が誰であるかを常に正確に把握しておくべきことは自身の根本にかかわる重要な問題である。

一方で、自然人や法人である株主が、死亡、廃業等とその後の連絡の不備により所在不明株主となりうることも、不可避の事象である。

数年間通知が返送されているという〈*Case* 4-②〉のような場合には、相続や譲渡により新しい株主が生じていることもありうるだろう。しかし、株式会社にとっては、相続人や譲受人が誰であるかの調査を行う手段はないし、その義務もない。しかし、所在不明株主に対し、通常の株主と同じように通知等を送り続けることは管理コストがかかるし、株主を正確に把握しておくという点からも問題が生じる。そこで、会社法では、所在不明株主が発生した場合に、以下のような手立てが定められている。

2．通知・催告に関する免責

会社が株主に対してする通知・催告は、株主名簿に記載・記録された株主の住所（当該株主が別に通知・催告を受ける場所・連絡先を会社に通知した場合は、その場所・連絡先）に宛てて発すれば足りる。当該通知・催告は、その通知または催告が通常到達すべきであった時に、到達したものとみなされる（126条1項・2項）。

当該住所・場所・連絡先に対する通知・催告が、5年以上継続して到達しない場合には、株式会社は、それ以降、当該株主に対する通知または催告をすることを要しない（196条1項。196条には、「株主に対する通知の省略」との見出しが付されている）。5年以上継続して到達しないというには、最初の不到達（郵便局から会社への返送）があってから5年以上であるから、株主総会招集通知のみを郵送している場合には最初に不到達となった招集通知から数えて6回目の不到達をもって5年以上となる。

3．所在不明株主の株式の競売等

会社は、196条1項の規定により通知を省略できるに至った株式でかつ継続して5年間配当を受領しなかった（不受領には無配の場合も含まれる）株式につき、民事執行法195条に基づく競売を行い、その代金を供託し当該株式の株主が判明後に交付することができる（197条1項）。当該株式に登録株式質権者がいる場合は、当該質権者についても同様の要件が満たされている必要がある（同条5項）。

競売に代えて、上場株式については市場価格として法務省令で定める方法により算定される額により、市場価格のない株式については裁判所の許可を得て競売以外の方法により、これを売却することができる（197条2項）。この売却許可の申立てをするには取締役全員の同意が必要である。会社が取締役会の決議により買い取ることもできる（同条3項・4項）が、自己株式取得の場合と同じ条文に基づく「その効力を生ずる日における分配可能額を超えてはならない」という財源規制がある（461条1項6号、197条3項）。

以上の競売・売却に先立ち、3カ月間、当該株式の株主その他の利害関係人が一定の期間内に異議を述べることができる旨その他の事項を公告し、かつ、当該株式の株主およびその登録株式質権者に対して、各別に催告を行わなければならず（198条1項）、3カ月内に利害関係人が競売または売却に対して異議を述べなかったときは、当該株式に係る株券は、当該期間の末日に無効となる（同条5項）。当該株主は、株主の地位を失い、競売・売却代金請求権だけを有することになる。

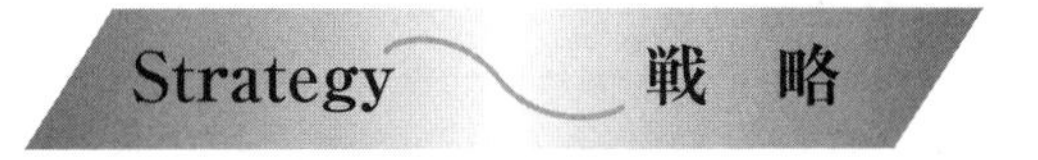

〈*Case* 4-②〉の株主に対する通知が5年以上（定時株主総会の招集通知にして6回以上）継続して戻ってきてしまう場合は、上述のとおり、196条1項に基づき、それ以降、当該株主に対する通知または催告をすることを要しない。後日紛争となることを予防するため、返送されてきた通知は保管しておくべきである。

その所在不明株主の株式を自社で買い取るための具体的手続は以下のとおりである。

〈*Case* 4-②〉の会社は非上場会社である。自己株式取得の財源規制に抵触しない場合は、市場価格のない株式として裁判所の許可を得てこれを自社で買い取ることができる（197条2項・3項・4項）。自社による買取りには取締役会の決議が必要であり、売却許可の申立てには取締役全員の同意が必要であるから申立書に取締役会議事録を添付書類として提出する。

買取りに先立ち、３カ月間、当該株式の株主その他の利害関係人が一定の期間内に異議を述べることができる旨その他の事項を官報等で公告し、かつ、当該株式の株主に対して、催告（通知）を行わなければならず（198条１項）、３カ月内に利害関係人（相続人、譲受人、略式質権者等）が買取りに対して異議を述べなかったときは、当該株式に係る株券は、当該期間の末日に無効となり（同条５項）、Ｘ社は自己株式として当該株式を買い取ることができる。当該株主は、株主の地位を失い、買取代金の請求権だけを有することになる。

会社は、買取代金を法務局に弁済供託すればよい。また、これまでに生じ未受領となっている配当金も弁済供託することができる。

以上の手続により、会社は、所在不明株主の管理コストを削減することができる。

（佐藤麻子）

〈*Case* 4-③〉　基準日制度

> 公開会社であるＸ社の取締役間で、支配権争いが起きた。まもなく定時株主総会期日であるが、取締役会の多数派が、基準日後に、自派にのみ募集株式を割り当てる第三者割当てを行い、株主総会における議決権多数を奪うことは可能か。

Mission　獲得目標

株式会社は、基準日後に株式を取得した者についても、当該株主総会における議決権を行使させることができる。では、取締役会の多数派が、基準日後に自派にのみ第三者割当てを行うことにより、株主総会での議決権多数を奪うことは可能であるか。

Task & Option　検　討

［*Task*］

①　株主名簿の基準日

②　基準日以降、株主総会前に株式を取得した者の扱い

1．株主名簿の基準日

(1)　基準日とは

会社は、基準日を定めて、その日に株主名簿に記載・記録されている株主を、株主総会における議決権、配当受領権等の権利を行使できる者（基準日株主）とすることができる（124条1項）。株主としての権利行使をできる者を客観的、一律に確定させるための制度である。なお、会社法制定以前は、株主名簿の閉鎖期間を設けて株主を固定する方法もあったが、会社法制定により、閉鎖期間を設ける方法は不可能となった。基準日を定める場合には、株式会社は、基準日株主が基準日から3カ月以内に行使することができる権利の内容を定めなければならない。

基準日は、124条1項で「定めることができる」と規定されているとおり、必ずしも定めなければならないわけではない。しかし、基準日を定めると、会社として管理がしやすいことから、多くの会社では、定時株主総会について、定款で基準日を定めている。しかし、株式の異動がほとんど生じない中小企業で臨時株主総会を開催する場合には、基準日を設けずに手続を進めている例も多い。

なお、124条1項では、「権利を行使できる者」という語句が用いられているが、基準日制度の利用は、必ずしも株主の側から権利行使をする場合に限定されるのではなく、株式分割や株式・新株予約権の無償割当てのように、

会社の決定によりその効力が生ずる日を定める場合も含まれ、合併等の組織再編において対価の交付を受ける株主を定める場合にもこの基準日制度を利用することが可能である。

⑵　基準日と公告

基準日を定めた場合には、当該基準日の２週間前までに、当該基準日および基準日株主が行使できる権利（当該総会における議決権、割当てを受ける権利等）を公告しなければならない。ただし、定款に当該基準日および当該事項について定めがあるときは、この限りでない（124条３項）と定められているので、定款に定めがある場合を除いて、基準日の２週間前までに公告をする必要がある。基準日を設けない場合は、公告の必要がなく、株主総会開催時点の株主が当該総会で権利を行使できる株主と解されている。

基準日を設け公告することを求めている会社法の趣旨は、名義書換未了の株主に株主名簿の名義書換（株主権行使）をする機会を保証することにある（江頭217頁）。

定款に定時株主総会については基準日の定めがあったが種類株主総会については定めがなかった場合で（同日の定時株主総会で、種類株式発行会社となる定款変更および種類株主総会の基準日を定める定款変更を行った）、２週間前までの公告を行わなかった種類株主総会における決議を、124条３項違反により取り消した裁判例がある（アムスク株主総会決議取消請求事件。東京地判平成26・4・17金判1444号44頁、東京高判平成27・3・12金判1469号58頁）。この裁判例の被告会社は遡及する法律関係はない等と主張したが、判決は「定款の定めは基準日の２週間前までに存在することが必要である」と判示した。

なお、２週間に不足するなど適法な公告を欠く基準日に基づいてなされた会社の行為は、無効ではなく損害賠償の問題が生ずるのみという見解もあるが、無効と解するのが多数説である。

⑶　株式分割と基準日

株式分割をする場合には、必ず基準日を定めなければならない（183条２項１号）。したがって、株式分割の基準日について定款に定めがない場合には、当該基準日についての公告を２週間前に行う必要がある（124条３項本文）。

しかし、株主全員の協力が得られるならば、全株主の書面等同意による株主総会決議の省略（319条）により定款変更を行って株式分割の基準日を当該株主総会の日に設定し、取締役会で同日を効力発生日とする株式分割の決議を行うことでわずか１日をもって株式分割を行うことも可能であるとされている（論点解説187頁）。

⑷　株主割当発行と基準日公告

既存株主に割当てを受ける権利を与えて新株を発行する場合にも誰に権利を与えるかを確定させるため基準日を定める。ただし、株券発行会社であっても、株主の変動が少なくかつ募集事項等の決定が株主総会において行われている会社等、公告を行っても無駄なことが明らかな会社では、基準日の公告を行わなくても違法ではないとの見解がある（江頭745頁）。

２．基準日以降、株主総会前に株式を取得した者の扱い

⑴　基準日後に株式を取得した者の取扱い

原則として、基準日株主が行使できる権利として定められた権利を行使することができない。

しかし、124条４項は、基準日株主が行使することのできる権利が株主総会における議決権である場合には、会社は、基準日後に株式を取得した者（その一部も可）についても当該権利を行使できる者と定めることができると定めている。

したがって、会社がそのように定めた場合には、基準日株主の権利を害さない限り（124条４項ただし書）、基準日後に株式を取得した者であっても、議決権を行使することができる。

この取扱いは、議決権の行使についてのみ適用されるので、議決権以外の権利を行使させることは認められない。

⑵　基準日以降の株主に対する議決権付与の手続

上記のとおり、124条4項は、株式会社は、基準日後の株主に議決権の行使を認めることができるとしているが、そのための手続として定款の定めや株主総会の決議等まで求めていないし、その他の手続についても具体的に規定していない。

そこで、株式会社の意思決定機関（原則として非取締役会設置会社では取締役、取締役会設置会社では取締役会）が、基準日以降の株主に議決権を与える旨を決定すれば足りると解されている（論点解説132頁）。

⑶　基準日株主の権利を害する場合

基準日株主を害する場合（124条4項ただし書）とは、基準日株主が有する株式が基準日後に譲渡された場合において、会社が基準日後株主を権利行使ができる者と定めることによって、譲渡した基準日株主が議決権を行使することができなくなるような場合のことである（論点解説132頁、江頭216頁注⑶）。

基準日株主が基準日以降の株主に議決権を行使させることに同意している場合は、基準日株主の権利を害する場合にはあたらないので、会社は、基準日以降の株主に議決権を行使させることができる。

他方、基準日以降に新株を発行した場合は、当該発行した株式についての基準日株主は存在しないので基準日株主を害する場合にあたらない。この場合、基準日後株主に議決権を認めると、基準日株主の議決権割合が希釈されることとなるが、そうした事態を想定したうえで124条4項が規定されているので、同項ただし書の適用の対象とはならない（論点解説133頁）。

もっとも、会社が基準日後に新株を発行した場合であっても、後述するとおり、会社の支配権に争いがあり、取締役会の多数派が支配権の維持・争奪の目的で第三者割当増資の方法により新株発行を行った場合には、124条4項ただし書が適用されるとする見解や新株発行の差止めに付随して議決権行使の差止めが認められるとする見解などがある。

また、会社が基準日以降に複数回にわたり新株を発行したような場合、

124条４項は、その取得した株主の一部についてのみ権利行使者とすることを認めていることから、合理的な理由があれば、ある回の新株取得者のみに議決権行使を認めることもできる。

しかし、同一の機会に発行された新株の取得者間では、その一部の株主について議決権を認め、他は認めないとすることは、原則として不合理な差別的取扱いとなり株主平等の原則（109条１項）に反することから許されない（論点解説134頁、江頭216頁）。

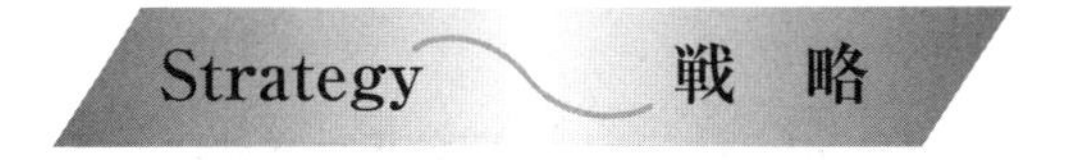

上述のように、取締役会の多数派が支配権の維持・争奪の目的で第三者割当増資を行った場合には、124条４項ただし書違反により決議が取り消されうるとする見解や議決権行使の差止めや新株発行の差止めが認められるとする見解がある。

210条は、募集株式の発行が違法になされる場合には、株主に発行の差止請求権を認めている。

会社の支配権争いがあるときで、取締役が議決権の過半数を維持・争奪する目的または反対派の少数株主権（議題提案権、会社帳簿閲覧請求権等）をなくさせる目的で募集株式の発行を行う場合は、210条２号の「著しく不公正な方法」による募集株式の発行とみなされる可能性がある。これに該当すると主張する株主は、発行の差止めを請求することができる。

公開会社においては、募集株式の発行等に株主総会の特別決議を要さず、取締役会で決議する（201条１項）。なお、同項には、「第199条第３項に規定する場合を除き」とあるが、これは有利発行（募集株式の引受人にとって特に有利な金額による公募・第三者割当てによる募集）の場合である。

この場合に、取締役会において、支配権の維持・争奪目的で募集株式発行決議を行うと、裁判例上、その不当目的達成動機が、他の動機に優越する場合に、発行の差止めを認め、そうでないときには認めない主要目的ルールという考え方がなされている。

One point advice　主要目的ルール

新株発行の際、会社に具体的に資金需要が存在し、資金調達の方法として第三者割当てによる新株発行にもそれなりに合理的な理由が認められる以上は、会社が既存株主の株式保有を嫌って新株を発行したとの疑いが多少なりとも存していたとしても、それだけでは同新株発行が著しく不公正な方法によるものということはできない（大阪地決昭和48・1・31金判355号10頁）。

One point advice　著しく不公正な方法によるものとして差止めを認めた裁判例①

支配権につき争いがある場合に、新株発行が、特定の株主の持株比率を低下させ現経営者の支配権を維持することを主要な目的でされたものであるときは、不公正発行にあたるというべき。また、新株発行の主要な目的がそこにあるとはいえない場合であっても、その新株発行により特定の株主の持株比率が著しく低下されることを認識しつつされた場合は、その発行を正当化させるだけの合理的理由がない限り、また不公正発行にあたるというべき（東京地決平成元・7・25判時1317号28頁）。

One point advice　著しく不公正な方法によるものとして差止めを認めた裁判例②

本件新株発行による資金調達の必要性自体直ちに信用しがたいうえ、他に必要性が明らかではないことに多額の資金を使用していることからすれば、本件新株発行による資金調達の必要性があり、それが本件新株発行の主要な目的と認めることはできない。本件新株発行の主要な目的は現在の債務者の経営陣がその支配権を維持するためであるというべきであるから、本件新株発行は著しく不公正な方法によるものである（さいたま地決平成19・6・22金判1270号55頁）。

One point advice　著しく不公正な方法によるものとして差止めを認めた裁判例③

資金調達の一般的な必要性があったことは否定できないが、これを合理化できる特段の事情の存在までは認められず、本件新株発行は既存の株主の持株比率を低下させ現経営者の支配権を維持することを主要な目的としてされたものであると認めるのが相当である。本件新株発行は著しく不公正な方法によるものである（東京地決平成20・6・23金判1296号10頁）。

これらの裁判例からいえば、〈*Case* 4-③〉の場合のように、取締役会の多数派が、単に株主総会における議決権多数を奪う目的で、基準日以降に（基準日前でも同じことであるが）、自派にのみ募集株式を割り当てる第三者割当てを行うことは、会社法上は可能であっても、株主から210条２号の「著しく不公正な方法」による募集株式の発行として差止請求がなされた場合には、差止めが認められる可能性が高いといえ、避けるべきである。

（佐藤麻子）

〈*Case* 4-④〉　株式の譲渡をめぐるトラブルと譲渡価額の算定

X社は、非公開会社であるが、譲渡制限のある株式につき、株主から譲渡承認請求と、承認しない場合の買取請求がなされた。X社としては、申出のあった譲受人が競合会社に関係のある人物であるため、同人が株主となることは避けたいと考えている。そこで、自社で買い取るつもりであるが、買取価格に関し、株主との間で協議が調わない。手続はどのように進めるべきか。また、買取価格については、どのように考えるべきか。なお、純資産額ベースで算出したとしても自己株取得の財源規制には抵触しない財務状態ではあるものの、X社としては現預金に余裕があるわけではなく、できるだけ低額で買い取りたい。

Mission　獲得目標

譲渡制限株式の譲渡に係る承認手続および会社・指定買取人による買取りと売買価格の決定方法を具体的に知りたい。

Task & Option　検　討

［*Task*］

① 譲渡制限株式
② 譲渡制限株式の譲渡に係る承認手続
③ 会社・指定買取人による買取りと売買価格の決定
④ 売買価格について協議が調わないとき
⑤ 譲渡制限株式の評価

１．譲渡制限株式

株式会社は、１人では拠出しきれない資金を集中させ、経済活動を営み、収益を上げるという形態のシステムである。出資者は、原則として経営自体には関与しないのであるから、株式を譲渡することによって投下資本を回収し、あるいは、経営に対する意見の相違等いかなる理由によっても、いつでも関係を切って撤退することができなくてはならない。そのため株式は、原則として、自由に譲渡することができる（127条。なお、株式会社に対して出資金の払戻しは請求できない）。そうでなければ、広く出資という形で資金調達を募ることはできないからである。

しかし、中小企業においては、すべての株主を、人的な信頼関係にある者に限定したいとの要請が強いので、定款により、発行する全部の株式の内容として（107条１項１号・２項１号）、あるいは種類株式の内容（一部の株式の内容。たとえば、議決権のある株式についてのみ譲渡も制限された株式とする等）として（108条1項4号・2項4号）、株式の譲渡につき会社の承認を要する旨を定めることができる。定款変更によって譲渡制限とする場合には、株主の権利に重大な制約を課すことになるので、定款変更には、株主総会において、議決権の3分の2以上の賛成を必要とする特別決議が必要となる。

譲渡制限株式を取得した者（ただし指定買取人または相続その他の一般承継により取得した者を除く）は、会社の承認がない限り、株主名簿の名義書換を請求することができない（134条）。

2．譲渡制限株式の譲渡に係る承認手続

譲渡制限株式の株主は、その株式を第三者に譲渡しようとするときは、会社に対し、当該第三者の取得につき承認をするか否かの決定をすることを請求することができ（136条）、譲渡制限株式を取得した者は、会社に対し、取得したことについて、承認をするか否かの決定をすることを請求することができる（137条1項）。

承認請求の日から2週間以内に会社が承認の可否に関する通知をしなかった場合は、株主との間で別異の合意がない限り、会社は136条または137条の譲渡承認をしたものとみなされる（145条1号）。

承認を請求する者は、会社が承認をしない場合には、会社または指定買取人が買い取ることをあわせて請求することができる（138条1号ハ・2号ハ）。会社は、この場合において、承認をしない旨の決定をしたときは、当該株式を会社が買い取るか、指定買取人に買い取らせなければならない（140条）。会社の閉鎖性を保ちつつ、株主に投下資本の回収を可能とさせる制度である。

なお、自己株式取得の際の財源規制は、この場合にも適用されるので（461条1項1号）、買取代金が株式取得の効力を生じる日における分配可能額を超える場合には会社が買取人となることはできない。

３．会社・指定買取人による買取りと売買価格の決定

140条の場合（譲渡承認請求および買取請求があり、かつ、承認しないことを決定した場合）は、会社または指定買取人は、譲渡株主または株式取得者に対し、当該譲渡制限株式を買い取る旨の通知（141条１項、142条１項）をするとともに、１株あたり純資産額に株式数を乗じて得た額を会社の本店所在地の供託所（法務局）に供託し、それを証する書面を請求株主に交付しなければならない（141条２項、142条２項）。

141条１項、142条１項の通知は、会社または指定買取人による形成権の行使であり、これにより、売買価格の合意はないが、承認請求者との間に株式売買契約が成立する。

売買価格は、通知の後、会社または指定買取人と承認請求者との協議によって定める（144条）。

４．売買価格について協議が調わないとき

株式会社・指定買取人または譲渡等承認請求者は、141条１項の規定による通知があった日から20日以内に、裁判所に対し、売買価格の決定の申立てをすることができる（144条２項）。会社非訟事件といわれる訴訟類型にあたる裁判手続である。期間内にこの申立てがあったときは、当該申立てにより裁判所が定めた額が売買価格となる（同条４項）。裁判所は、売買価格の決定をするには、譲渡等承認請求の時における株式会社の資産状態その他一切の事情を考慮しなければならない（同条３項）。

20日の期間内に協議が調った場合は、合意された額が売買価格となり、この期間内に144条２項による裁判所への申立てがなされなかったときは、１株あたり純資産額に対象株式の数を乗じて得た額が売買価格となる（144条５項）。

144条２項による裁判所への申立ての管轄裁判所は、会社の本店所在地を管轄する地方裁判所である（868条１項）。裁判所は、株式の売買価格の決定

をするには、審問の期日を開いて、申立人および売買価格の決定の申立てをすることができる者（申立人を除く）の陳述を聴かなければならない（870条2項3号）。裁判所の決定に対しては、両当事者とも、即時抗告をすることができ（872条5号）、即時抗告は執行停止の効力を有する（873条）。株式の移転は、売買代金の支払い時に効力を生じると解されるが、会社・指定買取人の供託金は、売買代金に充当される（144条6項・7項）。

5．譲渡制限株式の評価

取引相場のない株式等の評価に関する裁判例については、古くは、国税庁の昭和39年の相続税財産評価基本通達に従い、類似業種比準価額、純資産価額、配当還元価額といわれる算式を使い分けるが、近時の裁判例においては、同通達の影響力は薄れており、期待リターンをリスクを勘案した割引率で現在価値に引き直す方法により評価額を算出する、インカム方式と総称される方法が主流になっているとのことである（江頭15頁）。インカム方式には、DCF 法、収益還元方式等がある。

詳しくは第1章Ⅲ1(3)を参照されたい。

〈*Case* 4-④〉の場合、すでに、譲渡株主より、譲受人を明示のうえで譲渡承認請求と、承認しない場合の買取請求がなされている。X社としては、取締役会において、同承認を行わない旨の決議と、自社で買い取る旨の決議を行い、請求株主に対し、当該株式を買い取る旨の通知をするとともに、1株あたり純資産額に株式数を乗じて得た額をX社の本店所在地の法務局に供託し、供託証明書の交付を請求し、これを請求株主に交付する。これにより、請求株主とX社との間で株式売買契約が成立する。

売買価格については、協議が調わないとのことであるが、株式買取通知が請求株主に到達した日の翌日から20日経過してしまうと、1株あたり純資産額に対象株式の数を乗じて得た額が売買価格となってしまう。X社としては、純資産額ベースでは高すぎると考えているため、20日以内にX社の本店所在地を管轄する地方裁判所に売買価格の決定の申立てをしなければならない。裁判所においても鑑定を行うものの、申立人として、X社の事情に通じた公認会計士か税理士に依頼して、株価の鑑定書を提出すべきである。

（佐藤麻子）

〈*Case* 4-⑤〉　特別支配株主の株式等売渡請求権

X社はAが創業した会社であり、Aが100%の株式を所有していた。Aには妻B、長男C、二男Dがいたが、Aが病を得たため、家族会議でCが代表取締役として会社を継ぎ、DがCを補佐することとなった。A逝去後、遺言により、株式はBが50%、Cが40%、Dが10%をもつこととなった。その後、CとDの折り合いが悪くなりDはX社の取締役を辞任し会社を離れた。Cとしては、この際、Dの株主としての地位も奪いたいと考えている。なお、X社は債務超過ではないが、財務状態はよくはなく、株式の評価は非常に低額である。

Mission　獲得目標

平成26年に創設された特別支配株主の株式等売渡請求権を活用して、少数株主を排除するには、どのようにしたらよいか。

［*Task*］

①　制度概要

②　株式等売渡請求の手続
③　売渡株主の保護
④　活用の方法

1．制度概要

会社法の平成26年改正（平成27年5月1日施行）によって創設された特別支配株主の株式等売渡請求権とは、会社法に、179条から179条の10が新設されることによってできた制度である。

制度の対象である株式会社の特別支配株主（対象会社の総株主の議決権の90％以上を有する株主。なお、株主がその完全子会社が有する対象会社の株式を合算して90％以上となる場合も、当該株主は対象会社の特別支配株主となる（179条1項カッコ書））は、対象会社の他の株主の全員に対し、対象会社の株式をすべて自分に売り渡すことを請求できる。

特別支配株主の株式等売渡請求権の制度は、非公開会社においても、その子会社について完全子会社化を図りたいときや、経営者（特別支配株主は自然人でもよい）がすべての株をもちたい場合等、何らかの理由で少数株主を締め出したいときに使うことができる。従来も、全部取得条項付種類株式の取得や株式交換の手法により、キャッシュアウトをすることができたが、株式等売渡請求権を用いることにより、対象会社の株主総会決議を要せず、取締役会決議のみで、短期間でキャッシュアウトを達成することができる。また、全部取得条項付種類株式の取得の場合は、対象会社がいったん株式を取得するが、本制度では、少数株主の株式が特別支配株主に直接移転する。

上場会社の場合は、まず公開買付けを行い、それにより議決権の90％を取得できた場合に、2段階目の手続として活用することができる（90％取得に至らなかった場合は、株式併合の手法により、反対株主の買取請求制度を用いるようである）。

2．株式等売渡請求の手続

手続の概要は以下のとおりである。

① 特別支配株主は、対価の額や、その算定方法、取得日などを決める（179条の2）。

② 特別支配株主は、それらを対象会社に対して通知する（179条の3第1項）。

③ 対象会社は、取締役会で、これを承認するかを判断する（179条の3第1項・3項）。この際、売渡条件が、売渡株主の利益を害さないかどうか判断しなければならず、また、対価が交付される見込みがあるか等を確認しないといけないとされている（⑤参照）。

④ 対象会社が、承認をする場合、特別支配株主にその旨を通知するとともに、取得日の20日前までに、売渡株主に一定の事項を通知する。通知は公告をもって代えることができる（179条の4）。

⑤ 対象会社は、通知または公告の日から取得後6カ月間（非公開会社の場合は1年間）、特別支配株主の氏名および住所、承認をした旨、株式売渡対価の総額の相当性に関する事項、承認にあたり売渡株主等の利益を害さないように留意した事項（当該事項がない場合にあっては、その旨）、株式売渡対価の交付の見込みに関する事項（当該見込みに関する対象会社の取締役の判断およびその理由を含む）等を記載した書面または電磁的記録を本店に備え置かなければならない（179条の5、施規33条の7）。対価の交付の見込みについては、実務上、特別支配株主の預金残高証明書等を確認するようである。

⑥ 株式等売渡請求をした特別支配株主は、取得日に、売渡株式等の全部を取得する（179条の9）。

3．売渡株主の保護

売渡株主が、対価の額に不満があるときは、売渡株主等は、取得日の20日前の日から取得日の前日までの間に、裁判所に対し、その有する売渡株式等の売買価格の決定の申立てをすることができる（179条の8第1項）。特別支配株主は、売渡株式等の売買価格の決定があるまでは、売渡株主等に対し、当該特別支配株主が公正な売買価格と認める額を支払うことができる（同条3項）。

株式売渡請求が法令に違反する場合や、対価の額が対象会社の財産の状況その他の事情に照らして著しく不当である場合において、売渡株主が不利益を受けるおそれがあるときは、売渡株主は、特別支配株主に対し、株式等売渡請求の差止めを請求することができる（179条の7第1項）。取得無効の訴えも創設された（846条の2～846条の9）。

Strategy　戦　略

〈*Case* 4-⑤〉のX社において、長男Cが、母親であるBの協力を得られ、Bの全株式をCに譲渡してもらうことができれば、Cの議決権割合は90%となるので、上述の手続に従い、CはDに対してその所有株式のすべてを自分に売り渡すよう請求することができる。その結果、Cは100%株主となり、Dを排除することができる。

なお、新株予約権が発行されている場合には、株式売渡請求にあわせて、新株予約権の売渡請求も行うべきである（179条2項）。そうでないと、将来、他の株主が出現する可能性が残ってしまう。

（佐藤麻子）

Ⅱ　株式と株券

〈*Case* 4-⑥〉　株券発行会社と不発行会社

設立40年ほどの株式会社X（非上場会社）の定款は、会社法成立前後で変更はなく、株式の譲渡制限の定めおよび株券の発行の定めがある。しかし、株主の中に株券を所持する者はなく、株主名簿もなく、過去に発行したことがあるのかどうかさえ不明である。

60%の株式をもつ創業者である現代表取締役Aは高齢であるが、親族や従業員に適当な候補者がいないため、Aは、後継者バンクを通じて後継者候補をみつけた。Aは、当該候補者に経営を任せ、Aのもつ全株式も譲渡することとした（株式譲渡については後継者側の条件である）。Aから後継者への株式譲渡にあたり、株券についてはどう考えたらよいか。

Mission　獲得目標

平成17年に成立した会社法214条は、株式会社につき、株券の不発行を原則とし、発行会社とする場合には定款にその旨を定めることとした。会社法施行時に存在し存続する株式会社の定款に発行とも不発行とも規定のない場合は、定款に株券発行の定めがあるものとみなされる。X社の定款には株券発行の定めがあるので、不発行会社とみなされることはない。現に株券がない状態にあるX社および現代表取締役としては、適法に株式の譲渡を行いたいが、どのように行うべきか。

Task & Option　検　討

［*Task*］

①　株式の譲渡に係る会社法の定め

②　株券の発行・不発行に係る関係法令の定め

1．株式の譲渡に係る会社法の定め

128条は、「株券発行会社の株式の譲渡は、当該株式会社に係る株券を交付しなければ、その効力を生じない」と定める。

130条1項および2項は、株券発行会社においては「株式の譲渡は、その株式を取得した者の氏名又は名称及び住所を株主名簿に記載し、又は記録しなければ」株式会社に対抗することができないと定める。

会社法の施行に伴う関係法律の整備等に関する法律（以下、「整備法」という）制定時に存在する株式会社で存続するものの定款に旧商法に基づく譲渡制限株式の定めがある場合は、その定款に会社法における全部の発行株式の内容として譲渡制限の定めがあるものとみなされる（整備法76条4項）。

譲渡制限株式の株主は、その有する譲渡制限株式を他人に譲り渡そうとするときは、会社に対し、当該他人による取得についての承認をするか否かの決定を請求しなければならない（136条）。承認決定機関は、定款に別段の定めがない限り、取締役会設置会社にあっては取締役会である（139条1項）。

整備法制定時に存在し、それ以降も存続する株式会社の定款には、取締役会設置の定めがあるものとみなされるので（整備法76条2項）、X社は取締役会設置会社である。整備法施行日に本店所在地において取締役会設置会社である旨の登記がされたものとみなされ（同法113条2項）、職権でそのように登記される（同法136条12項3号）。ここで、会社法369条2項は、取締役会の決議について特別の利害関係を有する取締役は議決に加わることができないと定めるが、譲渡制限株式の承認決議の場合、譲渡当事者である取締役が、この特別利害関係人にあたるかどうかの明文の規定はない。この点、「該当すると解すべきである」とする見解がある（江頭236頁注(3)）。反対説もあるようであるが、保守的に考えて当該取締役を除いて決議すべきと思われる。

全株式譲渡制限株式会社は、その定款で、承認決議機関を株主総会と定めることもできる（決議は普通決議）が、株式を譲渡しようとする株主が総会決議について特別利害関係人にあたるかどうかについても明文の定めはない。

該当するとする見解もある（江頭236頁注(4)）が、次の２つの理由から、譲渡しようとする株主は特別利害関係人に該当しないと解釈することも可能と思われる。

① 株主総会は定款変更、合併、減資、事業譲渡など会社の基礎に根本的変動を生ずる事項について決議する機関であるところ、支配株主の変動を生じる事項についても株主多数により決定すべき事項と思われること

② 140条２項において、136条等の承認をせずに会社による買取りを行う際のその決定の決議については譲渡承認請求株主は議決権を行使できないと明文で定められている（決議は特別決議）のに、譲渡承認決定に関する139条では明文で排除されていない（決議は普通決議）こと

他の株主等が、特別利害関係人に該当する者の議決権行使により著しく不当な決議がされたと考えるときは、その株主等は決議取消しの訴えを提起することができる（831条１項３号）。

譲渡承認機関を定める139条１項（取締役会設置会社は取締役会、取締役会非設置会社は株主総会）は、定款における別段の定めも許容するが、取締役会より下位の機関と定めることはできない（江頭236頁）。

以上より、株券発行会社において株式譲渡当事者間で有効な譲渡を行うためには株券の交付が必要でありそれで足りるものの、その譲渡を会社に対抗するには、〈*Case* 4-⑥〉のＸ社の現行の定款では、取締役会決議によって譲渡承認の決定を行う必要があり、その決議において、譲渡人であるＸ社の現代表取締役は議決権を行使することができない。

2．株券の発行・不発行に係る関係法令の定め

(1) 基本的な定め

会社法制定以前の株式会社の定款には、株券につき発行か不発行かの明文の定めはなく、単元未満株式に係る株券は発行しないとのみ定め、株券の種類については取締役会において定める株式取扱規程において定める、とするものが多かったように思われる。

実際、平成16年改正前の旧商法は、すべての会社がその成立後または新株払込期日後、遅滞なく株券を発行することを要すると定めていた（平成16年改正前商法226条１項）。したがって、この当時から定款を変更していない会社の場合には、株券に関する定款の定めは上記のようなものであることが多いと思われる。その後、平成16年改正商法は、株券廃止制度を導入し、すべての会社において、株券不発行を定款で定めることができるものとし（旧商227条１項）、株券は発行強制から原則発行となった。

そして、平成17年成立、同18年施行の会社法214条は、「株式会社は、その株式……に係る株券を発行する旨を定款で定めることができる」と規定したので（株券不発行制度）、原則発行から原則不発行へと変わった。しかし、整備法76条４項において、「旧株式会社……の定款に株券を発行しない定めがない場合の新株式会社の定款には、その株式……に係る株券を発行する定めがあるものとみなす」との規定がおかれた。そのような会社は、整備法施行日に、本店所在地で株券発行会社である旨の登記がされたものとみなされ（整備法113条４項）、職権で登記される（同法136条12項３号）。

したがって、株券不発行が会社法の原則であるにもかかわらず、整備法76条４項の規定により、会社法施行前後をまたいで存続し、定款に発行とも不発行とも規定のない株式会社の場合には、株券発行会社であることになる。〈***Case*** 4-⑥〉のＸ社の場合は、定款に株券を発行する旨の定めがあるので、不発行を原則とする会社法の施行にもかかわらず、それ以降においても当然株券発行会社ということになる。

⑵　上場会社の場合

上場会社の場合には、すでに廃止された株券等の保管及び振替に関する法律（昭和59年成立、平成４年全面施行）に基づき、平成３年からは株式の譲渡は、譲渡当事者間の現実の株券の交付のほか、保管振替機関に混蔵保管された株券につき、口座簿における振替の記載をもっても行えるものとされていた。

株券発行会社の保管振替制度への参加は法律で強制されているわけではな

かったが、上場会社については、証券取引所規則および証券業協会規則で加入が義務づけられていた。しかし、株主は、保管振替機関に株券を預託しないこともでき、預託率は95%程度であったそうである。預託しない場合には、株券の交付による譲渡を行うことになる。なお、平成14年の保管振替制度取扱会社は約3600社であった（大嶋忠ほか『基礎から学ぶ株式実務』68頁）。

そして、平成13年成立の社債、株式等の振替に関する法律（社債株式振替法）の適用を受けることとなった上場会社は、平成21年1月以降株券不発行会社となり、株式に関する権利の帰属は、振替機関、口座管理機関が作成する振替口座簿の記載・記録で定まることとなった。保管振替制度に加入していた上場会社は、株式振替制度の施行日（平成21年1月5日）を効力発生日として、株券を発行する旨の定款の定めを廃止する定款変更決議をしたものとみなされた（一斉移行。平成16年社債株式振替法改正法附則6条1項）。

(3)　株券の発行義務

上述のとおり、上場会社は現在ではすべて株券不発行会社である。

それ以外の株券発行会社の場合には、株式を発行した日以降、遅滞なく株券を発行しなければならない（215条1項）。

会社法成立時に定款に発行とも不発行とも規定のない株式会社および発行規定のあった株式会社は現行法上株券発行義務があることになるが、現実には、株券を発行していない、あるいは、歴史のある会社の場合には株主名簿等の管理が不十分だったり相続が発生したりで会社設立時またはそれ以降に株券を発行したかどうかが不明になっていることがある。

前述のとおり、平成16年の商法改正により、定款に株券不発行の定めをおくことが許容されたが、かような会社がすべて定款変更を行うことは期待しがたいとして、会社側のアクションなしに違法状態を解消させるものとして同じ改正法の中で、「会社ハ成立後又ハ新株ノ払込期日以後遅滞ナク株券ヲ発行スルコトヲ要ス但シ株式ノ譲渡ニ付取締役会ノ承認ヲ要スル旨ノ定款ノ定アル場合ニ於テ株主ヨリ株券発行ノ請求ナキトキハ此ノ限ニ在ラズ」との規定（旧商226条1項）がおかれた。このただし書を引き継ぎ、会社法215条

４項において「前３項の規定にかかわらず、公開会社でない株券発行会社は、株主から請求がある時までは、これらの規定の株券を発行しないことができる」との規定がおかれた（株券発行時期の特例の制度）。

この制度において、１人の株主から請求があったら全部の株主に株券を発行する必要があるのか、それとも、請求のあった株主にのみ発行すれば足り他の株主には発行しなくてよいのかは、条文上不明である。平成16年商法改正の趣旨が、全株式に譲渡制限のある会社の株式は、譲渡や担保設定が頻繁に行われることは稀と思われるため、個々の株主の株券発行請求に応じて発行するものと定めておけば足りるとの趣旨でもあるとされていることから（酒巻俊雄ほか編『逐条解説会社法⑶株式２・新株予約権』172頁）、会社法215条４項も、請求のあった株主にのみ株券を発行すれば足りると定めているものと考えられる。

さらに、会社法217条は、株券不所持制度を定めている。これは、214条の規定による株券不発行制度や215条４項の規定による全株式譲渡制限会社における株券発行時期の特例の制度とは別の制度である。217条１項は「株券発行会社の株主は、当該株券発行会社に対し、当該株主の有する株式に係る株券の所持を希望しない旨を申し出ることができる」と規定する。この制度の場合は、株主ごと、また株式ごとに申し出るものであることが条文上明らかで、株券発行後に株券を発行会社に提出のうえ申し出ることもできる制度である。

⑷　株券の喪失登録

株主が株券を喪失した場合、株券が善意取得（131条２項）されることを防ぐため、会社法施行規則に定める手続に従い、発行会社に対し、当該株券についての株券喪失登録簿記載事項を株券喪失登録簿に記載・記録することを請求できる（223条）。株券発行会社および株券廃止の定款変更をしてから１年を経過しない株式会社は、株券喪失登録簿を作成し、株券喪失登録簿記載事項を記載・記録し（221条）、本店に備置し利害関係のある者に対し営業時間中その閲覧に供しなければならない（231条）。

会社法施行規則47条1項は、喪失登録請求手続につき、株券喪失登録請求者の氏名・名称、住所、株券番号を明らかにしてしなければならないと定めている。権利者および株券を特定するためである。

株券喪失登録が登録者または株券所持者の申請によって、あるいは、株券発行の定めを廃止する定款変更により抹消されずに1年が経過した場合は、当該株券は無効となり、発行会社は登録者に株券を再発行しなければならない（228条）。

1．株式譲渡を適法に行う方法

⑴　とりうる方法

〈*Case* 4-⑥〉のX社の場合、過去に株券を発行したかどうかさえ不明である。株券喪失登録は、現に株券の所在が不明である場合に喪失した株券の番号を明らかにして行うものであるから、この制度を用いて株券を再発行することはできない。また、会社設立以来現在までの間に全株券が発行されていないことを証明することはできないから、215条4項の規定による全株式譲渡制限会社における株券発行時期の特例の制度も使えないと思われる。

そこで、現代表取締役Aが後継者候補に対し適法に株式を譲渡するには、X社において株券を発行する旨の定めを廃止する定款変更を行ったうえで（214条、466条）、当事者間の株式譲渡契約によって譲渡するか、全株主に形式的に会社法217条に基づく株券不所持を申し出てもらって違法状態を改めたうえで、Aが同条6項に基づきX社に対しその有する全株式について株券の発行を請求し、これを交付することにより譲渡を行うこととするかの2通りの方法が考えられる。しかし、株券発行のコスト（透かし等の入った専用の用紙に印刷するコストや印紙税負担）や紛失、善意取得等のリスクを考えれば、前者のほうが望ましいと思われる。

⑵　株券不発行の定款変更を行う場合

定款変更は株主総会の特別決議で行う（466条、309条2項11号）。この総会決議において、現代表取締役が特別利害関係人にあたることはないので、議決権を行使することができる。株券を発行する旨の定款の定めを廃止する決議後効力発生日の2週間前までに、廃止する旨、効力発生日およびその日に株券が無効となる旨を公告し、かつ、各株主に通知しなければならないが（218条1項）、217条または215条4項の定めにより株券の全部を発行していない場合には、公告は不要であり通知で足りる（218条3項）。公告のコスト（1枠数万円）を考えれば全株主から不所持申出書を取得するほうがよい。

定款変更にあたり変更登記申請書には、会社法218条1項の公告をしたことを証する書面または株式の全部について株券不発行であることを証する書面（全株主の不所持申出書が記載されている株主名簿）を添付しなければならない（商業登記法63条）。

なお、〈*Case* 4-⑥〉のX社の定款の場合には株券発行の定めがあるが、これと異なり、株券発行の定めがなかった場合には、整備法76条4項の規定により定款に株券発行の規定があるものとみなされる。そのような会社が不発行会社としたい場合には、外見上定款には株券発行の定めはないが、株券発行と変更されているとみなされているのでそれでもやはり定款変更決議を要する。

⑶　株券を発行する場合

株券の記載事項は216条各号に法定されており、会社商号、株式数、譲渡制限がある場合のその旨、種類株式である場合のその種類および内容、株券番号、代表取締役の署名または記名押印（押印も印刷で可）である。

なお、株券が発行されている場合は、不所持の申出時に当該株券を発行会社に提出するが（217条2項）、〈*Case* 4-⑥〉のX社の場合は、誰も株券を提出することができず、株券が発行されていない段階での不所持の申出をすることになる。とすると、216条6項の株券発行費用は、現代表取締役Aが負担するのではなく、会社が負担することになる。

2．譲渡承認

当事者間の譲渡は上記1記載の方法により行うことができるが、全株式につき譲渡制限があるので、取締役会決議により譲渡承認決議を行う必要がある（136条、139条1項）。〈*Case* 4-⑥〉における現代表取締役Aは特別利害関係人として議決権を行使することができない（369条2項）。仮に、取締役会で承認されないことが見込まれる場合には、譲渡承認機関を株主総会に変更のうえ議決権行使に関する株主間契約を締結することや臨時株主総会で取締役の選解任を行うことも考えられるが、そのような状態では新代表取締役が正常な会社経営を行うことが難しいと考えられるので、事前に取締役間で十分な話合いを行っておくことが望ましい。

なお、定款の譲渡制限の定めを廃止する変更を行うことは、X社のような中小企業の場合には考えにくい。

3．その後株券所持者が現れた場合

仮に、発行されていなかったとして処理した現代表取締役A名義の株券が実は過去に発行されており、何らかの事情でそれを所持することとなった第三者により提示されたらどうなるか。Aの行った不所持の申出は無効となるわけではなく、株券発行後の不所持の申出となるだけと考えられる。

所持人は株主名簿への記載・記録がなければX社に対抗することはできない。株券流出の経緯が紛失、盗難によるものだった場合、当該株券に譲渡制限株式である旨の表示がなされていると思われるので、所持人には重過失ありとして131条の善意取得は成立しないであろう（同条2項ただし書）。なお、X社が株券不発行の変更を行っていた場合は、その効力発生日に株券は無効となっている（218条2項）。

株券が無効となる前に現代表取締役Aと所持人の間の直接の譲渡を証する書類が提示された場合には、二重譲渡の問題となり、所持人が権利者である場合が考えられる。事業承継が終わった段階では、X社がその譲渡を承認することは考えられないので、X 社は会社法140条に基づき、会社または指定買取人によって所持人から買い取ることになろう。元代表取締役と事業承継者との間では、株式譲渡契約の債務不履行解除と損害賠償の問題として処理することになる。

（佐藤麻子）

〈*Case* 4-⑦〉 譲渡制限会社において名義人と異なる株券所持者が現れた場合

全株式について譲渡制限のある株式会社 X に対し、A が、株券を提示し株主名簿の書換えを請求してきた。しかし、X 社は、先日、株券を発行する旨の定款の定めを廃止したばかりである。株券番号を確認すると、株主名簿上は、B が名義人となっている。株主 B は、元 X 社の社員であり、X 社は過去、業績が悪い時に給与の代わりとしてたびたび従業員に対して新株を発行したことがある。B は X 社が株券不発行会社となった後に死亡したが、相続人からの名義書換請求はなされていなかった。

A は、X 社の株券が無効となる以前に、未公開株式を譲渡するという株式会社 Y から「X 社が近いうちに上場され、株価が大きく上がる」との触れ込みで買い受けたという。しかし株式会社と名乗ってはいたが、Y 社なるものは、登記も実態もない組織であり、住所も虚偽で電話もすでに解約されており連絡がつかないとのことである。A は、表面に「株式の譲渡は取締役会の承認を要する」と記載され裏面に株主として B の氏名が記載された株券原本と B の印鑑証明書を持っている。X 社としてはどうすべきか。

〈時系列表〉

・ＢがＸ社より株式取得

・Ｙ社がＢ名義の株券とＢの印鑑証明書を取得

・Ａが代金を払ってＹ社よりＢ名義の株券とＢの印鑑証明書を取得

・Ｘ社の定款変更により株券無効に

・Ｂ死亡

・ＡがＸ社に株券を提示し、名義書換請求

Mission　獲得目標

株券の占有者は、当該株券に係る株式についての権利を適法に有する者と推定される。株券不発行会社となり株券が無効となる前に株券を取得したという者および株主名簿上の名義人に対し、会社として適法、適切な対応をしたい。

Task & Option　検　討

［*Task*］

① 株式についての権利の善意取得

② 株券発行会社である場合の譲受人のアクション

③ 株券不発行定款変更との関係

④ 名義書換の請求後の手続

1．株式についての権利の善意取得

株券発行会社の株式の譲渡は、株券を交付して行うが（128条1項）、取得者の氏名および住所を株主名簿に記載・記録しなければ譲受人はその譲渡を会社に対して対抗することができない（130条1項・2項）。譲渡制限会社の場合は、譲渡承認請求は、株主名簿の名義人と共同して請求しなければならない（137条1項・2項）。

したがって、株券を買い取った者は、売主との関係では譲渡は有効であるとしても、会社としては、名義人と共同での承認請求を受けて承認しない限りは、譲受人を株主として扱う必要はない。

株券の占有者は、悪意または重過失がない限り当該株券に係る株式についての権利を適法に有する者と推定される（131条1項・2項）ので、株券を盗取、騙取した者等の無権利者から株券を買い取った者も株式についての権利を善意取得する可能性がある。基本的には、株券に譲渡制限があることが明記されている場合には、株券の名義人でない者からこれを買い取った者は重過失ありとされ、善意取得することはない（東京高判平成5・11・16金判949号21頁）。

〈*Case* 4-⑦〉の場合、① A が、Y 社なる者の仲介により B から株券の譲渡を受けたか、② Y 社が B から買い取って名義変更せぬまま A に転売した

か、③Ｙ社が何らかの方法で株券を入手し、無権利者であるのにＡに売りつけたか、のいずれかが考えられる。①と②の場合は、Ａは、権利者から購入しているので、譲渡人との関係では譲渡は有効であるが、③の場合は、無権利者から購入したことになり、善意取得の余地があるが、株券に譲渡制限があることが明記されているので重過失が認められ、譲渡人との関係でも権利を取得しない。株券が盗取、騙取されたものであれば、民法193条の規定により、盗取、騙取されたＢの相続人が株券の返還請求権を有することになる（最判昭和59・4・20判時1122号113頁）。

2．株券発行会社である場合の譲受人のアクション

株式を取得した者は、当該株式会社に対し名義人と共同して名義書換を請求することができるが（133条１項・２項）、会社法施行規則22条２項１号の定めにより、株券発行会社である場合には、株式取得者が会社に株券を提示して請求したときは、会社法133条２項に規定する利害関係人の利益を害するおそれがないものとして、取得者単独で株式会社に対し名義書換を請求することができる。

3．株券不発行定款変更との関係

株式会社が株券を発行する旨の定款の定めを廃止する定款変更決議をしたときは、当該会社は、変更の効力が発生する日の２週間前までに、廃止する旨、効力発生日および同日に株券が無効となる旨を、公告し、かつ、株主に個別通知をしなければならない（218条１項）。公告の方法は、官報掲載、新聞掲載、電子公告のいずれかの方法を定款で定めることができる（939条１項）。定めがなされていない場合は、官報掲載の方法によらなければならない（同条４項）。

株券は、定款変更の効力発生日に無効となる（218条２項）。株券提出手続は不要である。公告・通知が義務づけられているのは、名義書換請求未了の失念株主に名義書換請求をさせるためである。〈*Case* 4-⑦〉では名義人Ｂ

に対し通知がなされるが、Bはすでに死亡しており、事情を知らない相続人（家族）がAに対し何らかのアクションをすることは期待できず、また、Aも官報または新聞による公告に気づく可能性は大きくない。

そうであっても株券は、効力発生日に無効となり、たとえ、株券が有効であった時点で株式譲渡および株券交付が行われたとしても、その日までに名義書換が行われていない限り、133条2項および会社法施行規則22条2項1号の規定に基づく単独での名義書換請求はできない。

この場合、譲受人としては、Bの株式を相続した者と共同して137条1項の規定に基づく承認請求をするか、同条2項および会社法施行規則24条1項1号の規定に基づき、名義人またはその一般承継人に対して会社法137条1項の規定による請求をすべきことを命ずる確定判決を得て、判決書およびその確定証明書とともに会社に対して単独で承認請求するしかないことになる。

4．名義書換の請求後の手続

上記3記載の、譲受人と名義人との共同名義書換請求または名義人またはその一般承継人に対する確定判決を得た後の名義書換請求があった場合は、会社は、139条ないし145条の規定に基づいて、承認または会社もしくは指定買取人による買取りを行わなければならない。

1．どちらを株主として扱うべきか

株式の売買、相続等があった場合に、株式の取得者が株式会社に対し権利を行使するためには、株主名簿の書換えをしなければならず、名義書換が会社に対する取得者の対抗要件である（130条）。つまり、株式会社としては、たとえ株式の売買、相続等の事実があったことを知っていたとしても、名義人を株主として扱えば足りる（確定的効力）。

株主名簿の確定的効力は、集団的法律関係を画一的に処理する会社の便宜のための制度にすぎないから、会社が自己の危険において、名義書換未了であっても株式取得者を株主と認め、同人の権利行使を認容することは差し支えないとされているが（最判昭和30・10・20民集９巻11号1657頁。江頭211頁）、〈*Case* 4-⑦〉のように、株主名簿上の名義人Ｂの相続人と株券取得者Ａの利害が対立し、株式譲渡の経緯も不明な状況では、Ｘ社がＡを株主として扱うべき理由はなく、その権利行使を認める余地はない。

株式会社は、株主名簿の名義人に対して株主総会招集通知や配当を行えば、名義人が真の株主でなかった場合も、会社に悪意または重過失がない限り免責されるので（免責的効力）、Ｘ社は、Ｂを株主として扱えば足りる。Ｂの相続人と株券取得者Ａに対し、必要な手続の案内はできるが、どちらかに肩入れする結果となるような助言をすることはできない。

２．Ｂの相続人に関する手続

相続の場合は、当然に相続人が被相続人の権利義務を承継するので、会社法137条に基づく譲渡承認請求の手続は不要である。ただし、相続人が複数ある場合は、共有となる場合があるが（民898条）、通常は相続人間の遺産分割協議によりどの者がＸ社の株式を単独で相続するかを定めるので、遺産分割協議書原本の提示を受けて株主名簿の名義書換を行う必要がある。

遺産分割協議が成立した場合は、その効果は相続開始（被相続人の死亡）の時にさかのぼって効力を生じる（民909条）ものの、遺産分割協議成立前は、共有状態にあるので、相続人らは権利行使者１名を定め、会社に対しその者の氏名を通知しなければその権利を行使することができない（106条）。106条ただし書は、会社が権利行使に同意した場合は相続人のうちの１人が単独で行使することもできると定めるが、他の共有株主の損害が生ずれば、会社は損害賠償責任等を免れない（江頭122頁注⑶）

株式会社は、相続その他の一般承継により譲渡制限株式を取得した者に対し、会社に対する売渡請求ができる旨を定款で定めることができる（174条）。

X 社にこの定めがある場合には、175条ないし177条の規定に従って手続を進める。すなわち、X 社は、売渡請求をする場合は、株主総会の決議により、売渡請求をする株式の数、株式を有する者の氏名を定めなければならない（175条）。なお、売渡請求は、会社が相続があったことを知った日から1年以内に行わなければならない（176条1項）。売買価格は、会社と株式を有する者の間の協議で定めるが、（177条1項）、会社または株式を有する者は、売渡請求の日から20日以内に、裁判所に対し、売買価格の決定の申立てをすることができるが（同条2項）、これは、会社非訟事件となる。

3．A に関する手続

〈***Case*** 4-⑦〉における A と B の相続人間の関係には X 社は立ち入れず、また A のもつ株券の株主名簿上の名義人の氏名・住所や B に関する情報（相続が発生していること、相続人名、B の住所等）を A に対して開示する法的根拠もないことから、弁護士に相談することをすすめるくらいしかできないと思われる。弁護士法に基づく弁護士会照会であれば、ある程度の回答は可能と考える。

一般論として、上述の137条1項の規定に基づく相続人との共同承認請求、または、137条2項および会社法施行規則24条1項1号の規定に基づく裁判手続を得たうえでの承認請求の手続があることを教示することはかまわない。

A が、そのどちらかの請求を行ってきた場合、X 社は、取締役会により承認をするか否かの決議を行い、その決定の内容を A に対して通知する（139条）。承認をしない決定をしたときは、株主総会において買取りと対象株式数を決議するか（140条1項・2項）、定款に別段の定めがない限り取締役会の決議により指定買取人に買い取らせることができる（同条4項・5項）。買取りの場合は、会社または指定買取人は、純資産額に基づく金額を供託し、譲渡承認請求者は株券を供託する（141条、142条）。売買価格は、両当事者の協議で定めるか裁判所の会社非訟手続により定める（144条）。

（佐藤麻子）

Ⅲ　自己株式の取得と処分

〈*Case* 4-⑧〉　取得の制約と合意による取得

Aは、電子部品の製造を目的とするX株式会社（非公開会社・取締役会設置会社）を営んでいる。資本金は5000万円、発行済株式総数は1000株である。そのうちA（代表取締役）が500株、B（取締役）が300株、C（取締役）が200株を保有し、これまでAとB・Cの3名が力を合わせてX社を経営してきた。ところが、昨年あたりからBが病気に罹り、長期療養が必要となったことから、その療養資金や生活のために、Bの株式をAか会社に買い取ってくれと言われている。Aは、先行きを考えるとX社の株式をAに集中させたいという思いがある。しかし、手元資金がないことから、できればX社に買い取ってもらい、その後Aが取得することを考えている。この場合、X社が買い取るにはどうしたらよいか。その場合、X社あるいは代表取締役Aは、どのようなことに留意すればよいか。

Mission　獲得目標

AはBの株式全部を買い取りたいと考えている。しかし、現在は全部買い取るだけの資力がないことから、X社でBの株式全部を買い取ることを考えている。

X社がBの株式全部を取得するためにはどうしたらよいか。

また、X社がBの株式全部を買い取れない場合は、どうすべきか。

Task & Option　検　討

［*Task*］

① どのような場合に自己株式を取得することができるか
② 自己株式を取得するには、どうしたらよいか
③ 自己株式を取得するには、どのようなことに留意しなければならないか
④ X社がBの株式全部を買い取れない場合、X社あるいはAとしてどのようなことができるか。

1．自己株式の取得

⑴ 自己株式の取得とは

自己株式の取得とは、自社（株式会社）が発行した株式を自社で株主から取得（買取り・交換等）することである。この自己株式の合意による有償取得については、平成13年の改正以前、①株主に対し出資金を払い戻すことと同様なので会社債権者を害する、②譲渡制限株式のように流通性の低い株式を一部株主のみから有償取得するのは、残存株主との間の不公平を生じさせる、③反対派株主から株式を有償取得する場合は、取締役が会社支配の手段とするなど経営を歪めるおそれがある、④証券市場の公正さを害する場合があるなどの弊害予防の見地から、原則として禁止されていた。しかし、現行の会社法では、一定の手続と財源の確保という制約の下で、会社が株主との合意によって自己株式を有償取得することと、取得した株式を保有することを認めている（江頭246～247頁）。

したがって、〈*Case* 4-⑧〉においてBが保有する株式をX社が合意により有償取得することは、以下で述べる手続と財源規制に従えばできる。

なお、会社が自己株式を無償で取得する場合や他の会社から現物配当とし

て自己株式の交付を受ける場合には、上記規制なしで自己株式を取得できる(155条13号、施規27条１号・２号)。また、新株予約権や新株予約権付社債の場合は、会社に対する一種の債権にすぎないことから、発行会社がその取得等する場合には、自己株式取得の規制を受けることはないし、単に担保として自己株式を取得する場合も同様である。

他方、第三者名義による取得であっても、それが会社の計算によりなされる場合には、自己株式取得の規制を受けるので、取得資金を会社からの借入金で賄い同社の株式を取得するなどの場合には注意が必要である(963条５項１号)。

(2) 自己株式を取得できる場合

会社法では、自己株式の取得について、155条（施規27条）に列挙している場合に限り認めている（〈図表23〉参照)。

〈図表23〉 自己株式を取得できる場合

規定155条	自己株式が取得できる場合	財源規制の有無
１号	取得条項付株式の取得（107条２項３号イ）	有（170条５項）
２号	譲渡制限株式の取得（138条１号ハまたは２号ハ)	有（461条１項１号）
３号	合意と株主総会等決議に基づく取得（156条１項、157条１項)	有（461条１項２号・３号)
４号	取得請求権付株式の取得（166条１項)	有（166条１項ただし書)
５号	全部取得条項付株式の取得（171条１項、173条１項)	有（461条１項４号)
６号	相続人等に対する売渡請求による取得（176条１項)	有（461条１項５号)
７号	単元未満株式の買取請求による取得（192条１	無

	項）	
8号	所在不明株主の株式買取りによる取得（197条3項）	有（461条1項6号）
9号	端数処理手続の株式買取りによる取得（234条4項、235条2項）	有（461条1項7号）
10号	事業全部譲受けの場合の当該会社株式の取得（467条1項3号）	無
11号	合併消滅する会社からの株式の承継による取得（2条27号）	無
12号	吸収分割する会社からの株式の承継による取得（2条29号）	無
13号	法務省令（施規27条）で定める以下の場合 イ　無償での取得（施規27条1号） ロ　A法人がB法人より剰余金の配当等としてA法人の株式の交付を受け取得する場合（同2号） ハ　A法人がB法人より、その組織変更等に伴いA法人の株式の交付を受け取得する場合（同3号） ニ　A法人がB法人より、その新株予約権の引換えにA法人の株式の交付を受け取得する場合（同4号） ホ　組織再編等反対株主からの買取請求に応じた取得（同5号、116条5項、182条の4第4項、469条5項、785条5項、797条5項、806条5項） へ　合併後消滅する法人等（会社以外）からの承継による取得（同6号） ト　会社および外国会社以外の法人からの事業	無

	全部譲受けにおいて、当該法人から取得する自己株式の取得（同７号） チ　上記イ～ト以外で、その権利の実行にあたり目的を達成するために自社の株式を取得することが必要かつ不可欠である場合（同８号）	

※なお、新株予約権の取得については、財源規制はない。

この自己株式の取得方法には、大別して次の２つがある。

①　株主との合意により取得する方法

②　株主との合意によらずに取得する方法

①の方法による場合でも、ⓐ株主全員に申込みの機会を与えて取得する方法、ⓑ特定の株主から取得する方法、ⓒその他合意により取得する方法の３つがある。

⑶　株主との合意による自己株式の取得方法

㋐　特定せずに株主全員に申込みの機会を与えたうえでの取得

「ミニ公開買付」ともよばれ、株主総会は普通決議で足りる。この場合の手続は以下のとおりである。

(A)　株主総会の普通決議で以下の取得に関する事項の大枠を決定（156条１項）

①　取得する株式数

②　株式を取得するのと引換えに交付する金銭等の内容およびその総額

③　取得できる期間（ただし、１年以内）

(B)　取締役会による具体的な取得事項の決定（157条）

上記(A)の株主総会の決定に従い、その取得のつど、取締役会設置会社である場合は取締役会の決議、取締役会非設置会社の場合は取締役の決定（なお、株主総会の決議とする見解もある（江頭257頁注⑻））で以下の事項を定めなければならない（157条１項・２項）。

①　取得する株式数

② 1株の取得と引換えに交付する金銭等の内容および数と額（またはその算定方法）

③ 取得と引換えに交付する金銭等の総額

④ 株式譲渡の申込期日

なお、上記事項については、上記決議ごとに均等に定めなければならない（157条3項）。

(C) 株主への通知

全株主に譲渡の機会を与えるために、上記(B)の事項を全株主に通知または公告（公開会社の場合）しなければならない（158条1項・2項）。

(D) 譲渡しの申込み

上記(C)の通知を受けた株主は、その所有する株式の譲渡しを申し込もうとするときは、会社に対し、申込期日までにその申し込む株式の数・種類を明らかにしなければならない（159条1項）。

(E) 譲受けの承諾

上記(D)の申込みがあったときは、会社は、申込みを受けた自己株式につき、申込期日をもってその譲受けを承諾したものとみなされる（159条2項）。

ただし、株主からの申込総数が上記(B)の取得総数を超える場合には、承諾したものとみなされる株式数は、按分比例した数（取得総数÷申込み総数×当該株主が申し込んだ株式数）である（159条2項ただし書）。

なお、譲受代金の支払日について会社法は規定していない。したがって、自己株式の譲渡の効力は、取得代金の決済とは関係なく生じ、株主名簿の書換えが行われることになる（132条1項2号）。

(イ) 特定の株主からの取得方法（〈*Case* 4-⑧〉の場合）

(A) 株主総会の特別決議（309条2項2号）

非公開会社では、この特定株主から自己株式を取得するケースが多い。この場合は、株主総会の特別決議を要し、その手続は以下のとおりである。

① 株主総会の特別決議（309条2項2号カッコ書）で以下の2つの事項を決定

ⓐ　取得に関する事項（156条１項）

上記(ア)(A)と同様である。

ⓑ　特定株主に関する事項（160条１項）

特定株主の氏名および同株主へ上記取得に関する事項を通知すること

なお、特定の株主は、決議の公正を図る見地から、この決議に加わることができない（160条４項）。

②　その他の手続

取得のためのその他の手続は、上記(ア)(B)～(E)と同様であるが、(C)の通知は、上記株主総会で決議した特定株主に対してのみ行うことになる（160条５項）。

(B)　売主追加請求権

(a)　売主追加請求権とは

売主追加請求権とは、特定の株主以外の株主が、特定の株主に加えて、自分が保有する株式についてもその取得を株主総会の議案とすることを会社に求めることができる権利である。

具体的には、会社は、上記(A)の株主総会の２週間（非公開会社では１週間）前に、株主に対し、会社が特定の株主から取得する予定の株式に、他の株主も自己の株式を加えて株主総会の議案とすることを請求できる旨を株主に通知しなければならない（160条２項、施規28条）。そして、この通知によって議案の内容と自己が保有する株式についてもその取得対象に加える請求ができることを知った他の株主は、総会日の５日前（非公開会社においては３日前、なお、定款でこれらを下回る期間を定めることは可能）までに、議案を自己の保有する株式も加えたものに変更することを会社に請求することができる（160条３項、施規29条）。ただし、種類株式発行会社の場合、上記通知は、取得しようとしている当該種類株式の種類株主のみにすればよく、同種類株式以外の株主は、上記請求をすることができない（論点解説157頁）。

このように、他の株主が売主追加請求をしてきた場合には、当初予定していた取得株式数・取得金額の上限を超えてしまう可能性がある。超えてしまう場合は、特定株主と追加請求のあった株主から買い取る株式数は、予定していた取得株式数を各対象株式数の割合に応じて按分し計算することになるので、売主追加請求がなされた場合には、当初買取りを希望した株主のすべての株式を買い取ることができなくなる可能性がある。したがって、特定株主から自己株式を取得する場合には、こうした売主の追加請求がなされることを想定し、あらかじめ財源規制に留意しつつ取得枠を高めに設定しておく必要がある。

なお、売主の追加請求がなされたときは、同請求をなした株主も特定株主同様に議決権を行使することができないと解されている。もっとも、すべての株主が議決権を行使できない場合には、議決権の行使が可能となる（160条4項ただし書）。

(b)　売主追加請求権の排除

この追加請求権は、定款で「会社法160条2項・3項の規定を適用しない旨」を定めることにより排除することができる。しかし、一部の株主に不利益となるので、その変更には「全株主の同意」が必要である（164条2項・3項）。もっとも、全株主の同意を得るのは通常困難なので、もし、可能であれば、全株主の同意が得られる状況のときに、上記規定を定款に設けておくのが良策である。

(c)　売主追加請求権が認められない場合

以下の場合には、売主追加請求権は認められない。

①　市場価格のある株式の取得

上場会社が市場価格以下で自己株式を取得する場合は、他の株主が不利益を被ることがないからである（161条）。

②　相続人等からの取得

相続人その他一般承継人が相続等により取得した非公開会社株式で、当該相続人その他一般承継人がいまだ議決権を行使していない株式（行使した場合は、株主となることを選択したものとみられる）については、一般株主と異なることと閉鎖性の維持を容易にすることから適用除外としている（162条）。

③　子会社からの取得（163条後段）

(ウ)　その他合意により取得する方法

その他合意により取得する方法として、以下の場合がある。そして、この場合は、株主総会ではなく取締役会の決議で行うことが可能であり、また、上記157条から160条までの手続が不要となる。

①　子会社（2条3号）からの株式の取得（163条）

取締役会設置会社の場合は、上記156条1項の手続も取締役会（取締役会非設置会社の場合は、株主総会）の決議でできる。

②　市場または公開買付による取得（165条1項）

取締役会設置会社（2条7号）の場合には、定款で定めれば、株主総会だけでなく取締役会決議によっても市場取引または公開買付（27条の2第6項）ができる（165条2項・3項）。

なお、上場会社の場合、特定株主からではなく、ミニ公開買付によって自己株式を取得するには、公開買付によらなければならない（金商27条の22の2第1項1号）。

③　会計監査人設置会社（2条11号）に関する特例

会計監査人設置会社および委員会設置会社（監査等委員会設置会社（2条11号の2）または指名委員会等設置会社（2条12号））または監査役会設置会社（2条10号）で、取締役の任期が1年以内の会社の場合、定款で定めれば自己株式の取得を取締役会の決議で行うことができる（459条1項1号・3項。なお、同2項参照）し、上記②と異なり取締役会の専権事項とし株主総会決議ではできないとすることもできる（460条1項）。

ただし、特定の株主からの取得の場合（160条1項）は、取締役会の決議で定めることができない（459条1項1号）。

④　合意による無償取得（155条13号、施規27条1号）

合意による無償取得の場合、株主総会の決議は不要であり、取締役会の決議で足りる。

(4)　合意による場合以外の自己株式の取得

ちなみに、合意による場合以外の自己株式の取得としては、〈図表24〉のとおり、法令または定款の定めによる場合と組織再編行為等による場合の2つがある。

〈図表24〉　合意によらない自己株式の取得

法令・定款の定めによる場合	株主の請求による取得	①譲渡制限株式の譲渡を承認しない場合の買取り（155条2号、138条1号ハ・2号ハ）	取得財源の規制を受ける（461条1項6号）。
		②取得請求権付株式の取得（155条4号、166条1項）	株式の対価である帳簿価額が取得請求の日における分配可能額（461条2項）を超えている場合には、その請求ができない（166条1項ただし書）。
		③単元未満株式の買取り（155条7号、192条1項）	取得財源の規制は適用されない。
		④反対株主からの買取請求（155条13号、施規27条5号）	反対株主の株式買取請求による取得には、以下の3つがある。 ⓐ会社の組織再編行為の場合（469条1項、785条1項・5項、797条1項・5項、806条1項・5項） ⓑ116条1項の各号に規定する場合 ⓒ株式の併合により1株に満たない端数が生ずる場

			合（182条の4第1項） ⓐの場合は、取得財源の規制は適用されない。 ⓑⓒの場合は、取得財源の規制はないが、分配可能額を超える支払いがなされた場合は、当該業務執行者に責任が生じる場合がある（464条1項、計規159条9号・10号）。
	会社の請求または強制による取得	①取得条項付株式の取得（155条1号、107条2項3号イ、170条1項）	株式の対価である帳簿価額が取得事由の生じた日における分配可能額（461条2項）を超えている場合は、取得の効力が発生しない（170条5項）。ただし、対価が無償の場合は財源規制を受けない（155条13号、施規27条1号）。
		②全部取得条項付種類株式の取得（155条5号、108条1項7号、171条1項）	取得財源の規制を受ける（461条1項4号）。ただし、対価が無償の場合は財源規制を受けない（155条13号、施規27条1号）。
		③相続人等に対する売渡請求による取得（155条6号、176条1項）	取得財源の規制を受ける（461条1項5号）。
		④所在不明株主の株式の取得（155条8号、197条1項・3項）	取得財源の規制を受ける（461条1項6号）。

		⑤端数が生じる場合の株式の取得（155条９号、234条１項・４項、235条）	取得財源の規制を受ける(461条１項７号)。
		⑥権利実行に際し目的達成のため必要かつ不可欠な株式の取得（155条13号、施規27条８号）	具体的には、債務者が債権者会社の株式以外にみるべき財産を有していない場合、その自己株式を強制執行あるいは代物弁済によって債権者会社が取得する場合などである。この場合も、取得財源の規制を受けない。
会社の組織再編等による場合	存続会社等による承継取得	①事業全部の譲受けに伴う取得（155条10号・13号、施規27条７号）	事業の一部譲受けの場合は、合意による取得手続となる。取得財源の規制を受けない。
		②合併に伴う消滅会社（法人等を含む）からの承継取得（155条11号・13号、施規27条６号）	取得財源の規制を受けない。
		③吸収分割会社からの承継取得（155条12号、758条３号）	取得財源の規制を受けない。
	他の法人等からの対価としての交付	①他の法人等からの剰余金の配当または残余財産の分配として交付を受けるのが自己株式である場合の取得（155条13号、施規27条３号）。	取得財源の規制を受けない。
		②他の法人等が行う組織再	取得財源の規制を受けない。

		編等に伴い、交付を受けるのが自己株式である場合の取得（155条13号、施規27条３号）。	
		③他の法人等の新株予約権を行使することにより交付を受けるのが自己株式である場合の取得（155条13号、施規27条４号）	取得財源の規制を受けない。

２．反対株主の株式買取請求権

(1)　反対株主の株式買取請求権とは

会社が一定の行為を行う場合に、これに反対する株主が会社に対して、その保有する株式の買取りを求めることができる権利のことである。

この株式買取請求権が認められるのは、〈図表25〉記載の場合である。

〈図表25〉　株式買取請求が認められる場合

株式買取請求事由	関係条文
１．反対株主の株式買取請求	
(1)　以下の定款変更	116条１項１号、２号
ｉ　株式に譲渡制限をつける	107条１項１号
ii　ある種類の株式について譲渡制限をつける（当該種類株式および同株式を交付される可能性のある株式を有する反対株主）	108条１項４号、111条２項
iii　ある種類の株式を全部取得条項付株式に変更（当該種類株式および同株式を交付される可能性のある株式を有する反対株主）	108条１項７号、111条２項
(2)　ある種類株主総会の決議を要しない旨定款に定	116条１項３号

めのある会社において、以下の行為により、当該種類株主に損害を及ぼすおそれがある場合の当該種類株主	
ｉ　株式の併合または株式の分割	180条２項、183条２項
ii　株式の無償割当て	185条
iii　単元株式数についての定款の変更	188条１項
iv　株式を引き受ける者の募集	202条１項
ｖ　新株予約権を引き受ける者の募集	241条１項
vi　新株予約権無償割当て	277条
(3)　事業譲渡等（＊１）	469条１項
ａ．事業の譲り渡し	
ｉ　事業の全部を譲渡する場合（＊２）	467条１項１号
ii　事業の重要な一部の譲渡（総資産額の20％超であること）	467条１項２号
iii　子会社の株式または持分の全部または一部の譲渡 (総資産額の２％超であることおよび当該子会社の議決権総数の過半数を有しなくなることが必要)	467条１項２号の２
ｂ．他の会社の事業の全部の譲受け（交付する対価の額が純資産額の20％超である場合）（＊３）	467条１項３号、468条２項
ｃ．事業の全部の賃貸、事業の全部の経営の委任、他人と事業上の損益の全部を共通にする契約その他これらに準ずる契約の締結、変更または解約	467条１項４号

(4) 吸収合併、吸収分割または株式交換（以下、「吸収合併等」という）	782条1項参照
i　吸収合併等をする場合の消滅会社等の株主（＊4） （吸収分割承継会社に承継させる資産の額が、吸収分割会社の総資産額の20％超であること）	785条1項、784条2項、785条1項2号
ii　吸収合併等をする場合の消滅会社等の新株予約権者（＊5）	787条1項
iii　吸収合併等をする場合の存続会社等の株主 （消滅会社等の株主に交付する対価が存続会社等の総資産額の20％超であること）（＊6）	797条1項、796条2項
(5) 新設合併、新設分割または株式移転（以下、「新設合併等」という）	804条4項参照
i　新設合併等をする場合の消滅会社等の株主（＊7） （新設分割の場合で、承継させる資産が新設分割（消滅）会社の総資産の20％超であること）	806条1項、805条
ii　新設合併等をする場合の消滅会社等の新株予約権者（＊5）	808条
(6) 株式の併合により1株未満の端数が生じる場合	182条の4第1項
2．その他株式の買取請求	
(1) 新株予約権の買取請求	118条1項
(2) 譲渡制限株式につき譲渡不承認の場合の会社または指定買取人による株式の買取請求	138条1号ハ・2号ハ
(3) 単元未満の株式の買取請求	192条1項

＊1　特別支配会社（施規136条）である場合は、略式事業譲渡および略式事業

全部譲受けにおいて（468条１項）、いずれも株式買取請求権を有しない（469条２項２号）。

＊２　譲渡承認決議と同時に解散決議（471条３号）が行われた場合を除く（469条１項１号）。

＊３　ただし、20％以下であったとしても、法務省令（施規138条）で定める数の株式を有する株主が反対する場合（468条３項）には、買取りが認められる（469条１項２号カッコ書）。

＊４　種類株式発行会社でない吸収合併消滅株式会社または株式交換完全子会社で、株主に交付する合併対価等の全部または一部が持分等である場合を除く（785条１項１号、783条２項）。

＊５　存続会社・新設会社から同内容の新株予約権の交付が受けられる場合以外（787条１項１号～３号、808条１項１号～３号）。

＊６　純資産額の20％以下であったとしても、合併等による差損が生ずる場合（795条２項各号）、合併等存続会社が全株式譲渡制限会社でその株式を交付する場合（796条１項ただし書）、または上記＊３の場合（796条３項）には、買取りが認められる（797条１項カッコ書き）。

＊７　新設合併設立会社が持分会社である場合を除く（804条２項）。

⑵　反対株主の株式買取請求手続

㈠　反対株主とは

会社が〈図表25〉記載の行為をするために、株主総会（種類株主総会を含む）の決議を要する場合において、以下の条件を満たす株主のことである（116条２項１号イ、469条２項１号イ、785条２項１号イ、806条２項１号）。

なお、議決権を行使できない株主である場合（116条２項１号ロ、469条２項１号ロ、785条２項１号ロ、806条２項２号）、また株主総会の決議を要しない場合（116条２項２号、469条２項２号、785条２項２号）には、以下の条件を満たすことなく株式買取請求権を行使できる。

①　当該株主総会に先立って、当該行為に反対する旨を会社に通知すること

②　当該株主総会において、当該行為に反対すること

(イ)　会社からの通知または公告

会社は上記(1)の行為をするときは、当該行為の効力発生日の20日前（ただし、新設合併、新設分割、株式移転の場合は、株主総会決議の日から２週間以内）までに当該行為をする旨の通知または公告をしなければならない（116条３項・４項、469条３項・４項、785条３項・４項、806条３項・４項）。

(ウ)　株式買取請求の方法

反対株主が株式買取請求をするには、効力発生日の20日前の日から効力発生日の前日までの間（ただし、新設合併、新設分割、株式移転の場合は、通知または公告をした日から20日以内）に、買取請求の対象となる株式数（種類株式会社の場合は、株式の種類および種類ごとの数）を明らかにしなければならない（116条５項、469条５項、785条５項、806条５項）。

株券が発行されている場合には株券の提出を要し、株主名簿の名義書換請求はできない（116条６項・９項、469条６項・９項、785条６項・９項、806条６項・９項）。また、振替株式の場合、会社は、買取口座（買取請求の対象である振替株式の振替を行う口座）の開設を振替機関に申出（社債株式振替155条１項）、反対株主は、買取口座を振替口座とする振替の申請が必要である（同条３項）。

会社の承諾がある（または、効力発生日から60日以内に価格決定の申立てがない）場合には、当該株主は株式買取請求を撤回することができる（116条７項、117条３項、469条７項、470条３項、785条７項、786条３項、806条７項、807条３項）。

なお、組織再編の計画発表後に株式を取得した株主に株式買取請求を認めないという見解もあるが、認めた裁判例もある（東京地判平成21・4・17金判1320号31頁）。

また、株主総会における議決権行使の基準日後に取得された株式（総会で議決権行使ができない株式）も株式買取請求権の対象になるとする見解もある（江頭836頁～837頁）が、対象にならないとする見解もあるので、留意が必要である。

㈠　株式買取請求の効果

株主が適法に株式買取請求をしたときは、会社に当該株式を公正な価格で買い取るべき義務が発生する。

そして、当該株式の買取価格の決定やその支払い等については、以下のとおりとなる（117条、470条、786条、807条）。

⒜　株主と会社との間での協議

協議が調った場合は、会社は、効力発生日（新設合併、新設分割または株式移転の場合は設立会社の設立の日、以下同じ）から60日以内にその支払いをしなければならない。

⒝　裁判所による価格決定

効力発生日から30日以内に上記協議が調わない場合には、株主または会社は、同期間の満了の日以後30日以内に、裁判所に対し価格決定の申立てができる。

会社は、裁判所が決定した価格に対し、効力発生日から60日が経過した日から年６分の割合による利息を支払わなければならないが、公正な価格と認めた額を支払えば、その支払金額については利息の支払義務を負わない。

⒞　株式買取りの効果

株式買取りの効果が生じる時期は、会社が行った当該行為の効力発生日である。

振替株式の場合、会社は、効力発生日までは、買取口座に記載・記録された株式買取請求の対象である振替株式について、会社の口座を振替先とする振替の申請をすることができない（社債株式振替155条４項）。

なお、会社が当該行為を中止すれば、株式買取請求の効力は失われる。

⑶　公正な価格

株式買取請求をした場合、その買い取る価格は、「公正な価格」としている（116条１項、469条１項、785条１項、797条１項、806条１項）。しかし、その算定方法については定めがない。

当事者間で前述した協議が調えば問題とならないが、協議が調わなければ、その価格決定は裁判所に持ち込まれ、裁判所は「公正な価格」について判断しなければならない。

そこで、①算定の基準となる日をいつとするか、②何に基づいて算定されるのかの2点が問題となる。

㈠　算定の基準となる日

算定の基準となる日については、①株式買取請求がなされた日（江頭848頁注⑼）、②買取りの効果が生じた日（論点解説682頁）、株式買取請求期間が満了した日などの見解があるが、裁判例（最決平成23・4・19金判1375号15頁【判例①】、最決平成23・4・26金判1375号28頁【判例②】、最決平成24・2・29民集66巻3号1784頁【判例③】、東京地決平成25・11・6金判1431号52頁）では、①を前提としたうえで、一時的偶発的要素による株価の変動を排除するためこれに近接する一定期間の市場株価の平均値を用いることも裁量の範囲としてできるとしている。

㈡　算定の仕方

「公正な価格」とは、旧商法（245条の2、355条）では、「決議ナカリセバ其ノ有スベカリシ公正ナル価格」とあったことから、この「決議されることがなければその株式が有したであろう価格」（これを「ナカリセバ価格」とよんでいる）と解され（【判例①】～【判例③】）、市場価格のある株式の場合は、市場価格が「公正な価格」であるとされている（江頭848頁注⑼参照）。

会社が当該行為をした結果、相乗効果（シナジー効果）により企業価値が増加した場合は、その増加を織り込んだ価格とされている（論点解説682頁、江頭155頁・872頁、大阪地決平成24・4・13金判1391号52頁、大阪地決平成24・4・27金判1396号43頁）。

株式の公開買付（TOB）が行われた後で、会社の当該行為が行われた場合は、相乗効果による企業価値の増加を織り込んだ価格であると推認される（論点解説682頁、東京高決平成25・3・28金判1491号32頁、東京地決平成25・3・14金判1429号48頁、東京地決平成25・11・6金判1431号52頁参照）。

市場価格のない株式については、第1章Ⅱ1⑶で述べたような株式の評価方法を用いて算定することになる（最決平成27・3・26金判2285号117頁（収益還元法）、東京高決平成22・5・24金判1345号12頁（DCF 法）、京都地決平成21・10・19金判1329号30頁（純資産方式）参照)。

3．取得財源による規制

自己株式の取得には、剰余金の配当（453条）の場合と同様に、①分配可能額による制約（461条１項）と②期末に欠損が生じるおそれ（465条）からの制約の２つの規制がある。

⑴　分配可能額による制約

㋐　分配可能額とは

剰余金の額（446条）を基に算定した分配可能額（461条２項）の範囲内で取得すべきであるという剰余金の配当と同様の財源規制であり、当該取得がその効力を生ずる時点での分配可能額を超えることはできない（461条１項)。

この財源規制を受ける行為については〈図表26〉を、分配可能額についての詳細は第１章Ⅲ３を参照されたい。

〈図表26〉　財源規制を受ける行為

根拠規定	対象事項	参照条文
461条１号	譲渡制限株式譲渡不承認の場合の自己株式の取得	138条１号ハ・２号ハ
同２号	合意と株主総会等決議に基づく有償取得のうち子会社からの取得および市場取引等による取得	156条、163条、165条１項
同３号	合意と株主総会等の決議に基づく有償取得のうち、子会社からの取得および市場取引等による取得以外の取得の合意と株主総会決議等に基づく有償取得	157条１項
同４号	全部取得条項付株式の取得	173条１項

同5号	相続人等に対する売渡請求による取得	176条1項
同6号	所在不明株主の株式買取りによる取得	197条3項
同7号	端数処理手続の株式買取りによる取得	234条4項、235条2項
同8号	剰余金の配当	453条
166条1項ただし書	取得請求権付株式の取得	107条1項3号、108条1項5号
170条5項	取得条項付株式の取得	107条1項3号、108条1項6号

なお、分配可能額の具体的な計算方法は複雑なので、正確には専門家に相談し計算してもらう必要があるが、一般的な計算方法は以下のとおりである。

【分配可能額】
決算期における分配可能額＝その他の利益剰余金の額＋その他資本剰余金の額－自己株式の簿価－(のれん等調整額＋その他有価証券評価差額（含み損のみ)＋土地再評価差額金（含み損のみ)＋純資産中剰余金の額の300万円からの不足額＋その他計算規則158条に定める事項)

もっとも、非公開会社の場合は、上記カッコ内の項目がない場合も多いので、基本的には、以下が算定の基礎となるので押さえておくとよい。

分配可能額＝その他資本剰余金の額＋その他利益剰余金の額－自己株式の帳簿価額

(イ)　分配可能額による制約違反の取得

当該取得が効力を生じる時点で、分配可能額を超えてなされた自己株式の取得は、無効である。したがって、譲渡した株主は、受領した代金全額を会社に返還しなければならないし、会社は、その取得した自己株式を譲渡した株主に返還しなければならない。また、その取得行為を行った会社の業務執行者、株主総会・取締役会の議案提案者・賛同者（計規159条、160条、161条）も、上記譲渡した株主と連帯して、同人が受領した代金相当額（帳簿価額）の支払義務を負担する（462条1項）。そして、分配可能額の超過につき譲渡した株主が善意である場合には、その株主に対して求償請求することもできない（463条1項）。

もっとも、譲渡した株主以外は、分配可能額の超過について無過失であったことの証明ができればその責任を免れる（462条2項）。

⑵　期末に欠損が生じるおそれ（465条）からの制約

当該取得をした事業年度末に分配可能額がマイナスになるおそれがある場合には、当該取得が制約される。仮に、当該取得をしたために年度末の決算において分配可能額にマイナスを生じた場合は、当該取得に関与した業務執行者は、会社に対し連帯して、①そのマイナス分または②譲渡した株主が受領した代金相当額（帳簿価額）の総額のいずれか少ない額を支払う義務を負う（465条1項）。

⑶　財源の制約を受けない取得

財源規制を受けない自己株式の取得等については、〈図表27〉のとおりである。

〈図表27〉　財源規制を受けない行為

1	事業全部譲受けの場合の自己株式の取得（155条10号）
2	合併消滅する会社からの承継による自己株式の取得（155条11号）
3	吸収分割する会社からの承継による自己株式の取得（155条12号）
4	法務省令（施規27条）で定める以下の場合（155条13号） イ　無償での取得（施規27条1号） ロ　A法人がB法人より剰余金の配当等としてA法人の株式の交付を受け取得する場合（同2号） ハ　A法人がB法人より、その組織変更等に伴いA法人の株式の交付

	を受け取得する場合（同3号） ニ　A法人がB法人より、その新株予約権の引換えにA法人の株式の交付を受け取得する場合（同4号） ホ　組織再編等反対株主からの買取請求に応じた取得（同5号、＊116条1項、＊182条の4第1項、469条1項、785条1項、797条1項、806条1項） ヘ　合併後消滅する法人等（会社以外）からの承継による取得（同6号） ト　会社および外国会社以外の法人からの事業全部譲受けにおいて、当該法人から取得する自己株式の取得（同7号） チ　その権利の実行にあたり目的を達成するため必要不可欠である場合の自己株式の取得（同8号）
5	単元未満株式の買取請求による取得（155条7号、192条1項）
6	その他 イ　取得対価が当該会社の株式である場合の自己株式の取得（461条1項ただし書） ロ　自己新株予約権の取得

＊ただし、464条により業務執行者に責任が生ずる場合がある。

4．自己株式の法的効力

⑴　自己株式の保有

いかなる方法による自己株式の取得であっても、取得した会社は当該株式を保有し続けることができる。この会社が保有する自己株式のことを「金庫株」とよんでいる。

上場会社の場合、自己株式を取得すると、1株あたり純利益を計算する際の発行済株式数が減少し、そのため、1株あたりの価値が上昇し、1株あたり純利益が増加することになる。そして、1株あたり純利益が増加すれば、PER（株価÷1株あたりの利益（Price Earnings Ratio））は低下し、株価の上昇要因となる。また、自己株式は純資産のマイナス項目のため、自己株式を取得すると純資産（≒自己資本）が減少し、ROE（自己資本利益率＝当期純利益÷自己資本×100（Return on Equity））の改善にもつながる。これも株価が上昇する一因となるし、市場に出回っている株を吸収することによる需給の改善も期待できる。

また、株式を消却し、新株を発行するためには、株券の失効手続と新たに株券を作成し発行するという発券事務が必要であり、株式の消却および新株発行には事務手続とコストがかかる。この点、自己株式を取得し、同株式を発行する場合は、事務手続が簡便で、コスト上のメリットもある。このように、自己株式は実務的な面で消却プラス新株発行よりメリットが大きいといえる。

⑵　会社が保有する自己株式の法的効力

㈠　自益権

自己株式について、会社は以下の自益権を有しない。

①　剰余金の配当請求権（453条、454条3項カッコ書）

②　残余財産分配請求権（504条3項カッコ書）

③　株式および新株予約権の株主割当てを受ける権利（202条2項、241条2項カッコ書）

④　株式および新株予約権の無償割当てを受ける権利（186条2項、278条2項）

⑤　組織変更および合併において金銭等の割当てを受ける権利（744条1項6号、749条1項3号、751条1項4号、753条1項7号、755条1項7号のいずれもカッコ書）

⑥　取得条項付株式の取得の対価として、株式等の交付を受ける権利（170条2項カッコ書）

⑦　全部取得条項付種類株式について取得対価の割当てを受ける権利（171条2項カッコ書）

㈡　共益権（経営参加権）

自己株式については、会社は、議決権を有しない（308条2項）。

議決権を有しないことから、株主総会における定足数の計算からも除外されるし、少数株主権も有しない（〈図表9〉（23頁）参照）。

(ウ)　その他

株式の分割（184条）および併合（182条）については、自己株式にもその効力が及ぶ（論点解説152頁）とする見解が有力であるが、及ぶか否かについては会社の裁量を認めても差し支えないという見解もある（江頭266頁）。

なお、自己株式は、特別支配株主による株式等売渡請求の対象から除外されている（179条1項カッコ書）。

1．X社がBから自己株式を取得する場合

〈*Case* 4-⑧〉によれば、Aは、先行きを考え、できればX社の株式をAに集中させたいと考えている。しかし、手元資金がないのでとりあえずX社で買い取り、その後X社からAが譲渡を受けることを考えている。こうした場合、X社はBとの合意により、前述した特定の株主BからX社が自己株式を取得するための手続をとることになる。その場合、自己株式を取得する場合の取得財源についての規制と、Cからの売主追加請求がなされる可能性の2つについて検討する必要がある。

(1)　取得財源の規制

取得財源の規制との関係で、X社およびAが検討しておくべきことは以下のとおりである。

① X社の分配可能額について具体的に算出したうえで、B保有の株式全部を取得できるか否か、また、取得できない場合は、何株まで取得できるか。

② Cが後述する売主追加請求権を行使してきた場合、X社の分配可能額とCが求める追加請求の株式数との関係で、Bが求めているBの株式

全部を取得できるか否か、あるいはできないとすれば、何株まで取得が可能であるかの概算。換言すれば、Cが売主追加請求をしたとしても、X社がどの程度まで株式を取得できる分配可能額を有しているかについての概算。

(2)　Cが売主追加請求する可能性の検討

〈*Case* 4-⑧〉の場合は、Bが病気であるという事情と、株主が3名で、売主追加請求をする可能性のある株主がCのみであることから、Cに売主追加請求をしないことでの協力が得やすいものと思われる。なお、この売主追加請求権は、前述したとおり定款で排除することができる（164条2項）が、その変更には「全株主の同意」が必要（同条3項）である。したがって、Cの同意が得られるならば可能であるが、そうでなければできない。

仮に、Cが、自己株式の買取りを希望し売主追加請求をした場合は、株主総会で承認を受ける予定取得株式数を超えてしまう可能性がある。超えた場合には、株主総会での承認を受けた取得株式数（この場合は300株）を、特定株主B（300株）および売主追加請求のあった株式数（仮に、Cが全株の買取りを求めたとすると200株）にそれぞれ按分計算（B＝300×3/5、C＝300×2/5）をすることになる。このように、売主追加請求がなされた場合には、Bの株式すべてを買い取ることができなくなる可能性がある。

X社の財源規制との関係で、仮に、Bが求めるBの株式全部の取得ができない場合には、A個人でBから株式を取得することの可能性についても検討しておくべきである。なお、AがBから株式を取得するには、個人対個人の取引なので財源規制は受けないが、BからAへ株式を譲渡するには、X社の取締役会決議による承認が必要である（139条1項）。しかし、AおよびBは特別利害関係人（369条2項）としてこの決議に加わることができないので、やはりCが反対する場合には、その承認が得られないという問題が生じる。もっともその場合、定款を変更し、「譲受人が株主である場合においては、取締役会が会社法136条又は137条第1項の承認をしたものとみなす」という定めを設ければ問題は解消する。定款の変更には、株主総会の特別決議を要するが、AおよびBが保有する株式の議決権を合算すれば、特別決議の要件を満たすので1つの方策である。

2．A個人がBから株式を取得する場合

A個人がBから株式を取得するには、Aの取得代金の用意が課題となる。Aは、手元資金がないことで悩んでいるが、その資金をAがX社から借り入れるという方法がある。しかし、この場合は、利益相反取引となるので取締役会の承認を受けなければならない（356条1項2号、365条1項）。この場合、Aは特別利害関係を有する取締役となるので決議に加わることができない（369条2項）。しかし、Bが賛成であれば、取締役会の承認は得られる。また、X社の保証でAが銀行等から借り入れるという方法もある。この場合も利益相反となるので、上記と同様の手続が必要となる（356条1項3号、365条1項）。

3．上記1および2の方法によってもBの株式を取得できない場合

Bが療養資金や生活資金に窮しているのに、X社が財源規制のためおよびA個人での取得も困難なことなどからBの株式の全部あるいは一部の株式を取得できないときは、X社がBの株式を担保として、Bに株式相当額の金員を貸し付けるという方法もある。そして、X社の取得財源が確保されるつど、X社は、Bの株式を有償取得し、Bは取得した金額でX社からの借入金を返済することになる。

X社が自己株式に質権を設定することは、自己株式の取得にあたらないので自己株式取得の規制を受けない（論点解説152頁、江頭250頁）。また、X社が譲渡担保を設定したとしても、実質的な財産の流出はないことから、自己株式の無償取得に該当し（155条13号、施規27条1号）、財源の規制を受けない（論点解説153頁）。しかし、担保と称していても、弁済が予定されていないなど名目的な場合は、規制の脱法として自己株式取得の規制に服すること

になる（江頭250頁）ので注意が必要である。

また、設定した質権や譲渡担保を実行し、たとえばＡが取得する場合は、自己株式の取得に該当しないので、規制を受けない。しかし、担保権を実行し、当該自己株式をＸ社に帰属させる場合は、まさに自己株式の有償取得であり、自己株式の規制に服する。なお、担保権を実行するときに、会社法施行規則27条８号に該当する（Ｂに当該株式以外にみるべき資産がないなどの）場合には、Ｘ社は、財源規制を受けることなく当該株式を取得できることになる（江頭250頁）。

4．ＡがＸ社から資金を借り入れて取得する場合

ＡがＸ社から資金を借り入れて取得するときは、Ｘ社の計算においてＡが名義上取得したものと疑われないように処置すべきである（963条５項１号）。また、ＡおよびＸ社は、①手続規制違反と②財源規制違反に留意しなければならない。①に違反した自己株式の取得は無効であり、②に違反した場合は、分配可能額の規制に違反して剰余金の配当がなされた場合の配当の効力と同様に、無効説・有効説が対立しているが、実務的には、無効と解し対処すべきものと考える。

また、①の違反行為があった場合は、その業務執行者であるＡについてＸ社に対する民事上の損害賠償責任が問題となる（423条１項）し、②の違反行為があった場合は、会社法462条１項の責任が問われることになる。そして、場合によっては、刑事責任も問われる（963条５項１号）ことがあるので注意が必要である。

5．自己株式を取得した結果Ｘ社に欠損が生じた場合

Ｂからの自己株式を取得した結果として、Ｘ社が期末に欠損を生じさせてしまった場合には、当該取引を行ったＡは、会社法465条１項２号・３号の義務を負うことになるが、その職務の遂行について、Ａが注意を怠らなかったことを証明できた場合は、その責任を免れる（465条１項ただし書）。

（高橋理一郎）

〈*Case* 4-⑨〉　自己株式の処分

〈*Case* 4-⑧〉において、X社がB保有の株式全部（300株）を取得し、Bは X社の取締役を退任し、X社の製造部門の責任者であるDが取締役に就任した。そこで、AはX社が取得した自己株式全部をAが取得し、Aに株式を集中させたいと考えている。しかし、Cは、Aが取得するのであれば、Cも取得したいとAにX社の株式が集中することに反対している。Aとしては、手元資金がないこともあり、Cの反対を押し切ってまで上記自己株式を取得することに躊躇している。

また、Cは、この自己株式がAと対立する火種になりかねないことから、この自己株式を消滅させることを望んでいる。この場合、X社あるいはAとしてはどのようにしたらよいか。

Mission　獲得目標

AはX社の自己株式全部を取得し、AにX社の株式を可能な限り集中させたいと考えている。しかし、他方でCの反対を無視してまで強行したくないと考えている。一方でCは、Aと対立することを懸念し、X社の自己株式を消滅させることを提案している。こうした場合、X社およびAとしては、どのようなことを検討しておくべきか。

Task & Option　検　討

［*Task*］

①　自己株式を消滅させるにはどうしたらよいか

② X社の自己株式をAが取得するにはどうしたらよいか
③ X社の自己株式をAだけでなくCにも取得させるとしたらどのようなことが問題となるか

1. 自己株式の消却

(1) 株式の消却とは

会社は自己株式を消却することができる（178条）。株式の消却とは、特定の株式を消滅させる会社の行為である（江頭267頁）。

株式の消却を行う場合、取締役会設置会社の場合は取締役会の決議で消却する自己株式の数（種類株式発行会社の場合は、自己株式の種類および種類ごとの数）を決定する（178条1項・2項）。取締役会非設置会社については、規定されていないが、取締役の過半数による決定（348条2項）ではなく、株主総会の普通決議（309条1項）が必要と解されている（江頭269頁）。

消却によって発行済株式総数が減少するが定款記載の発行可能株式総数は減少しない。したがって、株式の消却により減少した発行済株式数だけ発行可能な株式数を増加させることになる（論点解説183頁）。

また、公開会社では、定款を変更して発行可能株式総数を増加させる場合は、発行済株式総数の4倍を超えて増加させることができない（113条3項）が、自己株式の消却の結果、発行済株式総数が減少するので、4倍を超える事態が生じたとしても、定款変更ではないので問題とならない（論点解説182頁）。

発行済みの株式を直接消却することはできない。したがって、必ず発行済株式をまず自己株式として取得し、そのうえで消却する必要がある。

株式の消却と資本金の額の減少とは、会社法では完全に切り離されているので、株式の消却のためには、株式の消却手続（178条）をとる必要があり、また、資本金の額を減少させるためには、常に資本金の額の減少の手続（447条1項）をとる必要がある。要するに、資本金の額の減少とは、単に資本金の額の減少行為のみをいい、発行済株式数を減少させる（株式の消却）ことにはならない。資本金の額と同時に発行済株式数を減少させるには、２つの手続をそれぞれ別個にそして同時に行うことになる（論点解説91頁）。

発行済株式を全部取得し、かつ100％減資（既存の株主全員を株主でなくしたうえで、新しい出資者に出資させること）を行うには、以下の手続が必要である。なお、100％減資は、経営の悪化した会社において、会社再建のために用いられるスキームである。

① 何らかの種類株式（いわゆる、当て馬株式）を定める定款変更のための株主総会の決議（108条２項）

② 発行済普通株式に全部取得条項を付する定款の変更（108条２項７号）

③ 変更される普通株主による種類株主総会の決議（111条２項）

④ 全部取得条項付種類株式の取得および対価の決定のための株主総会の決議（171条）

⑤ 100％減資する旨の株主総会決議（447条）

⑥ 第三者に対する割当増資（新株発行）する旨の株主総会決議（非公開会社―199条、公開会社―201条）

ほかに、発行済株式全部を取得する方法として、取得条項付株式の利用と合意による取得が考えられるが、いずれも株主全員の同意（111条１項）あるいは全員との合意が必要である。

⑵ 株式消却の手続

以下のとおりとなる（江頭269頁注⑷参照）。

① 株主名簿から消却した株式に関する事項を抹消し、株券発行会社であれば、同株券を破棄する。

② 振替株式の消却の場合は、会社が当該消却する株式について抹消の申請を行い、振替口座簿に当該株式の数の減少が記録された日にその消却の効力が生じる（社債株式振替158条）。

③ 株式消却後２週間以内に、消却により減少した発行済株式総数に関する変更登記が必要である（915条１項、911条３項９号）。

④　会計処理上は、会社計算規則において優先的に「その他資本剰余金」から減額することが規定された（計規24条3項）ことから、消却手続完了時にその他資本剰余金から減額する。減額する額は、当該自己株式の帳簿価格である（同条2項）。なお、会計期間末に「その他資本剰余金」がマイナスとなった場合は、「その他資本剰余金」のマイナスの額を「その他利益準備金」（繰越利益剰余金）から減額をし、「その他資本剰余金」はゼロとする（企業会計基準第1号「自己株式及び準備金の額の減少に関する会計基準」45項）。

2．自己株式の処分

⑴　自己株式の処分方法

自己株式を消却する以外に自己株式を処分する方法として、以下の2つがある。

①　資金調達等のために既存の株主や第三者に自己株式を売却するとの処分をする方法

②　組織再編等に伴う対価等または新株予約権の行使に伴い交付するなど法が特に認めた自己株式の処分方法

㈠　①の処分方法

この場合の自己株式の処分は、前述した新株発行手続と同じ手続（199条1項）で行う必要がある（新株発行手続については、69頁以下参照）。

この場合、株主から買い戻した自己株式を売却することになるので、株式消却と異なり発行済株式総数は変動しない。

㈡　②の処分方法

②の処分方法として、会社法が認めているのは以下のとおりである。

ⓐ　取得請求権付種類株式（108条2項5号ロ）、取得条項付種類株式（同6号ロ）、全部取得条項付種類株式（171条1項1号イ）の取得に際して自己株式を交付する場合

ⓑ　株主に株式の無償割当て（185条）として自己株式を割り当てる場合

ⓒ　単元未満株主の売渡請求を受けたときに単元株式数を満たすために自己株式を売り渡す場合（194条３項）

ⓓ　新株予約権の行使の対象として自己株式を交付する場合（282条１項）

ⓔ　吸収合併（749条１項２号イ）、吸収分割（758条４号イ）、株式交換（768条１項２号イ）の際に存続会社等（承継会社・親会社）が自己株式を交付する場合

ⓕ　振替株式につき、振替機関が取得・放棄する義務を負う場合（社債株式振替145条１項・３項）において、同振替機関に自己株式を取得させるとき（同条６項）

ⓖ　産業競争力強化法に基づき株式公開買付をする場合において、公開買付の対価として自己株式を交付する場合（産業競争力強化法34条）

こうした場合には、自己株式の活用が時宜に応じ迅速な対応を可能にする。

⑵　会計上の処理

自己株式を処分した場合の会計処理は、処分価額相当額が貸借対照表の資産の部に計上され、控除されていた純資産の部が回復する。

自己株式の処分は、株主との間の資本取引と考えられることから、自己株式の処分に伴う処分差益については、「その他資本剰余金」に計上し（自己株式及び準備金の額の減少に関する会計基準36項・38項）、処分差損についても同様とする（同会計基準40項）。また、同処分差損が「その他資本剰余金」の残高を超えている場合には、超えた部分について「利益剰余金」を減少することで処理する。この場合、資本剰余金と利益剰余金の混同にはあたらないとされている（同会計基準39項～42項）。

なお、税制上も、自己株式の処分は、資本取引として譲渡損益はゼロとみなされる。

Strategy　戦　略

X社がBから取得した自己株式については、株主たる権利を活用できないことは前述したとおりである。しかし、X社がBから自己株式を取得することにより、A（500株）の持株比率は50％から、500÷700×100＝71.4％と増加する。一方、C（200株）の持株比率も20％から、200÷700×100＝28.6％と増加するが、この自己株式の取得によってAが望んでいたAに株式を集中させたいという目的も一部果たされているといえる。

もっとも、Aは、X社がBから取得した自己株式全部を取得したいと望んでいる。この場合、X社は、この自己株式をAに対し第三者割当増資を行えば、Aはこの株式を取得することができる。そして、X社は、非公開会社であり、取締役会設置会社であることから、この割当先の決定は、X社の取締役会決議で行うことになる（204条2項）。しかし、Aは特別の利害関係のある取締役として、この決議に加わることができない（369条2項）ため、取締役であるCが反対であれば、この決議の成立は難しい（同条1項）し、X社の経営を円滑に遂行するうえで、いたずらにCと対立し、その関係を悪化させることは好ましいことではない。

したがって、X社としては、当面は、AとCとの関係を考慮しながら、Bから取得した自己株式を金庫株として保有し、資金調達など、新株発行の必要性や経営支配についての状況変化が具体的に生じた段階で、再度この自己株式を活用するか否かを検討するのが良策である。

なお、X社の自己株式をAだけでなくCにも取得させるには、第三者割当増資による方法と、有償および無償での株主割当てによる方法がある。前者の場合、Aの持株比率を高めるように割当比率を定めることは可能であるが、後者の場合は、AとCの持株比率に何らの影響も与えない。

（高橋理一郎）

Ⅳ　株式の併合・分割・単元株

〈*Case* 4-⑩〉　株式の併合・単元株

Aは、飲食店3店舗を展開する株式会社X社（非公開会社、取締役会設置会社）の代表取締役である。X社の発行済株式総数は300株であり、その保有割合は、Aが270株、Aの弟であり専務取締役として主に財務を担当するBが20株、残りの10株は、各店舗の店長であり取締役でもあるC、Dが5株ずつ保有している。

Aとしては、加齢による体力的な衰えから、引退し自らの子であり他の飲食業者において店舗運営の手腕に定評があるEにX社の事業を承継させたいと考えている。しかし、X社の内情は、C、Dがそれぞれ独自の取組みをAに諮ることなく行おうとするなど経営や店舗運営について意見対立が目立ち、これまでX社への貢献がないEがAの後継となることにも反対している。Aとしては、現状のままEに保有株式を譲渡し事業承継させたとしてもC、Dとの関係でEが経営に難渋するであろうと気に病んでいる。一方、BはAと協調して経営にあたっており、Aとしては、財務に明るくEを後継者とすることにも賛同しているBに事業承継後のEを支えてほしいと思っているため、Bの現在の株主の地位は維持したいと考えている。

Mission　獲得目標

Aとしては、Eへの事業承継や事業承継後の経営を円滑に行うために株式を集中させるべく、対立色の強いC、DをX社株主から退場させ、一方でBについては株主としても残ってもらいたいと考えている。このような狙いを実現するうえでどのような方策が考えられるか。

Task & Option　検　討

［*Task*］

①　キャッシュ・アウトにおける選択肢

②　株式併合、特別支配株主の株式等売渡請求、全部取得条項付種類株式の選択

1．キャッシュ・アウトにおける選択肢

X社のように株主数が限られる中小企業であれば、事業承継のための株式の集約は株主から任意に買い取ることが簡易といえるが、〈*Case* 4-⑩〉では株主C、Dがこれに応じることは見込めない。そこで、支配株主が少数株主の有する株式の全部をその個別の承諾を得ることなく現金を対価として取得し、会社から少数株主を締め出すキャッシュ・アウトによることになる。キャッシュ・アウトのための会社法上の手法にはいくつかの選択肢がある。なお、ここでは、株式併合、特別支配株主の株式等売渡請求および全部取得条項付種類株式を取り上げるが、子会社の少数株主のキャッシュ・アウトのような場面であれば、株式交換や合併も検討されるところである。

(1)　株式併合

㈠　特　徴

株式の併合（180条1項）は、複数の株式を少数の株式にまとめて株式の単位を引き上げるものである。少数株主の保有株式が端数となるように併合割合を調整することによって、端数となる株式を金銭処理し、当該株式の保有株主は株主としての立場を失うこととなり、キャッシュ・アウトを実現することができる。

株式の併合の活用としては、かつて資本金が額面株式の株式総額を下回っ

てはならないとする法規制があった当時は、減資に伴う活用がされていたところ、現在は会社合併の際の合併比率の調整、株主管理事務にかかるコスト削減等のために用いられる。キャッシュ・アウトとしての活用は、かつての株式の併合において、情報開示制度や差止請求、株式買取請求の制度が不十分であったことから、株主総会決議の取消しを受けるリスクが高いとして避けられがちであった。しかし、後述のとおり平成26年改正会社法における少数株主保護制度の新設によって法的安定性が確保されたことにより、キャッシュ・アウトのための活用が広がっている。

⑷　手続の概要

(A)　株主への通知

会社は、原則として、株式の併合の効力発生日の2週間前までに、株主（種類株式発行会社の場合は併合する種類株式の株主）および登録株式質権者に対し、所定の事項を通知または公告しなければならない（181条1項・2項）。

(B)　事前開示手続

平成26年改正により、株式の併合を行う会社が、単元株制度を導入していない場合や、単元株制度を導入していて当該単元株式数に併合の割合を乗じて得た数に端数が生じる場合、①株式の併合を決定する株主総会（種類株主総会決議を要する場合は当該種類株主総会を含む)、②182条の4第3項の規定を読み替えて適用する181条1項の規定による株主に対する通知の日（株式の併合で株式に端数が生じる場合の効力発生日の20日前ということになる）または181条2項の公告の日のいずれか早い日から、効力発生日後6カ月が経過する日までの間、所定の事項を記載または記録した書面または電磁的記録を本店に備え置かなければならなくなった（182条の2第1項)。株主に株式の併合への賛否を判断するための情報提供をする趣旨である。

(C)　決　議

株式の併合は、株主総会の特別決議により行う（180条2項、309条2項4号)。また、当該株主総会において、取締役は株式の併合をすることを必要とする理由を説明しなければならない（180条4項)。

なお、株式の併合の効力発生日における発行可能株式総数を当該株主総会の特別決議で定めることとし、公開会社であれば発行可能株式総数は株式の併合の効力発生日における発行済株式総数の4倍を超えることはできない（180条3項）とされる。そして株式を併合した会社は、効力発生日に発行可能株式総数に係る定款変更をしたものとみなされる（182条2項）。

(D)　事後開示手続

平成26年会社法改正により、事前開示手続を要する株式の併合をした会社は、効力発生日後遅滞なく、所定の事項を記載または記録した書面または電磁的記録を作成し、効力発生日から6カ月間、本店に備え置かなければならなくなった（182条の6第1項・2項）。これは、株主に株式の併合の効力を事後争うかの判断材料を提供する趣旨である。

また、株式の併合をした会社の株主または効力発生日において株主であった者は、会社に対し、その営業時間内はいつでも、この備え置かれた書面の閲覧、謄本または抄本の交付等を請求することができる（182条の6第3項）。

(E)　株主の保護制度

株式の併合により株式に端数が生じる場合、端数の合計に相当する数の株式の売却によって得られた代金が株主に交付される（235条）ものの、当該売却においては株式価格の下落、売却先確保の困難等により、適切な対価の交付がなされないおそれもある。そこで平成26年会社法改正で株式の併合に対する株主保護の制度が定められた。

(a)　差止請求

株式の併合が法令または定款に違反する場合、株主が不利益を受けるおそれがあるときは、株主は会社に対し当該株式の併合の差止めを請求することができる（182条の3）。なお、差止事由は、あくまで株式の併合が法令または定款に違反する場合とされていることから、併合割合の不相当という、通常は取締役の忠実義務違反や善管注意義務違反となり得るにとどまる事由は含まれないものと考えられる。

(b)　反対株主の株式買取請求

株式の併合により1株未満の端数が生じる場合、反対株主は会社に対し、自己の有する株式のうち1株に満たない端数となるものの全部を公正な価格で買い取ることを請求することができる（182条の4第1項）。なお、当該場合における上記(A)の株主への通知は、効力発生日の2週間前ではなく20日前までにすることを要することに注意する必要がある（同条3項）。

その買取りの価格については、株主と会社との間に協議が調ったときは、会社は、効力発生日から60日以内にその支払いをしなければならない（182条の5第1項）。一方、株式の価格の決定について、効力発生日から30日以内に協議が調わないときは、株主または会社は、その期間の満了の日後30日以内に、裁判所に対し、価格の決定の申立てをすることができる（同条2項）。ここで株主は、効力発生日から60日以内に裁判所に対する価格決定の申立てがないときは、その期間の満了後は、株主はいつでも株式買取請求を撤回することができる（同条3項）。

(F)　効　力

株式の併合の効力は、効力発生日に生じ、株主は、その前日に有する株式の数に、併合の割合を乗じた数の株主となる（182条1項）。なお、発行済株式総数は減少することとなる。また、株式の併合により1株未満の端数が生じた場合は、235条に従って端数の合計に相当する数の株式の売却によって得られた代金を株主に交付しなければならないことになる。

(2)　全部取得条項付種類株式

全部取得条項付種類株式（特定の種類の株式の全部を株主総会の特別決議によって取得することができる旨の定款の定めがある株式）はキャッシュ・アウトによく用いられる。具体的には、①種類株式を発行する旨の定款の定めを設ける決議を行い種類株式発行会社となって、既発行の株式について、全部取得条項を付する内容の定款変更決議を行う、②既発行の株式を全部取得条項に基づき、全部取得する旨の決議を行う、③その取得対価について、残存させたい株主以外には新株を1株未満の端数のみ割り当てるように割合を調整する、④これにより生じる１株未満の株式は、端数処理して金銭交付する（234条１項２号）ことで、株式を支配株主に集約することができ、キャッシュ・アウトが実現される。

⑶　特別支配株主の株式等売渡請求

平成26年会社法改正によって、総株主の議決権の９割以上を有する株主（特別支配株主）が、株主総会の決議を要することなく、他の株主等（あわせて新株予約権や新株予約権付社債の売渡しも請求できるため新株予約権者を含む場合がある）全員に対して、株式等の全部を、現金を対価として売り渡すことを請求することができる株式等売渡請求という制度が創設された（179条～179条の10）。この制度は、会社ではなく特別支配株主が直接他の株主に保有株式の売渡しを請求し買い取るものである。ただし、特別支配株主は、株式の対価の額等の所定の事項を定め、対象会社にこれを通知しその承認（取締役会設置会社の場合は取締役会の承認）を得ることが必要である。また、当該請求は株主等全員に対してしなければならないのが原則である。例外は特別支配株主完全子法人（特別支配株主が発行済株式の全部を有する会社その他これに準ずるものとして法務省令（施規33条の４第１項）で定める法人）を対象から除く場合に限られる。

特別支配株主であれば、金銭を対価として他の株主等から株式等を買い取ることによりキャッシュ・アウトを実現することができる。

2．株式併合、特別支配株主の株式等売渡請求、全部取得条項付種類株式の選択

キャッシュ・アウトを実現するこれらの手段を選択するうえで、各制度の特徴から次のような観点が参考になる。

⑴　保有議決権割合が90％以上である場合

この場合には、特別支配株主の株式等売渡請求を選択するのが妥当であることが多いであろう。その理由としては、対象会社の株主総会特別決議、端数処理手続が不要であるため、要する時間と手続的負担が他の手法に比べて

軽いからである。なお、株式売渡請求と同時に新株予約権売渡請求を行うことで、新株予約権・新株予約権付社債を強制的に取得し得る点も１つの特徴である。

一方で、株式等売渡請求を採用するうえで次の２つの点に留意する必要がある。

① 少数株主が争ってきた場合には、対象会社ではなく特別支配株主自身が裁判手続に直接関与する必要が生じる場合がある等、他の手続に比べてキャッシュ・アウトを企図する株主の負担が重いと考えられる点

② 特別支配株主以外の株主で、キャッシュ・アウト実施後にも存続させたい株主がいる場合には、当該株主の保有株式はいったんすべて特別支配株主に譲渡されたうえで、再度、特別支配株主から当該株主に売り戻す必要が生じ、税務上非効率になる可能性がある点

上記①は、特別支配株主が会社の取締役であることが多いであろう中小企業にとっても重要な点であろう。対象会社の承認というプロセスがあることも考えると、会社が普段利用している弁護士を特別支配株主も利用するということは十分利益相反となり得るところであるが、普段から複数の弁護士を併用していることは多くないであろう中小企業にとっては、実際上、案外厄介な問題となり得る。

また、上記②の点から、株主の陣営間の対立ですべての株主を締め出したいわけではないという場合には、株式等売渡請求は使い勝手がやや悪い一面があるといえる。

⑵　保有議決権割合が90％未満である場合

この場合または上記⑴①②の観点から売渡請求を利用できない場合は、株式の併合か全部取得条項付種類株式のいずれかという選択になるところ、一般的には株式の併合のほうが合理的なケースが多いものと思われる。その理由としては、実現までの手続の観点で株式の併合のほうが比較的シンプルであるという点に加えて、主に次の点があげられる。

① 端数処理手続におけるリスクを排除できる手立てがとれる点

② 財源規制違反に伴うリスクを回避できる点

㈠ ①の端数処理手続におけるリスク

端数処理手続におけるリスクとは、キャッシュ・アウト手続において各株主から生じる端数の合計数が１未満となる場合には、そういった端数合計の売却等の手続が実施できないと解される（234条１項柱書、235条１項）ため、結果として少数株主に適切な対価（金銭）を交付する手立てが理論上なくなってしまい法的安定性を欠くという問題である。これは、平成26年改正会社法173条２項により、全部取得条項付種類株式の全部取得の決定を受けて価格決定の申立てをした株主には取得の対価が交付されないことが明確化されたため、全部取得条項付種類株式の取得決定の株主総会決議後に、予想外に多数の株主が価格決定の申立てを行った場合、端数の数が減少してその合計数が１株未満となってしまい、端数の合計を売却・金銭交付という処理ができなくなってしまうという事態である。この点、キャッシュ・アウトの手法として株式併合を選択する場合には、端数の株式について株式買取請求の制度があること等から、この点が問題となることはないであろう。

㈡ ②の財源規制に伴うリスク

財源規制に伴うリスクについて、全部取得条項付種類株式を用いる手法に関しては、全部取得条項の発動により株主に対して交付する金銭等の帳簿価額の総額が分配可能額を超えてはならないという規制が及ぶ（461条１項４号、173条１項）。そして、特に除外規定がない以上、取得価格決定の申立てにより裁判所が決定した価格で取得する場合も当該規定に服すると解すべきとの見解が有力であるから、財源規制違反とならないよう留意しなければならない。これに対し、461条は、分配可能額を超えて行ってはならない行為として株式併合の場合の株式買取請求権を規定していないため、株式併合を用いる場合には、財源規制違反リスクは生じないと考えられる。

㈢ 上場企業における留意点

上記㈠および㈡の２点のほかに、上場企業において特に考慮すべき点もある。

(A)　税務上の観点からの株主の行動

１つには、キャッシュ・アウトに先行して公開買付を行おうとする場合における、税務上の観点からの株主の行動についてである。全部取得条項付種類株式を用いる場合、公開買付に応募する場合および公開買付に応募しないものの、その後争わずに対価を受領する場合については、株主側で譲渡損益が発生する一方で、公開買付に応募せず、その後対価の金額を争う場合で、価格決定の申立てではなく、株式買取請求権（116条）を行使するときには、みなし配当と譲渡損益が発生する。このような税務上の取扱いの差異から、公開買付に応募せずに対価の金額を争った場合のほうが税務上の有利な株主が、対価の金額に不満はないのにあえて公開買付への応募を控え、対価を争う手続をとるといった行動を誘発する可能性が考えられる。一方の株式併合の場合には、上記いずれの場合も株主側では譲渡損益が発生することになり税務上の取扱いが変わらないため、税務上の観点からあえて公開買付に応じない株主が多く出現するというリスクは生じない。

(B)　全部取得条項付種類株式によるメリット

上記(A)の点は、株式の併合のほうが合理的とする理由であったが、全部取得条項付種類株式の場合における比較的優位な点としては、新株予約権について、実務上ストックオプションとして発行される新株予約権では全部取得条項付種類株式の取得が当該新株予約権の取得事由とされていることも少なくないため、このような場合は新株予約権の処理も行うことができることがあげられる。

また、有価証券報告書提出義務がある対象会社においては、全部取得条項付種類株式を用いて取得した株式を全部消却した時点で有価証券報告書提出義務が消滅するが、株式の併合においては、当然に当該義務が消滅することはなく中断申請をして金融庁長官の承認を得る必要があるという点も、全部取得条項付種類株式によることのメリットとしてあげられよう。

(C)　小　括

以上のとおり、一般的には、株式の併合のほうが全部取得条項付種類株式よりも合理的といえるが、税務上の観点や、新株予約権の発行状況等によって個別に判断する必要がある。

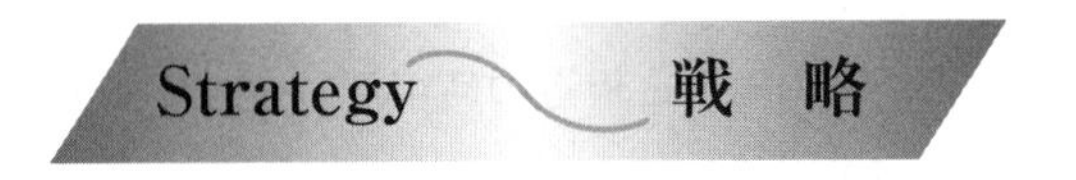

1．キャッシュ・アウトの実現

〈*Case* 4-⑩〉では、ＡはＸ社発行済株式総数300株のうち90％の270株を保有しており特別支配株主である。そのため、株式等売渡請求を行うことができる。しかし、ＡとしてはＢには株主としても残ってもらおうという意向であるところ、株式等売渡請求ではＢも対象となるため、Ｂからいったん株式を買い取ったうえで、またＢに売却することが必要となる。

一方、全部取得条項付種類株式の場合、種類株式発行会社への変更および全部取得条項付の株式への変更のための定款変更を行い、新株も発行する手続を履践する必要がある。

これらの手段に対して、株式の併合は、併合比率の調整によりＢ保有株式を端数とすることなくＢを株主として存続させることができ、手続も全部取得条項付種類株式と比べると簡易である。加えて、財源規制を懸念する必要がない。

したがって、〈*Case* 4-⑩〉におけるＡの狙いを実現するには、株式の併合を活用するのがシンプルで合理的といえよう。

2．単元株

〈*Case* 4-⑩〉とは異なり、仮に少数株主が会社運営に興味があるわけではなく、経済的な利益さえ得られればよいといった状況であった場合、彼らに配当等を受けられる地位を留保することで感情的な対立をもたらすことなく、一方でその発言力は抑えるという方針で対応することも考えられる。そこで、通常は株主管理にかかるコストを低減させる目的で活用される単元株制度が活用できる余地もあるように思われる。単元株の導入により、株主の地位を失わせることなく株主総会での議決権等を制限する結果を生じさせることができるからである。

以下では、単元株制度の概要と最近の活用例について紹介する。

⑴　単元株制度の概要

㋐　特　徴

単元株式制度は、定款で一定の単元株式数の株式を１単元の株式と定め、一定数の株式に１個の議決権行使を認め、１単元に満たない株式は議決権を制限する制度である（188条以下）。単元未満株主は議決権を有しない（189条１項）ことから、会社は単元未満株主に株主総会招集通知を発送する必要がない（298条２項カッコ書、299条１項）。そのため、一般的には、株主を減少させることなく、その管理コストが生じる対象の株主数を減少させ株主管理のコストを低減させるために用いられることが多くある。

㋑　単元未満株主の権利

単元株式数に満たない株式（単元未満株式）を有する株主である単元未満株主（189条１項）の株主としての権利は次のとおりである。

(A)　行使を認められない議決権を基礎とした株主権

単元未満株主は、保有する単元未満株式についての株主総会および種類株主総会における議決権を行使することができない（189条１項）ため、次のような議決権を基礎とした株主権は認められないと考えられる。

①　株主総会への出席権（298条２項、299条１項）

②　株主総会招集通知を受ける権利（299条１項）

③　株主総会における質問権（314条）

④　株主総会決議取消しの訴えを提起する権利（831条１項）

(B)　議決権を基礎としたもの以外の株主権

単元未満株主は、上記(A)のように議決権を基礎としたもの以外の株主権を原則としてすべて有するものの、定款でその権利を制限することが認められている（189条２項柱書）。

ただし、次のとおり定款によっても制限・排除できない権利がある（189条２項各号）ため注意を要する。

① 全部取得条項付種類株式の取得対価の交付を受ける権利（同項１号）

② 取得条項付株式取得と引き換えに金銭等の交付を受ける権利（同項２号）

③ 株式無償割当てを受ける権利（同項３号）

④ 単元未満株式の買取請求権（同項４号）

⑤ 残余財産分配請求権（同項５号）

⑥ その他法務省令で定める権利（同項６号）

定款の閲覧等請求権、株主名簿記載事項を記載した書面の交付等を請求する権利等の会社法施行規則35条１項各号、２項各号に定める権利

(ウ) 単元株式の導入

会社は、その発行する株式について、一定の数の株式をもって株主が株主総会または種類株主総会において１個の議決権を行使することができる１単元の株式とする旨を定款で定めることができる（188条１項）。

しかし、単元株式の数をいくらでも大きくしてよいとすれば、大株主以外の株主に議決権を認めないように単元株式を設定することが可能となり少数株主の保護に欠ける。そこで、単元株式の数は、1000株および発行済株式総数の200分の１を超える数の株式を１単元と定めることはできない（188条２項、施規34条）ことに注意を要する。

(A) 会社成立後に新たに単元株式を導入する手続

通常の定款変更手続と同様、株主総会の特別決議（466条、309条２項11号）による定款変更が必要となる。この定款変更を求める株主総会において、取締役は、当該単元株式数を定めることを必要とする理由を説明する（199条）。

(B) 株主総会の特別決議を要しない特殊な場合

次の①②いずれにも該当する場合であれば、株主総会の特別決議を要さずに単元株式数（種類株式発行会社の場合は、各種類株式の単元株式数）を増加し、または単元株式数についての定款の定めを設ける定款変更をすることができ

る（191条）。これは各株主の有する議決権が減少せず実質的に株主の権利に影響がないためである。

ただし、この場合であっても、取締役会設置会社では、単元株式制度の導入が重要な業務執行の決定（362条4項）に該当するとして、取締役会の決議を経るべきであろう。

① 株式の分割と同時に、単元株式数を増加し、または単元株式数についての定款の定めを設ける場合

② 定款変更後に各株主がそれぞれ有する株式数を単元株式数で除した数が、定款変更前の各株主がそれぞれ有する株式数を下回らない場合

(エ) 単元未満株式の買取請求権

単元未満株式は、議決権が制限されているため市場価格を下回ることが想定されるし、そもそも市場売却が難しい場合が多いこともあり、単元未満株式を有する株主に投下資本の回収の機会を与える必要がある。そこで、単元未満株主は、会社に対し、自己の有する単元未満株式を買い取ることを請求できる権利である単元未満株式の買取請求権を有する（192条1項）。

(オ) 単元未満株主の売渡請求制度

単元未満株式の買取請求権は、単元未満株式について対価を得ることによりその株主としての地位を喪失するものであるが、単元未満株主の中には株主としての地位を保持したまま1単元の株主となることを望む場合もあろう。そこで、定款に定めがある場合において単元未満株主が、会社に対し、単元未満株主が有する単元未満株式の数と合わせて単元株式数となる数の株式を当該単元未満株主に売り渡すことを請求することができる、単元未満株式売渡請求の制度がある（194条1項カッコ書）。たとえば、定款で単元株式数500株と定められている会社で、保有株式数300株の株主であれば、200株の売渡しを請求できるということである。

単元未満株式売渡請求を受けた会社は、当該売渡請求を受けた時に会社が請求された単元未満株式の数に相当する株式を有しない場合を除いて、自己株式を当該単元未満株主に売り渡さなければならない（194条3項）。つまり、

会社は売渡しを請求された単元未満株式に相当する数まで市場調達等をする義務を負わないということである。たとえば、上記の例で、会社が自己株式を100株のみしか保有していないときは、売渡請求に応じないことができるということである。

⑵　単元株と株式併合

単元株制度は、株主総会への招集を要しない株主を生み、その管理コストを低減することができるものであるから、株主数の多い上場会社において特に広く利用されている。ここ数年は、全国の証券取引所において株式の売買単位を100株に移行することとされたこと、東京証券取引所において、個人投資家が投資しやすい環境を整備するため、望ましい投資単位として5万円以上50万円未満という水準を明示し、上場企業に対して望ましい投資単位の水準への移行および維持に努めるよう要請していることを受けて、上場会社において、売買単位の統一に合わせた単元株式数の変更と株式の併合による投資単位の水準の調整を同時に行う例（単位株式数を1000株から100株に変更し、保有する10株につき1株の割合で併合する等）が多く見受けられた。

（齋藤　亮）

〈*Case* 4-⑪〉　株式の分割

X社は、子ども服やベビー用品の生産・販売事業を手がける株式会社であり、取締役会設置会社である。東証二部へのステップアップをめざす東証マザーズ上場の新興企業で、株主数200人、上場株式数20万株、単元株式数100株、現在の株価は1株5000円である。

X社としては、東証二部上場に向けその形式的上場基準（株主数800人以上、流通株式数4000単位以上等）の達成を見据えて株主数・流通株式数を増加させていくことを考えているが、個人投資家の保有割合が低いうえ、売買単位が100株（50万円）であるところ、市場においては割高感があるようで取引の流動性が乏しいという懸念がある。X社の株式の流動性に関するこのような問題の解消に有効な方法はあるか。
　なお、X社の商品は、独特のデザインに加え肌触りにもこだわる等その品質には定評があるものの、X社自体もその商品についても知名度が高いとはいえないという課題も抱えているところであるという。

Mission　獲得目標

X社としては、X社株式について、流通株式数を増加させるだけでなく、株式の割高感を解消しつつ保有するメリットを訴求して取得への誘引力を高め、流動性を向上させたい。このような狙いを実現するうえで有効と考えられる方策には、どのようなものがあるだろうか。

Task & Option　検　討

［*Task*］
①　株式の分割の活用
②　株式の無償割当てとの比較

1．株式の分割の活用

(1)　株式の分割

(ア)　特　徴

株式の分割（183条1項）は、会社が発行する株式について、株式の既存単位を細分化することにより株式数を増加させるものであり、分割の対象である株式を有する株主の持株数に比例して、払込みを要せず株式を増加させるものである。当然、会社財産に変動は生じない。
〈*Case* 4-⑪〉におけるX社において、たとえば1：2の割合で株式分割することにより、上場株式数40万株となり、単元株式数が100株であるから単位あたりの株式数は4000株、１株あたりの株価は計算上2500円となり単位あたりの株価も同じく25万円となる。このように持株比率や会社財産の変動を来さずに１株（または売買単位）あたりの価格を低下させ、売買しやすくすることによる流動性の向上が期待できる。

ただし、株式分割の結果、１株の株価が分割比率に従った価格になるとは限らず、流通性の向上が評価され株価が上がることもあれば、低下する例もあることには注意を要する。

(イ)　手続の概要

(A)　公　告

会社は、株式の分割にかかる基準日（183条２項１号）の２週間前までに所定の事項を公告しなければならない（124条３項参照）。この公告により、株主に対して株式の分割に関する情報を提供するとともに、株主名簿の名義書換をしていない株主に名義書換の機会を付与する。

(B)　決　議

株式の分割は、株主総会の普通決議、取締役会設置会社の場合であれば取締役会の決議によって行う（183条２項）。なお、特別決議を要しないのは、株式の併合と異なり、端数が生じて株主の地位を失うということは生じないためである。

(C)　発行済株式総数に関する規律

会社は、株式の分割を行う際、466条にかかわらず、株主総会の決議によることなく、株式の分割の効力発生日における発行可能株式総数を、効力発生日の前日における発行可能株式総数に分割割合を乗じて得た数の範囲内で増加する旨の定款変更をすることができる（184条２項）。ただし、２種類以上の種類株式が存在する場合は、当該種類株主に不利益が生じるおそれがあることから、発行可能株式総数の変更には、原則どおり株主総会による定款変更手続を経る必要がある（同項カッコ書）ことに注意を要する。

(D) 効　力

基準日に株主名簿に記載または記録されている株主は、分割の効力発生日に、基準日に有する株式の数に分割割合を乗じて得た数の株式を取得する（184条１項）。

また、会社は、分割した株式について、その株式の株主に係る株主名簿記載事項を株主名簿に記載または記録しなければならない（132条３項）。株式の分割という会社自身の行為で株主名簿の記載事項変更の必要が生じるためである。

なお、株券発行会社であれば、原則として、分割の効力発生日以後遅滞なく、分割した株式に係る株券を発行しなければならない（215条３項）。

(2) 募集株式の発行との対比

株主数や流通株式数を増やすためには、株式の発行を行うという方法が当然考えられる。いわゆる公募増資や第三者割当てによって行えば株主数も直ちに増加させることができ、株式上場においては通常、公募増資としての募集株式発行が利用されよう。

しかし、募集株式の発行は、持株比率への影響を与えかねないうえ、払込金額の設定次第では有利発行として株主総会の特別決議を要することもあり得るし、差止請求、新株発行無効の訴え等により有効性が問題となる事態もあり得る。そもそも、株式を引き受ける者が増加させたい株式数に対応するだけ確保できなければ実現しないという問題もある。また、既存株主のみに割り当てるとしても第三者割当てと同じく払込みが必要となる（株式の無償割当てについては後述のとおり）。

一方、株式分割は、株式の引受けが必要なく、払込みを要さずに株式を分割する比率の調整によって目的とする株式数とすることができる。また、既存株主の持株比率や会社財産に影響を与えないまま株式数を増加させることができ、その影響が限定的であることに鑑みても有効性が争われるということは考えにくく、安定性という点もメリットといえよう。

2．株式無償割当てとの比較

(1)　株式無償割当ての特徴

既存株主の持株数を、無償で持株比率に応じて増加させる手段としては、株式分割のほかに株式無償割当てがある。これは、株主に対して、株式数に応じた一定の割合で新たに発行した株式または会社が保有する自己株式を無償で交付するものである（185条、186条2項)。株式無償割当ては、会社財産を増加させることなく発行株式数を増加するという点で経済的実質は株式の分割と同質である。一方で、株式の分割とは異なり、発行済株式と異なる種類株式の割当てが可能であることや自己株式の交付が可能であること等が異なっている。

〈図表28〉　株式の分割と株式の無償割当ての比較

手　段	株式の分割	株式無償割当て
株式の種類	発行済株式と同じ株式のみ分割される	発行済株式と異なる株式の割当てが可能
自己株式との関係	自己株式も分割される	自己株式には割当てできない
自己株式の交付	交付は生じない	交付が可能

(2)　手続の概要

株式無償割当ては、定款に別段の定めがある場合を除き、株主総会の普通決議、取締役会設置会社の場合であれば取締役会の決議によって行うことができる（186条1項～3項)。なお、特別決議を要しないのは、株式数に応じて株主に一律に株式を割り当てるものであり、株主に不利益が生じる可能性が通常低いからである。

Strategy　戦　略

1．株式の分割と株主優待制度

X社株式は、その株式の割高感やX社の知名度の低さから、市場での流動性を欠いており、募集株式発行における引受人を十分に確保できるかについても懸念がある。その点で、株式の分割は、株式の引受けや払込みを要さずに株式の分割割合を調整することで流通株式数をコントロールできる手段である。

また、株式取得のメリットを高めるために、株主優待制度との「合わせ技」を用いるということも検討に値する。株主優待制度は、会社法上の制度ではなく、海外ではあまりみられない日本独特のものであるが、株式の魅力を向上させ株式取得を誘引したり個人投資家においても安定株主を確保する等の目的で活用されている。株式分割をすることにより、1株（売買単位）あたりの価格を下げて株式を売買しやすくする一方で、話題性のある株主優待制度の新設や充実化に伴って株式取得のメリットを高め株式取得を誘引するという合わせ技も、株式の流動性をもたせ株主数を増やすうえでの効果が期待できる。なお、実際に株式分割と株主優待を組み合わせた例として、平成29年のヨネックス株式会社や第一交通産業株式会社等の例がある。

X社は、自社商品の品質には自信がある一方で、自社および自社商品の知名度が低いことも悩みであった。そこで、たとえば、一定の保有株式数を一口として自社商品を提供する株主優待制度を設けることを発表し話題性をもたせつつ株式取得のメリットを高め、同時に、株式の分割により売買単位あたりの株式価格を低下させて取引をしやすくすることで、X社商品の主要なターゲットであろう若い世代の家庭のような個人投資家にもX社株式を取得してもらいやすくするという対応も考えられよう。

2．株式無償割当て

一方で、〈*Case* 4-⑪〉においてX社が多数の自己株式を保有している場合には、株式分割の方法をとるべきかについて、形式的上場基準との関係で注意が必要である。たとえば、東証二部の上場基準に流通株式比率（自己株式を含む上場株式数に対する流通株式数の割合を意味する）30％以上という基準があるところ、株式分割をすると自己株式も同じ割合で分割されて増加するため、当該比率を変えられないからである。自己株式の保有率が高いような場合は、自己株式を株主に交付して市場に還流し自己株式を減少させる結果をもたらすことができる株式無償割当てを選択するのが合理的であろう。

なお、〈*Case* 4-⑪〉からは離れるが、種類株式の交付が可能な株式無償割当ては、平時における安定株主確保のための手段としても活用の余地があるように思われる。たとえば、X社が種類株式発行会社であり優先配当権のある種類株式を自己で保有している場合に、当該種類株式を無償割当てするといった方策である。

（齋藤　亮）

V　株式と相続

〈*Case* 4-⑫〉　準共有株式の議決権行使

Y社は発行済株式総数3000株の株式会社である。上記3000株のうち2000株をAが、1000株をCがそれぞれ保有していたが、Aが死亡したため、Aの子であるXおよびBが法定相続分である各2分の1の割合で共同相続した。しかし、Aの遺産の分割はまだなされていなかったので、上記2000株はXとBの共有に属している状態にあった。

その後開催されたY社の臨時株主総会（以下、「本件総会」という）において、Bは上記準共有株式2000株全部について、Cは1000株についてそれぞれ議決権を行使し、これにより、①Dを取締役に選任する旨の決議、②Dを代表取締役に選任する旨の決議並びに③本店の所在地を変更する旨の定款変更の決議および本店を移転する旨の決議がされた。

Xは、本件総会に先立ち、その招集通知を受けたが、Y社に対し、本件総会には都合により出席できない旨および株主総会を開催しても無効である旨を通知し、本件総会には出席しなかった。

XおよびBは、106条本文の規定に基づき、前記準共有株式2000株についての権利を行使する者1人を定め、Y社に対するその者の氏名または名称の通知をしていなかった。しかし、Y社は、Bが前記議決権行使をすることに同意していた。

Mission　獲得目標

Bは、準共有株式2000株の議決権を単独で行使することが可能か。Y社の同意があれば可能となるか。Y社としては、準共有株式の権利行使について、どのようなことに留意し取り扱うべきか。

Task & Option　検　討

［*Task*］

① 準共有株式の権利行使の仕方

② 権利行使者の選定方法

③ 会社側の対応

1．準共有株式の権利行使の仕方

株式が共同相続された場合、株式は自益権のみならず議決権など会社経営への参加権（共益権）も含んでいるため、金銭債権のように分割債権（民427条）とみることができないので、〈*Case* 4-⑫〉のように共同相続された株式は、共同相続人の準共有（同法264条）になると解釈され（最判昭和45・1・22民集24巻1号1頁）、判例上は確立している。

そして、会社法では、こうした準共有株式の権利行使について、106条本文で、「株式が二以上の者の共有に属するときは、共有者は、当該株式についての権利を行使する者1人を定め、株式会社に対し、その者の氏名又は名称を通知しなければ、当該株式についての権利を行使することができない」と定めている。この規定は、準共有者全員が個々に権利を行使することによって生じ得る混乱を回避し、会社の事務処理の便宜を図るために設けられたと理解するのが一般的であり、「共有に属する株式の権利の行使方法について、民法の共有に関する規定に対する『特別の定め』（民法264条ただし書）を設けたものと解され」ている（最判平成27・2・19民集69巻1号25頁）。

なお、この規定は、平成17年改正前の商法203条2項および同項を準用していた平成17年改正前の有限会社法22条を引き継いだものである。

2．権利行使者の定め方

⑴　権利行使者の決め方

株式の共有者は、会社に対して権利を行使するために、共有者の中から権利行使者を1人定めるとなっているが、この権利行使者を定めるには、共有者全員の一致が必要であるのか、それとも多数決で決めることができるか会社法上の文言から明らかでない。

しかし、準共有関係にある株主としての議決権行使は、民法264条により、共有規定が準用されることから、同法251条の「共有物の変更行為」か、同法252条の「共有物の管理行為」か、あるいは「保存行為」のどれにあたるかということになる。「変更行為」とは、共有物に物理的変更を加え、あるいは法的処分をする行為であるが、議決権の行使は、通常こうした変更や処分に該当しないし、変更行為の場合は、全員の同意を要するので、議決権行使の機会を奪い、会社経営上不当な結果をもたらすことになりかねない。また、「保存行為」とは、共有物の現状維持を目的とする行為であるが、議決権の行使は、現状維持ではなく、会社経営の成長・発展という改良的な意思決定に参画することであるから保存行為とは解釈できないし、保存行為の場合、準共有者が独自に権利行使できるので、前述した準共有者が個々に権利を行使することによって生じ得る混乱を回避するためという立法目的にも反することになる。

そして、管理行為とは、共有物を利用、改良しその価値を高める行為であるが、議決権行使は、会社の改良や成長・発展に向けた意思決定に参画し、会社の価値を高める行為であるので、この「管理行為」と評価することができる。判例も同様に解している（最判平成９・１・28裁判集民181号83頁）。

したがって、権利行使者の選定は、共有物の管理行為として、各共有者の共有持分の価格に従い、その過半数で決することになる（民252条）。

⑵　権利行使者を決めるための協議の要否

共同相続人間における株式の準共有状態は、同相続人間での遺産分割協議や家庭裁判所での調停成立、あるいは遺産分割の審判が確定するまでの一時的ないし暫定的な状態ということになる。したがって、権利行使者を決めるにあたっては、たとえば、会計帳簿の閲覧請求を行うような他の共有株主の利害にさしたる影響を与えないような場合は別として、同相続人ら全員に事前協議の機会が与えられ、かつ議決権行使の目的の重要度に応じてしかるべき協議がなされる必要がある。

そして、こうした事前協議が全くなされずに権利行使者を決定するなど、権利行使の手続の過程でその権利を濫用した場合には、権利の濫用として、その権利行使者による議決権行使は認められないとされている（大阪高判平成20・11・28判例集未登載）。

⑶　議決権行使の仕方

事前協議で権利行使者が定められた場合は、当該権利行使者は、共有者の間で意見の相違があったとしても、共有者の意思に拘束されずに、自己の判断に基づき権利行使をすることができる（最判昭和53・4・14民集32巻3号601頁）。

また、当該権利行使者が会社に通知された場合、当該権利行使者が株主総会の3日前までに会社に通知し、議決権の不統一行使をする（313条1項）ことにより、結果として法定相続分に応じた議決権の行使をすることも可能である（論点解説493頁）。

3．権利行使者についての通知がない場合

(1)　106条ただし書の適用範囲

会社が同意すれば、民法の共有規定に従うことなく準共有株式の行使は可能か。

平成17年改正前商法には、会社法106条本文に相当する規定はおかれていたが（平成17年改正前商法203条2項）、106条ただし書にあたる規定は存在しなかった。その中で、権利行使者の指定および通知を欠く場合について、最高裁判所は、「共有者全員が議決権を共同して行使する場合を除き、会社の側から議決権の行使を認めることは許されない」という判断を示していた（最判平成11・12・14裁判集民195号715頁）。

そこで、平成17年改正会社法で「ただし、会社が当該権利を行使することに同意した場合は、この限りではない」とのただし書の規定が新たに設けられたことから、学説の多くは、この106条ただし書により、前掲最判平成11・12・14の判示とは異なり、権利行使者の指定および通知がない場合、会社の側から共有者の一部に対して議決権の行使を認めることが可能になったと解釈していた。

要するに、106条本文による準共有者の株主間での過半数に基づく権利行使者の決定がないのに、会社からその共有株主の一部に対し議決権を認めることができるかという問題である。

この問題に対し、最高裁判所は、以下のとおり、106条ただし書の意義を初めて明らかにするとともに、準共有株式の議決権行使の決定方法について

も判断を示している（最判平成27・2・19民集69巻1号25頁）。

⑵　最高裁判所の考え方

〈図表29〉　106条ただし書の適用範囲（最高裁判所の考え方）

①　会社法106条本文は民法264条ただし書にいう「特別の定め」であり、会社法106条ただし書に該当する場合には、「特別の定め」である同条本文の規定の適用が排除される結果、原則に戻って、民法の共有に関する規定が適用される。

②　その結果、会社法106条ただし書による会社の同意があった場合には、権利行使が民法の共有に関する規定に従っていなければならない。

③　共有に属する株式についての議決権の行使は、当該議決権の行使をもって直ちに株式を処分し、または株式の内容を変更することになるなど特段の事情のない限り、株式の管理に関する行為として、民法252条本文により、各共有者の持分の価格に従い、その過半数で決せられる。

〈図表29〉を前提としたうえで、共有に属する株式について106条本文の規定に基づく指定および通知を欠いたまま権利が行使された場合、当該権利の行使が民法の共有に関する規定に従ったものでないときは、株式会社が同条ただし書の同意をしても、当該権利の行使は、適法となるものではないので、不適法な議決権行使による決議は、決議の方法が法令に違反するものとして取り消されるべきものであると判示している。

実質的にみても、権利を行使する者として指定・通知されていない者による権利行使が、会社の同意さえあれば適法になるとするのは、会社側の恣意的選択を許すこととなる点で問題があると思われる。

⑶　特段の事情とは

議決権は、株主が株主総会に出席してその決議に加わる権利であるから、本来、その行使自体が直接、株式の処分や株式の内容の変更をもたらすものではない。また、議決権の行使が株式の保存行為となる場合も通常は想定しがたい。このようなことから、前掲最判平成27・2・19では、準共有株式についての議決権の行使は、原則として管理行為にあたるとしたものである。

例外である特段の事情については、議案の内容、準共有株式の数等によっては、当該準共有株式についての議決権の行使が、株式の処分やその内容の変更に直結する行為といえる場合もあり得ることを考慮したものである。例として、組織再編行為や解散に関する議決権行使があげられているが、こうした特段の事情がある場合は、変更行為（251条）として、準共有株主全員の同意が必要となる。

〈***Case*** 4-⑫〉についての回答はすべて上記最高裁判決（前掲最判平成27・2・19）が述べたとおりである。

すなわち、〈***Case*** 4-⑫〉は、共有に属する株式2000株について106条本文の規定に基づく指定および通知を欠いたまま権利が行使されたものである。したがって、本件議決権行使は、各共有者の持分の価格に従いその過半数で決せられるべきところ、Ｂの議決権行使は、その持分の価格が共有株式の価格の過半数に達していないので、権利の行使が民法の共有に関する規定に従ったものとはいえず、Ｙ社が同条ただし書の同意をしても、Ｂの権利の行使が適法となるものではない。その結果、Ｙ社の臨時株主総会で行われた決議は、決議の方法が法令に違反するものとして取り消されることになる。

〈***Case*** 4-⑫〉の場合、ＡはＹ社の大株主として、Ｙ社の経営を支配していたことがうかがわれる。そして、〈***Case*** 4-⑫〉からは、ＡがＸ・Ｂのどちらに Ｙ社の経営を委ねようとしていたのか明らかでないが、どちらに委ねるにしろ、遺言でＹ社の株式の相続人および相続分を明確にしておくべきである。そうでなければ、〈*Case* 4-⑫〉のように、相続人全員の準共有となり、当該株式の権利行使が困難となり、Ｙ社の経営に支障を来すことになる。また、〈*Case* 4-⑫〉の場合は、相続人が２人であることから、Ｘ・Ｂどちらも譲らない場合は、過半数を獲得できずに暗礁に乗り上げてしまうし、相続人が３人でかつ法定相続分が等分である場合は、被相続人が次期経営者として想定していた相続人以外の２人が結託することで、想定外の相続人にＹ社の経営を委ねる結果となりかねないことにも留意すべきである。また、議決権の行使は、前述したとおり共有物の管理に関する事項であるので、通常は、ＸおよびＢが協議をしたうえで、持分の過半数で、どのように議決権を行使するかを決定すべきことになる。

したがって、Ｙ社としては、原則106条所定の手続をとることを準共有者（共同相続人）らに促すべきであるが、例外的に、ＸおよびＢのみが当該株式の相続人（共有者）であることが確認でき、106条本文の通知のない共有株主の議決権行使に同意する場合には、その協議内容についてもあらかじめ確認すべきである（論点解説493頁）。こうした確認を怠った場合は、前述した判例のとおり、株主総会決議取消しのリスクを負うことになる。

なお、当該株式に関して遺言がある場合や遺産分割協議が成立している場合、会社としては、その内容を確認し、取得者の取得した株式の内容と数に応じた対応をすることになるが、この場合も遺言書や遺産分割協議書の原本を確認しておく必要があることはもちろんである。

（森高重久）

〈*Case* 4-⑬〉　準共有株式の株主による裁判の申立て

株式会社Ｙの発行済株式（140株）の全部を所有していた被相続人Ａが死亡した。Ａの相続人として、長男Ｘと二男Ｂ、そしてほかに５名の合計７名の子供がいた。Ａが生前に遺言書を作成しておかなかったことから、Aが保有していたY社の株式は、法定相続によってXほか子供たち7名の各7分の1の割合による準共有状態となった。その後、Y社の経営支配権をめぐってX側とB側とが対立し、Y社の上記株式についての遺産分割がなされず、同株式について権利行使者を定めてY社に通知する手続もされていなかった。そうした中で、Y社の株主総会においてBほか2名の取締役選任決議がされたとしてその登記がされ、さらにBが代表取締役に就任し、勝手にY社の経営を支配してしまっている。そこで、Xは、上記株主総会決議の不存在確認を求めて裁判で争いたいと考えている。この場合、XはY社に対し、上記決議不存在確認の訴えを起こすことができるか。

Mission　獲得目標

株式が準共有関係にある場合、当該株式の権利行使者が指定・通知されていない段階で、一部の共有者により、役員選任のための株主総会決議がなされるなど不当な事態が生じた場合に、他の共有者は、準共有株主たる権利を行使して、裁判所にその総会決議の不存在を求めて訴えを起こし（830条1項）、そうした事態を阻止することができないか。

Task & Option　検　討

［*Task*］

① 株式の準共有者が裁判を起こすには、どのような要件が必要か（原告適格の問題）

② 上記の要件が欠けている場合でも、準共有者は裁判を起こすことができるか。できるとするとどのような場合か。

1．株式の準共有者が裁判を起こすにはどのような要件が必要か（原告適格の問題）

株主総会の決議取消しの訴えについては、株式会社の株主が訴えを提起できる旨明文で定められているが（831条1項)、株主総会の決議不存在確認の訴え（830条1項）や無効確認の訴え（同条2項）については、誰が訴えを提起できるかについての定めがない。そのため、確認の利益さえあれば、誰でも訴えを起こすことができると解することも解釈上は可能である。

しかし、裁判所は、準共有者によるこうした訴えの提起も、前述した会社に対する権利行使の一種であるとして、「株式を相続により準共有するに至った共同相続人は、商法203条2項にいう『株主ノ権利ヲ行使スベキ者』の指定およびその旨の会社に対する通知を欠く場合には、特段の事情がない限り、株主総会決議不存在確認の訴えにつき原告適格を有しない」（最判平成2・12・4民集44巻9号1165頁）としている。

なお、前記判例にいう「商法203条2項」とは、会社法106条本文のことであり、「原告適格」とは、原告として裁判所に裁判を申し立てることのできる資格のことである。

したがって、準共有者が裁判を起こすためには、106条所定の手続をとらなければならない。

2．権利行使者の指定・通知がされていない場合

前記判例（最判平成2・12・4）によれば、権利行使者の指定・通知がされていない場合でも、「当該株式が会社の発行済株式の全部に相当し、共同相続人のうちの1人を取締役に選任する旨の株主総会決議がされたとしてその旨登記されている」ような「特段の事情」がある場合には、例外として、他の準共有者は、「当該決議の不存在確認の訴えにつき原告適格を有する」としている。

また、合併無効の訴えについても、〈図表30〉のとおり同様の判断が示さ

れている（最判平成３・２・19裁判集民162号105頁）。

〈図表30〉　合併無効の訴えの原告適格（最高裁判所の考え方）

①　株式を相続により準共有するに至った共同相続人は、商法203条２項にいう「株主ノ権利ヲ行使スベキ者」の指定およびその旨の会社に対する通知を欠く場合には、「特段の事情」がない限り、合併無効の訴えにつき原告適格を有しない。

②　合併当事会社の株式を準共有する共同相続人間において商法203条２項にいう「株主ノ権利ヲ行使スベキ者」の指定およびその旨の会社に対する通知を欠く場合であっても、右株式が一方の会社の発行済株式総数の過半数を占めているのに合併承認決議がされたことを前提として合併の登記がされているときは、共同相続人は、右決議の不存在を原因とする合併無効の訴えの原告適格を有する。

要するに、①106条所定の手続がなされていることを前提として株主総会の決議が成立していることを主張すべき立場にある一方で、②106条所定の手続の欠缺を理由に原告適格を欠くとして、当該株主総会決議の瑕疵を自認あるいは自らの立場を否定する主張をすることは、106条の趣旨の恣意的な使い分けである。こうした訴訟上の防御権を濫用し著しく信義則に反するような場合には、「原告適格」を認めるべき「特段の事情」があることになるというのが判例の確定した考え方である。

なお、相続による準共有株式について106条本文を形式的に適用することは、その持分権者からこれらの会社訴訟を提起する地位を奪う結果を招来し、会社の経営支配権をめぐり共同相続人相互間に紛争がある小規模な同族閉鎖会社などにおいては、実際上、違法な会社運営がそのまま放置され、上記規定が会社支配をめぐる攻防の過程で会社側の有力な武器として機能するおそれがあるとの批判があるので、こうした判例の考え方は妥当である。

逆にいえば、会社に上記のような信義則に反する行為が認められる「特段の事情」がない限り、原告適格は認められないということになる。

〈*Case* 4-⑬〉においては、合計7名の共同相続人が遺産分割協議をし、その結果、株式を相続する者が決まれば、その相続人を株主として株主総会を開催し、取締役等の役員を選任すればよい。ところが、遺産分割協議が調わないときは、株式の準共有状態が続くことになる。その場合、106条本文により、共同相続人間で権利行使者1名を指名し（最判平成9・1・28裁判集民181号83頁は、各共有者の持分の価格に従い、その過半数で決することができるとする）、指名され会社に通知された者が、株主としての権利を行使できることになり、その権利行使者を遺産である全株式について議決権を行使し得る株主として株主総会を開催し、取締役等の選任決議をすることになる。その権利行使者を指名できないときは、株主としての権利を行使できる者がいないことになるが、そのような場合に、株主総会が開催され、Bほか2名が取締役に選任されたとして登記がされても、株主として権利を行使できる者による株主総会の決議がないのであるから、決議は不存在というべきである。

この場合に、XがY社に対し、株主総会決議不存在の訴えを起こすことは、前述したとおり106条本文にいう「株式についての権利」の行使に含まれる。したがって、権利行使者の指定・通知がされていない〈*Case* 4-⑬〉の場合においても、Xは単独で株主総会決議の不存在確認の訴えを提起することはできないのが原則である。

しかし、前記各最高裁判決によれば、準共有株式が発行済株式の全部または過半数を占めているため、本来成立するはずのない取締役選任決議あるいは合併承認決議が成立したとして登記されているような事情がある場合には、「特段の事情」があるとして、例外的に、各共有者は、権利行使者の指定・

通知がなくても、総会決議不存在確認の訴えを提起するなど株主としての権利行使をすることが認められている。したがって〈*Case* 4-⑬〉の場合も、そうした「特段の事情」が認められることから、XはY社を相手として、総会決議不存在確認の訴えを起こすことができることになる。

このように、経営者が、経営する会社の株式の承継について、遺言で明確に定めておかないときは、株式の性格から、〈*Case* 4-⑬〉のように共同相続人や当該会社に思わぬ紛争をもたらし、あるいは経営の停滞によってひいては当該会社存亡の危機を招きかねないことになるので、十分に留意すべきである。

（森高重久）

〈*Case* 4-⑭〉　株式を相続する場合の問題とその対策

発行済株式総数300株のY社において、その全株式を保有していた経営者Xは、生前先妻との間の子（長男）Aを後継者と目して120株をAに生前贈与し、残りの180株を保有したまま突然亡くなってしまった。Xの相続人としては、A以外にXの後妻WとXとWとの間の子（二男）Bがいる。また、Xは突然亡くなったことから遺言書は残されていない。

この場合、Xが保有していたY社の株式180株はどのようになるのか。また、Y社の経営にどのような影響が想定されるか。

Mission　獲得目標

Xが保有していたY社の株式について、Aが承継するためには、どうしたらよいか。また、全株承継できない場合、Aはどのようなことを考えておくべきか。

こうした株式が共同相続された場合、Ｙ社には、経営上どのような影響があるか。また、Ｙ社は共同相続に対し、どのように対応すべきか。株式の共同相続にリスクがあるとすれば、そのリスクを避けるためには、あらかじめどのような方策を講じておくことが考えられるか。

Task & Option　検　討

［*Task*］

①　株式を共同相続した場合の権利関係はどうなるのか

②　共同相続した株式の権利行使について

③　株式が共同相続された場合の会社のリスク

④　株式の共同相続を避けるためには、どのような方策があるか

１．株式の共同相続

相続人が数人あるときは、相続財産は共有に属する（民898条）。最高裁判所は、この共有を、民法249条以下に規定する「共有」とその性質を異にするものではないと解している（最判昭和30・5・31民集９巻６号793頁）。

株式についても、数人の相続人が相続したときは、共同相続人の共有に属することになるが、株式は所有権以外の財産権であるから、「準共有」として共有についての規定が準用される（民264条）。

株式が数人の相続人によって共同相続された場合、遺産分割がなされて特定の者の所有となるまでは、その株式全部について相続分に応じた一種の共有関係になる。したがって、その間、共同相続人は、その準共有関係にある株式について、どのようにすれば権利行使ができるかが問題となる。

２．共同相続した株式の権利関係

各共同相続人は、その相続分に応じて被相続人の権利義務を相続する（民

899条)。相続財産中に可分債権があるときは、その債権は法律上当然に分割されるというのが大審院以来の判例であり、最高裁判所も、相続財産中に可分債権があるときは、その債権は法律上当然に分割され、各共同相続人がその相続分に応じて権利を承継するとしている（最判昭和29・4・8民集8巻4号819頁。なお、最決平成28・12・19金法2058号6頁は、「共同相続された普通預金債権、通常貯金債権及び定期貯金債権は、いずれも相続開始と同時に当然に相続分に応じて分割されることはなく、遺産分割の対象となる」と判示しているので、この点の留意が必要である)。

一方で、判例は、共同相続により当然に分割されるとする権利に対して制限を設けてきた。株式については、相続分に応じた数量で分割可能な金銭給付を目的とする権利とみることも不可能ではないが、判例はこれを不可分とし、相続分に応じて分割帰属させないとの判断をしている（最判昭和45・1・22民集24巻1号1頁)。

そして、最判平成26・2・25民集68巻2号173頁は、共同相続された株式は、相続開始と同時に当然に相続分に応じて分割されることはないと判示したうえ、その理由として、「株式は、株主たる資格において会社に対して有する法律上の地位を意味し、株主は、株主たる地位に基づいて、剰余金の配当を受ける権利（会社法105条1項1号)、残余財産の分配を受ける権利（同項2号）などのいわゆる自益権と、株主総会における議決権（同項3号）などのいわゆる共益権とを有するのであって（最高裁昭和42年(オ)第1466号同45年7月15日大法廷判決・民集24巻7号804頁参照)、このような株式に含まれる権利の内容及び性質に照らせば、共同相続された株式は、相続開始と同時に当然に相続分に応じて分割されることはないものというべきである（最高裁昭和42年(オ)第867号同45年1月22日第一小法廷判決・民集24巻1号1頁等参照)」とした。

上記判決は、株式について分割帰属しないとする先例の立場を維持したが、その主な理由について、株式が共益権を含むからであるということを最高裁判所として初めて明確にしたものである。

なお、学説には、株式が債権か社員権かではなく、複数の株式が可分かが重要であり、また、共有と解すると権利行使者を選任しなければならず、少数持分権者の相続人が保護されないことを理由に、株式について当然分割を認める見解（出口正義「株式の共同相続と商法203条２項の適用に関する一考察」筑波法政12号67頁）もある。

しかし、株式は、議決権などの会社の管理運営、支配権に直接間接に関係する共益権を含む株主に対する地位を表象するものであること、当然分割を認めると遺産分割協議の余地がなくなり、紛争を全体として解決することが難しくなり、特に閉鎖会社、同族会社では、会社の支配をめぐって無用の争いが生ずること等に照らすと、金銭債権のような分割債権（民427条）とみるべきではなく、共同相続人の準共有（同法264条）になると解するのが相当である。

以上のとおり、株式について共同相続が開始した場合、法定相続分に応じて当然に分割されるわけではなく、遺産分割がされるまで共同相続人間に相続分に応じた準共有関係が生じることになる。

要するに、共同相続人は、同人らの間で、相続した株式につき遺産分割協議を行い、協議が成立しないときは、家庭裁判所での調停を行い成立させるかあるいは最終的には遺産分割の審判が確定するまでは、法定相続分に応じた一時的ないし暫定的な準共有状態が継続することになる。

３．共同相続人としての株式の権利行使

106条では、「共有者は、当該株式についての権利を行使する者１人を定め、株式会社に対し、その者の氏名又は名称を通知しなければ、当該株式についての権利を行使することができない」と定めている。しかし、同条では、「１人を定め」と規定しているが、どのようにして決めるか文言上明らかではない。

ところで、前述のとおり、共有関係にある株式の株主としての議決権行使は、民法264条により、共有規定が準用されることから、同法251条「共有物の変更行為」、同法252条本文「共有物の管理行為」、同条ただし書「保存行

為」のいずれにあたるかという問題がある。前述したように管理行為と解するべきである（291頁参照）。管理行為とは、共有物の現状維持行為である保存行為とは異なり、共有物を利用、改良しその価値を高めることをいうが、株式の議決権行使は会社の発展のために行使され会社の価値を高め、ひいては所有者である株主の地位、価値を高めることだからである。一方、変更行為とは法的処分を含むが、議決権の行使は、通常、こうした株式の内容の変更や処分に該当しないし、変更行為とすると全員の同意が必要となり、議決権の行使の実態を奪ってしまい会社の経営上不当な結果になってしまうことからも「変更行為」と解するのは相当でない。

したがって、共同相続人が準共有状態のままで、相続財産である株式の権利行使をするためには、共有物の管理行為として、各共有者の持分の価格に従い、その過半数で権利行使者１名を定めて、会社にその者の氏名または名称を通知すればできることになる（最判平成９・１・28裁判集民181号83頁）。

４．株式が共同相続された場合の会社のリスク

株式が共同相続された場合、準共有者全員が個々に権利を行使すると、株主総会における議決権の数の計算、利益の配当、解散の際における残余財産の分配などにあたり、会社の扱いが錯綜するといった不都合が生じる。

そこで、会社法では、上記106条本文所定の手続をとることを共同相続人（準共有者）に求めている。これは、前述したとおり、その権利行使者だけが株主としての権利を行使できるとすることにより、準共有者全員が個々に権利を行使することで生じ得る混乱を回避するという会社の事務処理の便宜のために設けられた規定とされている。

もっとも、上記106条本文所定の手続がとられていない場合であっても、会社が同意すれば、共同相続人は権利行使をすることができる（106条ただし書）。しかし、この場合も、前述したとおり、議決権行使は、管理行為であるとして各共有者の持分の価格に従い、その過半数で権利行使者等を決めなければならないとされている（最判平成27・2・19民集69巻１号25頁）ので、

会社は、その点の確認をすべきリスクを負うことになる。したがって、会社としては、そうしたリスクを引き受けてでも権利行使を認める必要がある例外的な場合を除いて、一部の相続人による権利行使に同意することは慎重であるべきである。なお、旧商法206条１項は、株式の移転は、株主名簿の名義書換によって会社に対抗できるとしていたが、会社法では、「株式の譲渡」は、株主名簿の名義書換によって会社および第三者に対抗できると規定され、「譲渡」以外の株式の移転については、何ら明文での規定がされていない。そのために、相続、合併等の一般承継による株式移転の場合も、株主名簿の名義書換が必要かという問題がある。

そして、相続による権利移転は、「株式の譲渡」には該当しないので、名義書換は不要であるという説（論点解説139頁）と「株式の移転（譲渡のほか、相続（大判明治40・5・20民録13輯571頁）、合併、競売による買受け等すべての移転を含む）」があった場合、名義書換が必要である（江頭205頁）という見解の２つがある。悩ましいところであるが、実務的には、会社は、共同相続人間において、遺産分割協議等によって、株式の取得者が確定したときは、原則として株主名簿への記載・登録を促すべきである。しかし、他方で、会社が自己の危険で名義書換未了の者を株主として取り扱うことも許されると解されている（最判昭和30・10・20民集９巻11号1657頁）ので、当該株式の取得者であることが確実であり、権利行使を認める合理的必要性がある場合は、権利行使を認めるなどリスクの少ない選択をすべきであると考える。

５．共同相続を避けるための予防策

⑴　共同相続の回避

先代経営者の株式をめぐって相続争いが発生し、相続問題と後継者問題が連動して、同族会社の紛争に発展する例が珍しくない。

共同相続を避けるための方策としては、まず生前贈与・死因贈与や遺言によって１人の相続人に自社株式を承継させる方法が考えられる。しかし、この場合であっても、遺留分減殺請求権が行使されると、後述するとおり、受贈者・受遺者と遺留分減殺請求権を行使した者との間における共有になり、自社株式が分散し、経営の円滑な承継が阻害される結果となる。

⑵　経営承継円滑化法による民法特例の利用

抜本的な対策としては、「中小企業における経営の承継の円滑化に関する法律」（以下、「経営承継円滑化法」という）による民法特例の利用が考えられる。

㋐　経営承継円滑化法の概要

この法律は、①遺留分に関する民法の特例、②事業承継時の金融支援措置、③事業承継税制（非上場株式等についての相続税・贈与税の納税猶予措置）の基本的枠組みを盛り込んだ事業承継円滑化に向けた総合的支援策の基礎となる法律で、平成20年10月１日（遺留分に関する民法の特例に係る規定は平成21年３月１日）から施行されている。

経営承継円滑化法に基づく特例により、特例中小企業者の旧代表者が後継者に対して特例中小企業者の株式等を贈与した場合において、推定相続人全員によって、次の合意をすることができる。

①　生前贈与株式等を遺留分の対象から除外する合意（除外合意）

②　生前贈与株式等の評価額をあらかじめ固定する合意（固定合意）

ただし、経営承継円滑化法に基づく民法特例は、旧代表者が後継者に対して「贈与をした」ことが前提であり（経営承継円滑化法３条２項・３項、４条）、また、推定相続人全員の合意がなければ利用できない。したがって、現経営者が生前には後継者の指名を行おうとしない場合や、株式以外にめぼしい財産がないために株式を承継しない相続人の合意が得られない場合などには利用できない。

㋑　除外合意

後継者が先代経営者からの贈与等により取得した株式等は、その贈与がいつ行われたものであっても、民法の規定によれば、「特別受益」としてすべて遺留分算定基礎財産に算入され、原則として、遺留分減殺請求の対象になる（なお、後述（332頁）のとおり、改正民法では10年に限定されることになる）。

しかし、当該株式等を除外合意の対象とすれば、遺留分算定基礎財産に算入されなくなり、遺留分減殺請求の対象にもならなくなる。

これにより、旧代表者の相続に伴って株式等が分散することを防止することができる。

㈦　固定合意

後継者が先代経営者からの贈与等により取得した株式等を遺留分算定基礎財産に算入する価額は、相続開始を基準とする評価額である。贈与時に3000万円であった自社株式の価値が相続開始時には１億2000万円に上昇していた場合には、その価値上昇が後継者の努力によるものであったとしても、上昇後の１億2000万円が遺留分算定基礎財産に算入される。これに対して、当該株式等を固定合意の対象とすれば、遺留分算定基礎財産に算入すべき価額が3000万円となり、価額上昇分9000万円は遺留分算定基礎財産に算入されなくなる。

旧代表者の相続開始時までに株式等の価値が上昇しても、非後継者の遺留分の額が増大することはなく、後継者は、企業価値向上をめざして経営に専念することができる。

㈧　手　続

遺留分に関する民法の特例を利用するためには、①旧代表者が推定相続人に対し株式等の贈与をした後に、②推定相続人全員が書面により合意（除外合意または固定合意）を行い、③経済産業大臣に対して確認申請を行ったうえで、確認書を取得し、④確認証明書を添付して、家庭裁判所に許可を申し立てる必要がある。

⒜　経済産業大臣の確認

後継者は、合意をした場合には、経済産業大臣の確認を受けることができる（経営承継円滑化法７条１項）。

⒝　家庭裁判所に対する許可審判の申立て

家庭裁判所に対する許可審判の申立ては、経済産業大臣の確認を受けた後継者が確認を受けた日から１カ月以内にしなければならない（経営承継円滑化法8条1項）。

許可の申立てをするには、申立人において、経営承継円滑化法7条1項の確認をしたことを証明する経済産業大臣の作成した書面を差し出さなければならない（家事事件手続法123条、旧家事審判規則32条）。

(C)　審　判

申立てを受けた家庭裁判所は、その合意が当事者の全員の真意に出たものであるとの心証を得なければ、これを許可することができない（経営承継円滑化法8条2項）。許可審判により、特例合意の効力が生じ、対象となった財産の価額を遺留分を算定するための財産の価額に算入しないか、算入する場合であっても合意によって定められた価額とされることになる。

(3)　その他の対策

(ア)　減殺の順序を定める遺言

遺留分を行使する順序を定める遺言により、自社株式や事業用資産にまでは遺留分行使の効果が及ばないようにすることが可能である。

(イ)　価額弁償を定める遺言

事業承継上、重要な株式や事業用資産については、現物を渡す代わりに弁償金を支払うことによって、会社経営への影響を避けることができる。そのため、遺言においても、あらかじめ遺留分減殺請求の効果として価額弁償に限る旨を定めておくことが可能である。

〈*Case* 4-⑭〉の場合、遺言書がないことから、Xが有するY社の株式180株は、W、AおよびBの3名でそれぞれ法定相続分（W＝2分の1、A＝4分の1、B＝4分の1）に応じて共同相続することになる。したがって、仮に180株が法定相続分に従って分割されたとすれば、Y社の株主の持株数および比率は、Aが165株（120株＋45株）で55％、Wは90株で30％、Bは45株で15％となる。

こうした持株比率の場合、Aは、Y社株主が有する議決権の過半数を制することになるが、3分の2以上の特別決議を要する定款変更や企業再編などの会社経営にとって重要な意思決定については、WあるいはBの賛成が得られなければ決議することができないことになる。

したがって、Aとしては、遺産分割において、可能な限り180株の株式が取得できるように努めることになる。

また、遺産分割が成立するまでの間は、180株の株式は、法定相続分に応じた持分割合で準共有状態となる。その結果、準共有された株式180株の権利行使については、持分の過半数でその行使者を決定するので、WとBが同調した場合（持分合計4分の3）、両者の意向で準共有株式180株の議決権の行使者を定めることができ、株主総会において、120株の議決権を有するAが反対したとしても、過半数を制するWおよびBの意向に沿って議案を可決することができる。

要するに、妻Wと二男Bが同調する場合には、WとBの意向に沿う者を取締役に選任し、長男Aを経営から排斥することが可能になるという事態が生じることになる。

こうした事態は、Xの望むところではないし、上記のとおり、AとWおよびB間の無用な対立を生じさせるばかりか、Y社に混乱と経営の停滞をもたらし、Y社の存続すら脅かしかねない。

したがって、Xは、AのためにもY社のためにも、生前においてこうした事態を想定し、種類株式の活用（第2章Ⅱ（87頁以下）参照）や経営承継円滑化法を用いるなどして承継者であるAにY社株式を集中させる方策、あるいは後述する遺言や相続した場合の相続人に対する売渡請求の活用などの工夫を講じておくべきである。

なお、遺言の場合には、あらかじめ紛争を防止するという視点から、できるだけ後述する遺留分減殺請求権が行使されないようにしておく必要がある。そのためには、後継者以外の相続人に対しても一定の財産を取得させるなど、遺留分の侵害が生じないようにして、後継者が取得する株式に対する遺留分減殺請求権が成立しないようにすることが重要である。

（森高重久）

〈*Case* 4-⑮〉　遺留分減殺と各個財産の価額弁償

A 株式会社（非公開会社）を経営する B が共同相続人の 1 人である長男 Y に、公正証書遺言により不動産、A 社の株式、その他 B の財産全部を包括遺贈し他界した。他の共同相続人である二男 X_1、長女 X_2 は遺留分減殺請求をしたうえ、減殺請求によって X らと Y との共有に帰した遺産のうち不動産と A 社株式について、共有物の分割と、分割の裁判の確定を条件に、分割された不動産の移転登記、株式の引渡し等を請求した。

Y は、遺留分減殺請求の対象となっている財産のうち A 社の株式のみについて、民法1041条 1 項に基づく価額弁償をすることができるか。

Mission　獲得目標

A 社を経営する被相続人 B から、A 社の承継人として指定され、遺言により包括遺贈を受けた相続人 Y が、他の相続人らから遺留分減殺請求を受けたことから、A 社の経営権を確保するため、A 社の株式のみについて、価額弁償をすることで、A 社の株式を確保したいと考えている。

Task & Option　検　討

［*Task*］

① 遺留分減殺請求とは

② 価額による弁償

③　包括遺贈と遺留分減殺請求

1．遺留分減殺請求とは

被相続人は、遺言によって、法定相続分と異なる遺産の配分を決めておくことができることから、法定相続人（兄弟姉妹を除く）には、遺言によっても侵し得ない最低限度の遺産の取得が確保されている。この確保されている最低限度の遺産のことを遺留分とよんでいる（民1028条）。そして、この遺留分を侵害する遺贈または贈与があって、遺留分権利者の現実に取得する財産が遺留分に満たないときは、遺留分権利者およびその承継人は、その遺留分を保全するに必要な限度で、遺贈および贈与の減殺を請求することができることになっている（同法1031条）。これが遺留分減殺請求である。

この遺留分減殺請求は形成権であり、その行使により贈与または遺贈は遺留分を侵害する限度において失効し、受贈者または受遺者が取得した権利はその失効した限度で当然に遺留分権利者に帰属すると解されている（最判昭和41・7・14民集20巻6号1183頁、最判昭和51・8・30民集30巻7号768頁）。

このように減殺請求によって遺留分侵害行為の効力は失効し、目的物上の権利は当然に遺留分権利者に復帰するため、権利者は、いまだ履行がされていない場合には、受遺者または受贈者に対する履行を拒絶する抗弁権を取得し、すでに履行がなされている場合には、受遺者または受贈者に対し、物権的請求権ないし不当利得返還請求権に基づいて目的物の引渡しを請求することができる。

2．価額による弁償

遺留分を侵害する贈与・遺贈を受けた受贈者・受遺者は、減殺を受けるべき限度において、贈与・遺贈の目的の価額を遺留分権利者に弁償して返還の義務を免れることができる（民1041条1項）。

民法は侵害された遺留分の回復方法として現物返還主義を採用しているが、

この規定はこれを修正したものである。

このように、民法1041条1項が、目的物の価額を弁償することによって目的物返還義務を免れうるとして、目的物を返還するか、価額を弁償するかを義務者である受贈者または受遺者の決するところに委ねたのは、価額での弁償を認めても遺留分権利者の生活保障上支障を来すことにはならず、一方これを認めることによって、被相続人の意思を尊重しつつ、すでに目的物の上に利害関係を生じた受遺者または受贈者と遺留分権利者との利益の調和をも図ることができるとの理由に基づくものとされる（前掲最判昭和51・8・30）。

3．包括遺贈と遺留分減殺請求

遺贈には、特定遺贈と包括遺贈の2種類がある。特定遺贈とは、特定の財産を具体的に指定して行う遺贈、包括遺贈とは、相続財産の全部またはその割合を指定して行う遺贈のことである。

特定遺贈が効力を生ずると、特定遺贈の目的とされた特定の財産は何らの行為を要せずして直ちに受遺者に帰属し、遺産分割の対象となることはない。

また、民法は、遺留分減殺請求をした者の遺留分を保全するに必要な限度で認め（1031条）、遺留分減殺請求権を行使するか否か、これを放棄するか否かを遺留分権利者の意思に委ね（1031条、1043条参照）、減殺の結果生ずる法律関係を、相続財産との関係としてではなく、請求者と受贈者、受遺者等との個別的な関係として規定する（1036条、1037条、1039条、1040条、1041条等）など、遺留分減殺請求権行使の効果が減殺請求をした遺留分権利者と受贈者、受遺者等との関係で個別的に生ずるものとしていることがうかがえる。

以上から、特定遺贈に対して遺留分権利者が減殺請求権を行使した場合に遺留分権利者に帰属する権利は、遺産分割の対象となる相続財産としての性質を有しないと解される。一方遺言者の財産全部についての包括遺贈は、遺贈の対象となる財産を個々的に掲記する代わりにこれを包括的に表示する実質を有するものである。したがって、その限りで特定遺贈とその性質を異にするものではないから、遺言者の財産全部についての包括遺贈に対して遺留分権利者が減殺請求権を行使した場合に遺留分権利者に帰属する権利は、遺産分割の対象となる相続財産としての性質を有しないと解するのが相当である（最判平成８・１・26民集50巻１号132頁）。

そして、最判平成８・11・26民集50巻10号2747頁もまた、「包括遺贈も個々の財産についてみれば特定遺贈とその性質を異にするものではない。受遺者の遺産取得は相続によるものではなく（民法964条）、取り戻された持分権は遺留分であって相続分ではないから、共有関係解消のための分割は共有物分割ということになる」として、この原理を踏襲している。

なお、この判例によれば、遺留分減殺請求がなされた場合は、以下のとおりとなる。

① 遺贈された全財産につき、遺留分権利者が遺留分侵害割合、受遺者がその残りの割合で共有関係になる。

② 上記共有関係は、遺産分割の対象たる（遺産）共有ではなく、通常の共有関係となる。

③ 通常の共有関係であるから、遺留分権利者は、受遺者に対し、持分の確認および同持分に基づく所有権一部移転登記手続を求めることができる。

Strategy　戦　略

Ａ社の前経営者である亡Ｂから、Ａ社の次期承継者としてＡ社の株式を含むＢの全財産の包括遺贈を受けたＹは、Ａ社の株式についてのみ価額弁償をすることで、Ａ社の株式を単独取得することができるか。

これについて、判例（最判平成12・７・11民集54巻６号1886頁）は、以下の理由により「受贈者又は受遺者は、民法1041条１項に基づき、減殺された贈与又は遺贈の目的たる各個の財産について、価額を弁償して、その返還義務を免れることができるものと解すべきである」としている。

すなわち、①遺留分権利者の有する返還請求は権利の対象たる各財産について観念されるのであるから、その返還義務を免れるための価額の弁償も返還請求に係る各個の財産についてなし得るものというべきであること、②遺留分は遺留分算定の基礎となる財産の一定割合を示すものであり、遺留分権利者が特定の財産を取得することが保障されているものではないこと（民1028条～1035条参照）、③受贈者または受遺者は、当該財産の価額の弁償を現実に履行するかまたはその履行の提供をしなければ、遺留分権利者からの返還請求を拒み得ないのであるから（最判昭和54・7・10民集33巻5号562頁）、②のように解したとしても、遺留分権利者の権利を害することにはならないこと、④このことは、遺留分減殺の目的がそれぞれ異なる者に贈与または遺贈された複数の財産である場合には、各受贈者または各受遺者は各別に各財産について価額の弁償をすることができることからも肯認できるところであること、⑤また、相続財産全部の包括遺贈の場合であっても、個々の財産についてみれば特定遺贈とその性質を異にするものではない（前掲最判平成8・1・26）こと、である。

前述したように、判例は、民法1041条1項が目的物の返還と価額弁償との選択を受遺者に委ねたものとしているが（前掲最判昭和51・8・30）、これをさらに一歩進め、価額弁償により返還を免れるべき対象の選択も受遺者に委ねられるとしている。

したがって、〈***Case*** 4-⑮〉の場合、判例に従えば、YはA社の株式についてのみ価額弁償をして、同株式を確保することができることになる。

〈***Case*** 4-⑮〉では、A社の株式のみが問題とされている。それは、〈***Case*** 4-⑭〉で述べたとおり、遺留分権利者らによる遺留分減殺請求によってA社の株式が準共有関係となり、その権利行使の障害となる場合があるし、A社株式が分散することで円滑な経営の妨げとなることが懸念されるからである。

しかし、A社のような同族会社においては、B所有の不動産がA社の経営資源として利用されているケースも少なくない。そうした場合には、当然のことながら当該不動産が遺留分減殺請求によって共有関係となる。したがって、Ｂのように、次期後継者を想定し、遺言を作成する場合には、相続税の対策はもちろんであるが、Ａ社の経営に支障が出ないような方策を十分に検討したうえで、遺言を作成しておくことが肝要である。

なお、相続法改正の要綱案では、遺留分減殺請求について、遺留分を侵害された額に見合うだけの金銭のみ請求ができる権利としていたが、平成30年７月６日、この改正案が国会で成立したことにより、上記のように、株や不動産が共有状態となり新たな紛争を惹き起こしたり、あるいは被相続人が営んでいた会社の経営に支障を来すような事態は避けられることになった。

（森高重久）

〈*Case* 4-⑯〉　株式の相続と相続人に対する売渡請求

株式会社Ｘ（発行済株式総数600株）は定款で株式譲渡制限を定めているところ、同社の株式180株を有する株主Ａが死亡し、Ａの子 Y_1～Y_3 が共同相続した。

遺産分割は未了であるが、Ｘ社は、Y_1 が相続する場合、その株式について売渡請求をしたいと考えているが、どうすればよいか。

Mission　獲得目標

株式会社の株主が死亡し、相続が開始すると、株主相互間の人的信頼関係を重視する閉鎖型タイプの株式会社にとって信頼関係のない第三者（相続人）が、新たな株主として参入することになる。

株式の譲渡に取締役会の承認を必要とする株式譲渡制限の制度は、譲渡によって会社にとって好ましくない株主が出現することを阻止できるが、相続や合併等の一般承継の場合、株式の移転の効果が法律上当然に発生するため、そのような株主の出現を阻止できず、会社にとって好ましくない者が株主になるという事態が生じることになる。

そこで、X社としては、死亡した株主Aの相続人らではなく、できれば、X社の株主にこの株式を取得してもらいたいと考えている。

Task & Option　検　討

［*Task*］

① 売渡請求制度

② 売渡請求制度の手続と実務上の留意点

1．売渡請求制度

〈*Case* 4-⑦〉でみたように株式譲渡制限の制度は、売買等の特定承継のみに適用され、相続・合併等の一般承継については適用されない（134条4号)。しかし、株主相互間の人的信頼関係を重視する閉鎖型タイプの株式会社において、株式会社にとって好ましくない者が新たに株主になることを防ぐという株式譲渡制限の趣旨は、一般承継についても妥当する。このため、実務上の強い要望もあり、これを受けて会社法では、相続等による一般承継においては、株式の移転の効果が法律上当然に発生することに鑑み、174条以下に相続人等に対する売渡請求の制度を設けた。ここでは、いったん相続人等に株式が移転することを前提としたうえ、会社から売渡請求をなし得るとする制度を設けることによって、会社にとって好ましくない株主の排除を実質的に可能としている。この制度は、相続人等の合意が得られない場合にも、その株式を強制的に取得できる点に特徴がある。また、売渡請求に伴う買取りには、その効力を生じる日における会社の分配可能額を超えてはならないとする財源規制がある（176条1項、461条1項5号）。

なお、この売渡請求制度が対象としている譲渡制限株式には、非公開会社の譲渡制限株式（107条1項1号）のみならず、公開会社の譲渡制限種類株式

（108条１項４号）も含まれる。

２．売渡請求制度の手続と実務上の留意点

⑴　定款に定めていなかった場合

売渡請求をするためには、売渡しを請求できる旨を定款で定める必要があるが（174条）、相続開始後であっても、売渡請求権を設けるための定款変更を行い、それを基に売渡請求をすることができるか。

この点、条文上は定款変更の時期に制限は設けられていない。また、会社にとって望ましくない者が株主になることを防止するという売渡請求権の制度趣旨を貫徹すれば、相続開始後に定款変更を行い、当該相続に係る株式に対する売渡請求を認める必要性は高いというべきである。そうすると、相続開始後であっても定款変更は可能と解される（論点解説162頁）。

しかし、支配株主であった被相続人の株式も、相続人間に紛争がある場合には、売渡請求の対象となりうることを考えると、会社の内紛の原因となることもあり、濫用的な制度の利用がなされるおそれも否定できないところであるので、相続開始後に定款変更をするについては慎重な対応が必要であろう。

⑵　売渡請求の相手方

株式会社が売渡請求をしようとするときは、そのつど、株主総会の特別決議（309条２項３号）をもって、売渡請求の対象とする株式の種類と数、請求の相手方の氏名・名称を定めなければならず（175条１項）、総会に付議する時点において、売渡請求の相手方が特定されていることが前提になっている。したがって、遺産分割によって株式を相続する者が特定しないと、会社にとって好ましくない者として売渡請求をすべきか否か判断できないことになる。

しかし、遺産分割によって相続したにもかかわらず、その後１年間にわたって売渡請求がされるか否か不安定な状態におかれるのでは法の趣旨に反する。そこで、後述するように、会社法176条１項ただし書にいう「相続その他の一般承継があったことを知った日」とは、「被相続人の死亡を会社が知

った日」と解したうえ、遺産分割協議がされるまでは共同相続人全員を相続人と扱って売渡請求の手続を進めるか、会社にとって好ましくない相続人の一部の者を相手方として売渡請求をすることが考えられる。

遺産分割未了の準共有状態にある株式について、準共有者（相続人）の一部の者に対する売渡請求が可能かどうかについて、判例は、「株式の準共有状態が解消された場合に、株式会社が相続人のうちの一部の者に対して売渡請求することが可能であると解されていることとの均衡や、株式会社による売渡請求に期間制限が設けられていることなどに照らせば、持分割合が確定していない準共有状態の株式について、準共有者の一部の者のみに対して売渡請求をすることが会社法上禁止されているとは解されない。１株当たりの価格を定めれば、これに最終的に確定した持分割合を乗ずることにより売買価格が確定する」などとして、これを肯定している（東京高判平成24・11・28資料版商事356号30頁）。先に述べた会社にとって望ましくない者が株主になることを防止するという売渡請求権の制度趣旨や、財源規制・期間制限のあることを考慮すれば、妥当な考え方である。

(3)　株式の一部について売渡請求が可能か

株式の一部売渡請求については、175条１項１号および176条２項の文言が、一部売渡請求を認めることを前提としていると読めること、174条の趣旨が、閉鎖型タイプの株式会社においてその閉鎖性を維持するために、譲渡制限株式について強力な手段を付与するものであることに鑑みれば、相続人等に対する売渡請求についても、一部売渡請求が許されると考えられる。

しかし、一部売渡請求を無制限に認めることは、相続人等が少ない持株を保有したまま投下資本回収の機会を実質的に奪われることにもつながりかねない。このように、相続人等に対する売渡請求が濫用的に利用されるおそれがある点に注意する必要がある。

(4)　売渡請求ができる時期

売渡請求ができる時期について、176条１項ただし書は「株式会社が相続その他の一般承継があったことを知った日から１年」と定めている。

この「相続その他の一般承継があったことを知った日」について、東京高決平成19・8・16資料版商事285号148頁は、「遺産分割協議の結果、相続開始時にさかのぼって株式を相続する者が確定し、あるいは遺産及び相続人の範囲などをめぐる争いのために株式を相続する者の確定が遅れるという事態が生じる場合があっても、法的には相続開始時において相続する者は確定しており売渡し請求は可能なのである……売渡請求の制度は、……そもそも、譲渡による当該株式の取得について当該株式会社の承認を要する旨の定めを設けている譲渡制限株式の特殊性にかんがみ、相続その他の一般承継による株式移転を制限しようとする例外的な制度にすぎず、相続その他の一般承継があったことを知りながらなお長期間にわたって行使するかどうかが浮動的なまま経過することまで当然に許容しなければならないとするのは、行使の期間を1年に制限して一般承継による株式帰属の変動を早期に確定させようとする法の趣旨に沿うものとはいい難い」などと判示して、「被相続人の死亡の事実を知った日」（合併の場合は、「株主である会社等が合併により消滅したことを知った日」）と解するのを相当とした。

期間制限を設けた趣旨は、相続等が発生してからある程度の期間が経過すれば、相続人等と会社との間に安定的な関係が新たに形成されるとも考えられること、相続人等に対する売渡請求の制度が、一方的に、当該相続人等の株主としての地位を奪うものであることに鑑み、長期間にわたり、当該相続人等をそのような不安定な地位におくべきではないというところにある。

したがって、被相続人の所有していた株式を特定の相続人が相続によって取得したことを会社が知った日ではなく、「被相続人の死亡を会社が知った日」と解するのが妥当である。

(5)　売買価格の決定

売渡請求に係る株式の売買価格は、株式会社と相続人等との協議によって決めるか（177条1項)、売渡請求があった日から20日以内に裁判所に対して価格決定の申立てをすること（同条2項）によって定めるものとされる。裁判所に対して価格決定の申立てがされた場合には、裁判所は売渡請求時における株式会社の資産状況その他の一切の事情を考慮しなければならない（同条3項）。価格決定の申立てがあったときは、裁判所が定めた額をもって売買価格とし（同条4項）、上記期間内に価格決定の申立てがなかったときは、売渡請求は効力を失うことになる（同条5項）。

なお、実務的には、上記のとおり売渡請求があった日が重要であることから、売渡請求は、内容証明郵便など、当該日付が証明できる書面によって行うべきである。

Strategy 戦　略

〈***Case*** 4-⑯〉においては、株主Aが死亡したことで、その相続人であるY_1がその相続によりX社の株主となる可能性がある。そこで、X社としては、このY_1が株主となることを防止したいと考えている。そのためには、Y_1らAの相続人が取得するX社の株式をX社あるいはX社の他の株主が合意により取得できれば問題がない。しかし、合意で取得できない場合、その防止策の一つとして、相続人に対する売渡請求制度がある。この制度を利用するためには、上述したとおり、①相続その他一般承継により取得した株式であること、②譲渡制限株式であること、③売渡請求できる旨の定款の定めがあること、④分配可能額を上限とする財源規制を満たしていることの各要件が必要である。

〈***Case*** 4-⑯〉の場合、①および②の要件は満たしている。したがって、④の財源規制が満たされているならば、X社は、定款を変更して③の定めを設けることで、この制度によりY_1からX社の株式を合意によらずに買い取ることができる。具体的には、以下の手続が必要である。

ⓐ　X社は、株主総会を開催し、特別決議により定款に上記③の定めを設ける。

なお、X社がAの死亡時点で上記③の定めを定款に設けていない場合であっても、その後、上記③の定めを設ければ、この制度の利用が可能となることは、前述したとおりである。

ⓑ　X社の株主総会において、特別決議で請求の相手方をY_1とし、売渡請求の対象とする株式数をY_1が遺産分割を受ける可能性がある最大数の180株とすることを定める。

なお、遺産分割未了の準共有状態にある株式につき、準共有者（相続人）の1人であるY_1に対して、X社が売渡しの請求をすることができることについては、前述したとおりである。

ⓒ　X社は、株主Aの死亡を知った日から1年以内に、Y_1に対して売渡しの請求をする。

ⓓ　遺産分割の結果Y_1が相続人になったときは、X社は、Y_1との間でY_1が相続した株式数についての売買価格を協議する。

ⓔ　協議が調わないときは、X社またはY_1は、上記ⓒの売渡請求があった日から20日以内に裁判所に価格決定の申立てをし、裁判所がその価額を決定する。

以上の手続によりX社は、Y_1が相続したX社の株式を取得することになる。

なお、この制度は、相続等の一般承継により譲渡制限株式を取得する者が少数派株主であり、当該株主が他の株主にとって好ましくない者であることから、これを防止する手段として用いることが想定されている。しかし、多数派である一般承継株主であってもこの売渡請求制度によって会社から締め出される可能性があることに留意が必要である。

たとえば、〈***Case*** 4-⑯〉において、亡Aが300株を有し、その承継者であるY_1が100株、X社の取締役Bが160株、同Cが40株を有し、X社が定款であらかじめこの売渡請求制度を定めていたとする。

その場合、Aが死亡し、BがAの死亡を奇貨としてこの制度を利用した場合に、Aの相続人であるY_1は、175条2項によって、亡Aの株式による議決権を行使できないばかりか、自らが有する株式100株についての議決権も行使できない。その結果、仮にCが反対したとしても、B単独で3分の

２の特別決議により、Ａが有していた300株をＸ社が取得できることになる。その結果、Ｂが亡Ａに代わりＸ社株式の過半数を制する支配株主となり、Y_1は少数株主となってしまう。さらに、ＢとＣが手を結べば、３分の２以上の特別多数を制することができ、ＢはＸ社を思うがままに経営できることになる。このように、この制度では、175条２項が濫用的に用いられるリスクがあるので、十分に留意してその制度の利用を検討する必要がある。

なお、こうした場合の対策としては、この制度を利用するためには上記要件①が必要なことから、ＡはY_1に遺言でＸ社の株式を特定遺贈する（「相続させる」と記載すると一般承継となってしまうので注意を要する）ことが考えられる。しかし、この場合174条の適用はないが、137条の譲渡承認が必要となる。もっとも、譲渡承認の場合には、Ｘ社が取締役会設置会社の場合、取締役Ｃや他の取締役の賛成を得られる可能性があるし、定款で株主に対する譲渡について承認を不要とする規定を設けて（107条２項１号ロ、108条２項４号）おけば、Y_1はＸ社の株主であるので承認が不要となる。また、他の現実的な対応としては、定款で、この制度では、少数株式のみが対象となる旨を明確に定めておくということも考えられる。

（森高重久）

Ⅵ　株式と事業承継

〈*Case* 4-⑰〉　事業承継対策と資産としての株式

Ａは、半導体・電子部品などを製造・販売するＹ株式会社（取締役会設置会社）を営んでいる。この会社は、Ａの父親から承継した会社であるが、Ａは、Ａの代でパートなど非正規従業員を含めて、従業員が800人を超える規模にまで会社を成長させた。そして、Ａには、先妻との間の子B_1、B_2、B_3（以下、「Ｂら」という）、後妻Ｃおよび同人との間の子D_1、D_2（以下、「Ｄら」という）がいる。Ａは、Ｙ社の後継者として、B_1 を育成していた。しかし、B_1 との関係が悪化したことから、それまで、Y社の取締役を務めていた B_1 を再任しないで、D_1 を取締役として新たに選任した。そして、D_1 を次期後継者として指名し、代々の稼業であるY社を引き継がせるための準備を始めている。Y社の発行済株式総数は2000株（譲渡制限普通株式）で、すべてAが保有していたが、そのうち400株を株価が低額であった頃に B_1 に贈与している。

現在Aが有する資産は、1株30万円と評価されているY社の株式1600株と、AおよびCが現に居住している土地・建物（時価2億円）だけであるが、Y社株式全部を D_1 に、土地・建物を後妻Cにそれぞれ相続等によって承継させるつもりでいる。一方これまでの経緯から、Bらには、Aの財産を一切相続させたくないしY社の経営にも関与してもらいたくないと考えている。

他方で、Aが亡くなった場合、先妻の子であるBらと後妻Cおよび後妻の子であるDらとの間で、Aの遺産（特にY社株式）をめぐり争いが起こることを心配している。こうした場合、どのような事業承継対策が考えられるか。

Mission　獲得目標

AおよびY社は、Y社の経営を D_1 に円滑に承継させたいと考える一方で、BらがY社の経営に関与してくることを防止したいと考えている。そのためには、AおよびY社としては、どのような対策を講じておくべきか。また、Aは、可能であれば、後妻Cに現に居住している建物と老後の生活資金を残すことを考えている。そのためには、どのような方策がとれるか。

Task & Option 検　討

［*Task*］

① 中小企業における事業承継の現状

② 事業承継の課題

③ 株式の集中と相続の問題

④ 株式の集中と種類株式の活用

1．中小企業における事業承継の現状

中小企業の企業数は国内企業の99.7%を占めているが、その数は、平成21年の420.1万社から平成26年は380.9万社に減少している（中小企業庁「中小企業白書〔2017年版〕」)。経済産業省の推計では、後継者問題等による中小企業の廃業が急増することで、2025年頃までの10年間で約650万人の雇用、約22兆円のGDPが失われる可能性があるとされ、団塊世代の経営者引退が迫る中で日本経済を支えてきた中小企業の多くの事業承継（現在の経営者から後継者等へ会社の事業を引き継ぐこと）問題が、国家的な課題となっている。

こうした事業承継の進まない理由はいろいろあるが、最大の問題は「後継者がいない」ということである（帝国データバンク「後継者問題に関する企業の実態調査」(2017年11月)〈https://www.tdb.co.jp/report/watching/press/pdf/p171108.pdf〉によれば、後継者不在の企業は国内企業の３分の２を占めている)。

そこで、中小企業庁では、平成18年に策定した「事業承継ガイドライン」(〈http://www.chusho.meti.go.jp/zaimu/shoukei/2016/161205shoukei1.pdf〉）を平成28年12月に全面的に改め、親族内承継からM&Aなどによる第三者承継を重要視するなど中小企業のさまざまな状況に応じた事業承継の進め方の指針を提示し、平成29年３月にはこのガイドラインに対応した「経営者のための事業承継マニュアル」(〈http://www.chusho.meti.go.jp/zaimu/shoukei/2017/

170410shoukei.pdf〉）を公表している。

また、この深刻な事業承継問題に対処するため、平成30年度税制改正において、事業承継時の贈与税・相続税の納税を猶予する事業承継税制の特例措置を10年の期間限定で設け、世代交代の後押しをしている（この事業承継税制の正式名称は、「非上場株式等についての相続税・贈与税の納税猶予及び免除の特例」という。内容の詳細は、国税庁または中小企業庁のホームページを参照のこと）。

2．事業承継の課題

⑴　事業承継の仕方と課題

中小企業白書（2017年版「第2章事業承継」254頁以下）では、次世代に引き継ぐ会社の「事業」を「経営」と「資産」の2つに大きく分け、「経営の引継ぎ」と「資産の引継ぎ」に分類している。そして、「経営の引継ぎ」とは、現経営者に代わり経営を担うことや経営理念や信用等の経営に付随する知的資産を承継することを意味し、「資産の引継ぎ」とは、主に経営者の保有する株式や事業用資産の承継を意味するとしている。

また、前掲の「事業承継ガイドライン」では、誰に事業を引き継がせるかに関し、①親族内承継、②役員・従業員承継、③社外への引継ぎ（M&A等）の3つに分類している。

そして、①の課題として、ⓐ「後継者の資質・能力の向上」、ⓑ「贈与税・相続税の負担」、ⓒ「株式等の承継方法」、②の課題として、ⓐ「借入金の個人保証の引継ぎ」、ⓑ「株式等の承継方法」、③の課題として、「相手先を見つけること」、「承継させるための条件」などが指摘されている。このうち、①ⓐおよび③の課題については、前述した「事業承継ガイドライン」および「経営者のための事業承継マニュアル」、①ⓑの課題については、拡充された前述の事業承継税制、②ⓐの課題については、経営者保証に関するガイドライン研究会「経営者保証に関するガイドライン（平成25年12月）」（〈http://www.chusho.meti.go.jp/kinyu/keieihosyou/2018/180412keiei1.pdf〉）が参考となる。

なお、①ⓒと②ⓑの「株式等の承継方法」とは、具体的には、経営者が有する当該会社の株式と事業用資産についての贈与・相続および売買の問題である。

こうした「資産の引継ぎ」で通常問題となる資産は、現経営者の保有する株式がほとんどである。そこで、以下では、この現経営者が保有する株式の円滑な承継方法について述べる。なお、株式の相続による承継の詳細については、本章Ⅴを参照されたい。

(2) 株式の承継方法

現経営者が有する株式を後継者に承継させるには、主として、以下の3つの方法が用いられている。

(ア) 贈　与

贈与は無償で株式を取得することができる（民549条）が、受け取った後継者には「贈与税」が課税される。

贈与は、無償であることから、活用されるのは上記(1)①の場合がほとんどであり、同②の場合は稀である。

この贈与による場合は、以下の2点に留意する必要がある。

1点目は、後述するように、受贈者が相続人の場合、せっかく贈与したのに、相続時点になってからその株式が特別受益として相続財産に戻され（これを特別受益の持戻し制度とよんでいる）、あるいは遺留分権利者の遺留分算定において加算されてしまう（民903条、1030条）ということ、そして、贈与時点よりも相続時点での株式の評価額が上がる可能性があることなどである。

2点目は、贈与税は一見税率が高いが、110万円までが無税であること、相続と異なり長期間にわたり計画的に承継させることが可能であることなどである。したがって、贈与については、税負担の点も含めてあらかじめ十分に検討し活用すべきである。

(イ) 売　買

上記(1)②の場合は、売買がほとんどである。同①の場合は、贈与よりも売買によるほうが当該株式を含む遺産相続の争いに巻き込まれる心配がない。しかし、他方で売買の場合は、後継者において、その株式を買い取るだけの対価として、多額の資金を準備する必要がある。もっとも、株式の評価が低額である場合は、資金の心配がそれほどでないこともある。

なお、適正な株式評価よりも著しく低額な金額で売買された場合には、その分は贈与とみなされて取得した後継者に対し贈与税が課されることになるので注意が必要である。

㈦　相　続

後継者が法定相続人である場合には、相続によって株式を承継させることができる。しかし、相続の場合には、承継すべき株式が相続と同時に準共有となり、法定相続人間における遺産分割協議を経て初めて株式の権利者が確定することになる（詳細は、〈*Case* 4-⑭〉参照）。このように相続による場合には、適切な遺言書を作成しておかないと、法定相続人間で意見が異なる場合には、遺産分割協議が成立するまでの間の会社経営に多大な支障を来すことになる。

したがって、株式の承継を相続によって実現しようとする場合は、後述するとおり、経営者は、後継者が確実に当該会社の株式を取得できるように、必ず遺言を残し（遺言書を作成し）ておくことが重要である。

３．株式の集中と相続

⑴　なぜ、株式の集中か

会社経営にとり、一番の問題は「株式の分散」である。第１章で述べたとおり、会社は、資本多数決に基づいて経営されるしくみになっている。要するに、持株数が多ければ多いほど会社経営に関する株主の権利は強固なものとなる。したがって、会社経営において、後継者が安定した経営基盤を確保するには、発行済株式（議決権）数の少なくとも過半数、可能ならば３分の２以上を確保すべきということになる。

他方、持株数が少ない場合であっても、株主には、会社の経営に参加する一定の権利があることから、経営が不安定になるデメリットがある。特に、多くの中小企業は、１人あるいは同族または仲間同士で創業し、かつ成長・発展をしている。そこで、会社法では、こうした中小企業経営の人的関係に配慮し、異質な人の排除ができる制度として譲渡制限株式制度を設けている（107条、108条）。

しかし、相続は譲渡と異なり、株式の分散を制度的に防止することはできないことから、異質な株主が会社経営に参加してくる可能性がある。

⑵　株式分散の防止策

前掲中小企業白書（318頁）によれば、経営者が所有する株式の構成比（平均）は、創業者の平均で66.2％だが、４代目以降での平均は26.1％となり、経営者が代替わりするにつれて、その構成比が低減していくことが推察される。

こうした相続による株式の分散を防止するには、①生前贈与・遺言と②相続人への売渡請求制度（174条）の活用が有効である。しかし、①は、遺留分減殺によって後継者以外の相続人が株式を相続してしまうと、株式が分散してしまうという問題があるし、②は、後述するとおり（なお、〈*Case* 4-⑯〉参照）濫用的に利用されるおそれがあるという問題がある。

なお、①の生前贈与と同様に株式を分散させない方策として売買があり、売買であれば、遺留分減殺の問題に悩まされることはないが、後継者の資金負担能力が問題となる。

また、経営者が全株を保有している場合には、同経営者の死亡を取得条件とする取得条項付種類株式を用い、この株式を遺留分に反しない限度で遺言により非後継者に相続させることで、②と同様に相続した非後継者から会社が自己株式として強制的に取得することができる。

⑶　遺言による株式の集中と特別受益および遺留分

遺言によって、特定の相続財産（株式）を特定の後継者だけに相続させることで、株式の集中を図ることができる。しかし、株式以外にみるべき相続財産がない場合、あるいは、相続財産の大半を株式が占めている場合には、遺留分によってその株式の取得が制約を受け、場合によっては分散化しかねない。

遺留分とは、被相続人の財産のうち、法定相続人に残さなければならない一定の割合の財産のことである（民1028条。なお、遺留分の詳細については、〈***Case*** 4-⑮〉を参照のこと）。

したがって、後継者が、この遺留分を侵害して株式を取得した場合、遺留分権利者である他の相続人は、その侵害された限度でその効力を減殺することができ（民法1031条）、その場合当該株式は、遺留分権利者と後継者とで、遺留分権利者が遺留分侵害割合、後継者がその残りの割合で準共有関係となるため、同株式の権利行使が制約されることになる（106条）。

遺留分は、後継者が生前贈与を受けている場合も問題となる。後継者が生前贈与を受けた株式は、後継者のものであり、相続によって影響を受けないと考えがちである。しかし、そうした贈与は、相続の先取りという考えから、遺産分割あるいは遺留分の算定の際に相続財産とみなされてしまう場合もあるので留意が必要である。

具体的には、次のとおり、特別受益と遺留分の問題である。

㋐　特別受益の問題

特別受益とは、複数の相続人の中の特定の人が被相続人より受けた特別の利益（遺贈や婚姻、養子縁組、もしくは生計の資本として受けた贈与）のことである。そして、この特別受益を相続財産に加算することを「持戻し」とよび、特別受益がある場合には、この「持戻し」によって加算されたみなし相続財産を基にして法定相続分に従った遺産分割がなされることになる（903条１項・２項）。

もっとも、被相続人は、この「持戻し」を免除することができ、その意思表示は贈与の際でも贈与後（遺言）でもできるが、遺留分を侵害することはできない（903条３項）。

なお、この特別受益となる贈与は、後述のとおり民法1030条の期間的な制約がなく遺留分の対象となることと、特別受益の価値が「相続が発生した時点での価値」とされていることの問題がある。特に、後者については、評価額の低い段階で贈与を受けた株式が、その後後継者の努力によって高額となった場合には、その高額となった株価で算定されてしまうことから、場合によっては株式を分散しなければならなくなることも想定される。

ちなみに、判例は、「死亡保険金は、民法903条1項に規定する遺贈又は贈与に係る財産に当たらないと解するのが相当である」としている。その一方で、「死亡保険金請求権の取得のための費用である保険料は、被相続人が生前保険者に支払ったものであり、保険契約者である被相続人の死亡により保険金受取人である相続人に死亡保険金請求権が発生することなどにかんがみると、保険金受取人である相続人とその他の共同相続人との間に生じる不公平が民法903条の趣旨に照らし到底是認することができないほどに著しいものであると評価すべき特段の事情が存する場合には、同条の類推適用により、当該死亡保険請求権は特別受益に準じて持ち戻しの対象となると解するのが相当である」とし、上記特段の事情の有無は、①保険金の額、②①の額が遺産総額に占める割合、③同居の有無、④被相続人の介護等に対する貢献度、⑤各相続人の生活実態など諸般の事情を総合考慮して判断すべきであるとしている（最判平成16・10・29民集58巻7号1079頁）。

また、判例は、死亡退職金についても、受給者たる相続人固有の権利であり、相続財産に属しないと判示している（最判昭和55・11・27民集34巻6号815頁、最判昭和58・10・14裁判集民140号115頁）。

後継者に株式全部を集中させるには、こうした判例の考え方も踏まえて、生命保険金や死亡退職金の活用もあわせて工夫するのがよい。

(イ)　遺留分と贈与（特別受益）の問題

遺留分権利者の遺留分価額は、

【遺留分の基礎となる財産額＝(相続開始時の相続財産価額＋遺贈の価額＋贈与の価額－相続債務額)】（民1029条）×遺留分請求者の遺留分割合（民1028条）×法定相続分（民900条）

となる。

そして、上記遺留分価額＞「遺留分権利者が得た相続財産額（遺贈を含む）－負債の分担額＋贈与（特別受益）額」である場合は、遺留分の侵害が認められ、その差額について減殺請求ができる。

上記贈与については、相続開始前１年間に贈与されたものに限り遺留分減殺請求の対象となるのが原則である（民1030条前段）が、贈与者および受贈者双方が、遺留分権利者に損害を加えることを知って贈与をしたときは、上記相続開始前１年間よりも前に贈与した財産についても遺留分減殺請求の対象となる（同条後段）。

なお、判例は、贈与が民法903条１項の特別受益にあたる場合には、「右贈与が相当以前にされたものであって、その後の時の経過に伴う社会経済事情や相続人など関係人の個人的事情の変化を考慮するとき、減殺請求を認めることが右相続人に酷であるなどの特段の事情のない限り、民法1030条の定める要件を満たさないものであっても、遺留分減殺の対象となるものと解するのが相当である」としている（最判平成10・３・24民集52巻２号433頁）。

したがって、株式を計画的に後継者に生前贈与をする場合には、相続開始時点における遺留分価額の算定の基礎として、この生前贈与された株式が、前述したとおり「相続が発生した時点での価値」で算定加算されることになるので留意が必要である。

また、株式の分散を防ぐには、こうした遺留分減殺がなされることを想定し、株式の分散を防止するために遺留分を侵害しないような遺言を残すかあるいは価額弁償することを前提に、そのための財源を確保する方策（たとえば、前述した生命保険や死亡退職金等の活用）を講じておくなどあらかじめ十分な対策をしておくことが肝要である。

ちなみに、平成30年７月６日に成立した改正民法（平成30年法律第72号による改正）では、遺留分減殺請求によって生じる権利は、遺留分侵害額に相当する金銭請求のみとなり（同法1046条１項）、特別受益の期間についても無制限ではなく、10年に限定されている（同法1044条３項）。したがって、同法の施行期日（原則として、2019年７月１日）に留意が必要である。

⒲　その他の問題

⒜　問題の所在

事業承継においては、株式の移動（承継）に伴う課題を明確に把握したうえで取り組む必要がある。前述したとおり、株式の移動に伴い、①株式の対価（取得資金）の問題、②株式の移動（相続・贈与等）に伴う税金負担の問題、③相続に伴う株式の分散化防止（集中）の問題が出てくる。そして、少なくないケースにおいて、①および②の資金負担の問題が重要視され、株式の分散化防止が損なわれるという結果が認められる。しかし、事業承継の一番の課題は、安定した経営の継続である。そのためには、後継者が安定的経営を営むために十分な経営支配権を掌握する必要がある。したがって、株式の集中が最も重要視すべき課題ということになるので、③の問題を重視し、あわせて①および②の問題についても十分に検討するということになる。

⒝　株価の算定

上記問題に共通する課題は株価である。株価が高額であれば、①および②の資金負担の問題はもちろん、③の相続での遺留分対策も難しくなる。

この株価を考えるには、株価がどのように算定されるかの理解が欠かせない。

中小企業の「取引相場のない株式の評価方法」は、まず、株式を取得する株主が同族株主であるか、同族株主以外の少数株主であるかで異なる。

前者の場合は、類似業種比準方式、純資産価額方式、その併用方式のいずれか、後者の場合は、配当還元方式によって算定される（〈図表31〉参照）。そして、前者の場合は、会社の規模によって５つに区分され、その区分に応じて、上記方式や方式の併用割合を定め算定している。この会社の規模は、「総資産価額と従業員数」と「取引金額」を基準に区分されている。

〈図表31〉 取引の相場のない株式の評価方法

評価方式	内　容
類似業種比準方式	評価対象会社と事業内容が類似する業種の複数の上場会社の価額の平均値に、評価対象会社と類似業種会社の１株あたりの配当金額、年間利益金額および純資産額の比準割合を乗じて算定。
純資産価額方式	課税時に会社を清算したとしてその場合の１株あたりの純資産額を相続税評価額で算定。
配当還元方式	一定の要件を満たす零細株主に認められた評価方式で、２年間の配当金額（注）の平均を基に一定の算式により算定。なお、上記原則的評価方式による評価額が配当還元方式による場合よりも低い場合には、原則的評価方式による評価額となる。

（注）　無配当の場合は、１株あたり年配当金額を２円50銭と仮定し計算することになっている。

類似業種比準方式では、当該会社と類似する上場会社における１株あたりの「配当金額」、「利益金額」、「簿価純資産額」を要素として株価を算定している。

したがって、これらの要素が低ければ低いほど株価の評価が下がることになる。

純資産価額方式では、純資産額によって算定されるので、たとえば、含み損のある資産や不良債権の貸し倒れなどの損失を処理すれば純資産額が下がるので株価の評価も下がる。また、純資産価額方式での株価が類似業種比準方式での株価よりも高い場合には、会社区分を変えることで株価を低くすることもできる。

なお、発行済株式総数を増加すれば、株価が希釈されるので、当然株価が下がる。もっとも、株価を希釈するには、配当還元方式によるような原則的評価方式よりも低い価額での増資でなければ効果がない。したがって、将来株式を分散させないということであれば、一般的には従業員持株会を利用した割当増資ということになるであろう（従業員持株会については、第３章Ⅲ（139頁以下）参照）。

こうした株式の移動に伴う資金負担や株価の問題は、頭の痛い問題であり、そのために事業承継が進まないケースも認められる。しかし、そのための対策だけに目を奪われて、経営に支障を来すことがあるとすれば、それは本末転倒といわざるを得ない。可能であれば、早期に専門家に相談しながら、十分な検討の下で計画的に株式の移動を進めるのが肝心である。

４．株式の集中と種類株式の活用

⑴　種類株式の活用方法

事業承継において、株式の集中が重要であることは前述したとおりである。しかし、後継者に株式を集中させるにしても、①現経営者の事情等から現経営者に経営権を残したい場合や②後継者の資金不足、その他の事情から後継者が発行済株式総数の大半を取得できない場合などがある。そうした場合の対策の一つとして、種類株式の活用が考えられる。

①の場合、たとえば、株式の大半を後継者に移動した後において、取締役の選任決議など重要な意思決定について、拒否権の付された種類株式を現経営者に残すなどが考えられる。

なお、種類株式の詳細やこうした場合の種類株式の活用方法については、前述した第２章Ⅱ（87頁以下）を参照されたい。

以下では、主として②について述べる。

⑵　株式の分散と種類株式の活用

㈠　株式の分散

贈与あるいは相続によって現経営者の株式を後継者に移動させる場合で、現経営者に当該株式以外にみるべき財産がない場合には、次善の策として当該株式の分散を考えざるを得ない場合がある。

たとえば、法定相続人にその一部をどうしても相続させたい場合や遺留分権利者による遺留分の減殺などによって、株式が分散してしまう場合、あるいは、株価が高額なため、株価対策として、従業員等に株式を分散所有してもらわなければならない場合などである。前者の遺留分減殺については、改正相続法（平成30年法律第72号による改正）が施行（2019年７月１日）されれば、遺留分権利者の請求は、金銭に限られる（民1046条１項）ので、分散の心配はなくなるが後継者の金銭的負担の問題は残る。後者の場合、前述したとおり、株価対策となる一方で、株価が高い場合には、従業員等に発行済株式総数の相当程度の割合の株式を所有させないとその効果がでない。

しかし、その場合は、承継後の経営が不安定となってしまうという心配がある。

こうした場合の対策として、議決権制限種類株式の活用が一般的に説かれている。

(イ)　議決権制限株式の活用方法

議決権制限種類株式とは、株主総会での議決権行使ができる事項について制限のある種類株式（105条）のことである。平成13年改正前商法では、配当優先株式についてのみ議決権制限が許されていた。そして、優先配当が行えない場合には、議決権の行使が認められることになっていた（旧商法242条）。

しかし、会社法では、剰余金の配当を受ける権利および残余財産の分配を受ける権利の全部を与えない旨の定款の効力を否定している（105条２項）だけなので、議決権の制限と剰余金の配当とは、それぞれ別個に異なる定めをすることができるし、定款で株主総会での議決権のすべてを制限する完全無議決権種類株式も認められる（論点解説91頁）。なお、この議決権制限種類株式は、公開会社の場合、その発行数が発行済株式総数の２分の１を超えるに至ったときは直ちにその状態を解消するために必要な措置をとらなければならないと規制されている（115条）が、非公開会社についてはそうした制限がない。

こうした完全無議決権種類株式を後継者以外の法定相続人や従業員等（以下、「非後継者」という）に交付し、後継者には、議決権のある（普通）種類株式を取得させることで、会社の意思決定の権限を後継者に集中させ、後継者以外の株主には、会社経営への口出しをさせなくすることができる。

具体的には、発行済株式全部が普通株式であり、現経営者のみが株主である場合には、現経営者の一存で定款を変更し、①株式の一部を完全無議決権種類株式に変更しまたは②完全無議決権種類株式を無償割当て（185条）したうえで（この場合は、株価を下げることにもなる）、後継者には普通種類株式を、非後継者には完全無議決権種類株式を取得させるようにする。

現経営者以外に株主がいる場合には、①の方法はとれない。この場合は、現経営者以外の株主の株式について何ら変更しないとしても、株主全員の同意が必要だからである。

したがって、現経営者以外の株主が同意しない場合には、全部取得条項付種類株式を活用することになる（この活用手順については、〈***Case*** 2-⑤〉（120頁）参照のこと）。

具体的には、全部取得条項付種類株式を取得する対価として、完全無議決権株式を発行（171条1項1号イ）し、現経営者には、別途普通株式を発行することになる。しかし、この場合は、現経営者が新たな出資金を負担し、かつ他の株主との無用な対立を生じさせかねないなどの難点があるので、他の株主の同意を得るように努めるべきである。

なお、取得対価として金銭以外の財産（株式）が定められた場合で、裁判所に価格決定の申立て（172条1項）をした株主は、当該株式を受け取ることができない（論点解説85頁）ので、結果的に当該会社の株主から排除されることになる。

また、取得価格決定の申立てにより裁判所が決定した価格で取得する場合にも財源規制を受けるかが問題であるが、財源規制を受けるとする見解が有力なので留意が必要である。

(ウ)　その他の種類株式等の活用

現経営者が、後継者以外の法定相続人の生活資金を心配し、株式の一部を相続させたいと考える場合もある。しかし、後継者が安定的な経営をするためには、株式の分散が望ましくないことは前述したとおりである。したがって、こうした場合、株式を分散して取得させるにしても、後継者以外には、完全無議決権株式で、かつ剰余金の配当が優先的に受けられる種類株式を取得させるのが適切である。

また、全部取得条項付種類株式を活用する場合には、株主総会の特別決議により全部取得条項付種類株式を会社が取得し、その対価として取得条項付種類株式を交付することが可能なので（論点解説87頁）、場合によっては取得条項付種類株式をあわせて活用するのがよい。取得条項付種類株式は、分散せざるを得ない場合あるいはすでに分散した株式を取り戻すのに便利な手段だからである。

取得請求権付種類株式の活用も考えられる。しかし、この株式の場合は、株主の請求によって会社がその取得を強いられることになる。したがって、会社にとっては不利であるが、事情によりその取得を株主の請求に委ねるのが相当な場合もある。

最後に、非公開会社であれば、場合により持株数に関係なく後継者に対して異なる取扱いを行う旨の属人的定めをした属人的株式を活用することが考えられる。しかし、定款変更には、総株主の半数以上で総株主の議決権の４分の３以上の多数決を要することから、他の種類株式を活用するよりもハードルが高いし、その定める内容が他の株主の基本的権利を実質的に奪う結果となるような場合には、無効とされるリスクがある（123頁参照）。

(3)　後継者が複数の場合の対応

後継者が１人であるのが望ましい。しかし、事情により、複数の後継者に現経営者の株式を移動しなければならない場合がある。たとえば、現経営者の子であるＸとＹが現に経営に関与している場合などである。

後継者となるＸおよびＹが力をあわせて会社を盛り立てている場合はい

いが、それぞれが力をもち、そして経営方針をめぐって対立している場合は、現経営者として頭が痛い。

こうした場合、可能であれば「会社分割」により、X・Yにそれぞれ別の会社を承継してもらうという手法がある。

なお、「会社分割」とは、会社が、同社の事業に関する権利義務の全部または一部を、他の会社（吸収分割）または新設する会社（新設分割）に承継させることである（2条29号・30号）。

この手法を用いる場合には、〈図表32〉の手順となる。

〈図表32〉　会社分割による事業承継

現経営者が経営するA社の事業に関する権利義務を一部分離

既存または新設のB社に上記分離した一部を承継

承継の対価としてB社の株式をA社に交付（758条4号イ）

剰余金の配当（現物配当）によりB社株式をA社株主に交付（758条8号ロ、763条1項12号ロ）。なお、A社が全部取得条項付種類株式を発行している場合は、その取得対価としての交付も可（758条8号イ、763条1項12号イ）

〈図表32〉の手続により、現経営者がA社株式とB社株式を保有することになるので、A社株式をA社後継者に、B社株式をB社後継者にそれぞれ遺言等により移動させる。

なお、現経営者以外に、後継者らがA社株式を保有している場合もある。その場合には、後継者らにもB社株式が交付される。①後継者らにB社株式が交付された場合、A社の後継者は、B社株式をB社の後継者に譲渡し、B社の後継者は、A社の株式をA社の後継者に譲渡する。②後継者らにB

社株式を交付せずにA社が保有している場合、A社は、B社後継者からA社株式を取得し、B社後継者は、その株式の対価等をもってA社からB社株式を買い取る。

以上の方法はいずれも株式移動のための資金と税金の負担が伴う点で問題がある。他の方法としては、前述した完全無議決権種類株式を活用する方法が考えられる。要するに、①の場合、A社の後継者はB社の株式について完全無議決権種類株式、B社の後継者はA社の株式について完全無議決権種類株式と相互に、株式を保有するものの経営に口出しができないようにすることで、X・Yいずれも安心して経営に取り組むことができる。

1．Y社株式1600株のAからD_1への移転方策

〈*Case* 4-⑰〉の場合で、Y社の経営者であるAが、Y社の株式2000株中1600株全部を次期後継者であるD_1に移転する方法として、前述したとおり、①贈与、②売買、③相続による方法がある。①の方法により計画的に移転する場合は、主として税金対策になるが、Bらに対する遺留分の問題が残る。②の方法による場合は、譲渡した株式についての遺留分の心配はなくなるが、D_1の買受代金についての負担能力が問題となる。③の方法による場合は、やはり遺留分の問題がある。

要するに、前述したとおり、AがY社株式をD_1に生前①の贈与をしたとしても、結局は、特別受益として、「相続が発生した時点での価値」で遺留分の基礎となる財産額に加算され遺留分額が算定されることになるし、③の相続（遺言）においても同様である。

特に〈*Case* 4-⑰〉では、AとB_1との関係悪化が認められるので、Bらが結束しAの相続財産について遺留分減殺をしてくることが推測される。したがって、Aおよび後継者D_1としては、Bらが減殺請求してくることを想定したうえで、以下のことを検討しながら計画的に移転することになる。

ⓐ　前述した株価対策

ⓑ　遺留分相当額として、株式および土地建物以外の相続財産を残す方策

ⓒ　価額弁償をすることを前提に、そのための財源を確保する方策（たとえば、前述した生命保険や死亡退職金等の活用を含む）

ⓓ　価額弁償が難しい場合の次善の方策として、前述した完全無議決権種類株式などの種類株式を活用した株式による分散化方策あるいは従業員等与党株主と目される第三者に対する割当増資

上記ⓓの方策をとる場合には、B_1がＹ社株式400株を保有しているので、慎重な検討が必要である。したがって、まずは、ⓑおよびⓒの方策を優先して検討すべきである。

また、ⓓの方策をとる場合でも、ＡおよびB_1両株主に、完全無議決権種類株式を無償割当てしたうえで、Ａは、遺言をもって、後継者であるD_1には普通種類株式を取得させ、Ｂらには遺留分相当額として完全無議決権種類株式を取得させるようにするのが無難である。もっとも、場合によっては、将来における株式の集中を図るために、前述した取得条項付種類株式を活用することも考えられるし、あるいはすでにB_1との関係が悪化し、B_1の行動がＹ社経営の支障となっているような場合には、前述した全部取得条項付種類株式などを活用して、B_1をＹ社から排除する方策についても検討すべきことになる。

２．Ｂらの遺留分

〈*Case* 4-⑰〉において、Ａは、Ａの財産一切をＢらに相続させたくないと考えている。しかし、民法で遺留分という最低限度の相続を認めている以上、遺留分権利者が相続開始前に遺留分の放棄をしない限り（民1043条）法的には無理である。

したがって、Ｂらが遺留分の減殺請求をすることを想定し、あらかじめその対策を立てておく必要がある。

〈*Case* 4-⑰〉の場合、遺留分の基礎となるＡの財産額は、Ｙ社の株式1600株（１株30万円）と土地・建物（２億円）の総額６億8000万円である。この財産額を譲渡以外の贈与あるいは遺贈によってＣら法定相続人に移動したとしても、前述したとおり、「特別受益」として遺留分の基礎となる財産額に加算される（民1029条）ので何ら異ならない。また、「相続させる旨」の遺言によった場合でも遺贈と同様に解されている（最判平成３・４・19民集45巻４号477頁は、「他の相続人の遺留分減殺請求権の行使を妨げるものではない」と判示している）。

〈*Case* 4-⑰〉では、B_1もＹ社の株式400株（１株30万円）の贈与を受けているので、この贈与も特別受益として加算される。

その結果、Ａに債務がないことを前提とすれば、遺留分の基礎となる財産額は、６億8000万円＋１億2000万円（400株×30万円）＝８億円になる。

Ｂら子供たち１人の遺留分割合は、Ｂら１人の法定相続分1/10（1/2（子の法定相続分）×1/5（人））×1/2（遺留分割合）＝1/20である。

したがって、Ｂらの１人分の遺留分価額は、８億円×1/20＝4000万円となる。

Ｂらのうち、B_1についてはすでに１億2000万円（400株×30万円）を得、その金額が遺留分額を超えているので、B_1についての遺留分侵害はない。

また、後妻Ｃの遺留分割合は、1/2（法定相続分）×1/2（遺留分割合）＝1/4なので、遺留分価額は、８億円×1/4＝２億円となり、仮にＣが土地・建物を取得したとしても、ＣによるＢらの遺留分侵害はない。

もっとも、仮に、後妻Ｃの取得価額が遺留分価額を超過していたとすれば、超過した部分のみが民法1034条の「目的の価額」にあたり、その超過した部分とD_1の同様に超過した部分との割合に応じて、減殺を受けることになると解されている（最判平成10・２・26民集52巻１号274頁）。

以上のことと、後述する生前贈与と遺贈（あるいは、「相続させる」旨の遺言）とでは、遺贈がまず減殺の対象となることから、B_2、B_3が減殺請求（各4000万円合計8000万円）をすると仮定すれば、D_1は、8000万円の価額弁償

(民1041条）をしない限り、D_1がAから承継するY社株式1600株は、B_2、B_3が各12分の1（4000万円／4億8000万円)、D_1が6分の5の各割合での準共有関係となる。そのために、D_1は、単独ではY社の株主権の行使ができなくなり、その間にB_1にY社株主としての権利を行使され、Y社の経営支配権を掌握されてしまうリスクを抱えることになる。

こうした事態、あるいはD_2も遺留分の減殺請求をしてくる可能性も含めて、AおよびD_1は、事前にその対策を十分に検討しておくことが大事であり、Y社にとっても重要なことである。

ちなみに、上記減殺の順序については、遺贈を減殺した後で贈与を減殺し(民1033条)、贈与間では、後の贈与から順次前の贈与に対して減殺する（同法1035条）と規定され、これらの規定は強行法規であり取引の安全が優先されることから、遺言者の意思でその順番を変えることはできないと解されている。そして、死因贈与の場合は、通常の生前贈与よりも遺贈に近い贈与として、遺贈に次いで生前贈与よりも先に減殺の対象とすべきであるとし、「相続させる」旨の遺言については遺贈と同様に解するのが相当であるとされている（東京高判平成12・3・8高民集53巻1号93頁)。

3．BらにY社経営に関与させない方策

Aは、これまでの経緯から、Bらには、Y社の経営に関与してもらいたくないと考えている。BらにY社の経営に関与させないためには、まず、前述したとおり、Aが現在保有しているY社株式1600株を相続によってBらに分散しないようにしておくことが大事である。

以下では、Y社株式400株を保有しているB_1が、Y社経営に関与しようとする場合の対応策について若干述べる。

(1)　従業員持株会の活用

従業員持株会制度を活用し、第三者割当増資をすることで、株価対策となり、結果として、遺留分および税金対策となることについては前述したとおりである。また、この第三者割当増資により、既存の株主の持株比率が相対

的に低下することから、B_1 のＹ社に対する株主としての影響力は小さくなる。

もっとも、従業員持株会に対し、第三者割当増資をするについては、「有利発行」と「不公正発行」の問題がある。

後者の問題は、新株発行手続の違いからもっぱら公開会社で争われることが多い（従業員持株会支援会への第三者割当増資につき、東京高決平成24・7・12金判1400号52頁参照）が、非公開会社においても問題となるとする見解もあるので留意が必要である。

〈***Case*** 4-⑰〉では、第三者割当増資の主要目的が、現経営陣の支配権の維持にあるというよりも、従業員の財産形成・勤労意欲等の増進等を目的とする従業員持株会制度のためであること、事業承継対策でもあること、現にＡがＹ社の大半（５分の４）の株式を保有し経営支配権を掌握していることなどから、結果として、B_1 のＹ社に対する影響力が低下したとしても、「不公正発行」の問題にならないものと考える。

⑵　会社分割の活用

B_1 がＹ社の経営において、たとえば、ある事業部門を担当し、相当程度の役割を果たしているような場合には、B_1 が担当していた事業部門をＹ社から切り出し分割したうえで、B_1 に承継させることも検討の余地がある。

確かに、Ａと B_1 の関係悪化という難しい問題はある。しかし、この２人の関係悪化は、Ａと B_1 のＹ社経営方針をめぐる対立や一度Ａの後継者として扱われながらその後異母兄弟である D_1 にその地位を奪われてしまったことなどにあるものと推察される。他面、Ａにしてみれば、B_1 は、わが子であり、一度は、後継者として指名した人物である。また、B_1 にしてみれば、Ｙ社の経営に関与できないということは、物心両面で相当な損失を被ることになるかもしれない。

そのため、Ａは、Ｙ社の株式や経営をめぐる争いを懸念し頭を痛めている。

そうであるならば、Ａとしては、生前に会社分割の手法を用いて、Ｙ社

（AまたはD1）とB1との利害を調整し、その争いを未然に解消するのも一つの方策である。

なお、会社分割の手順などについては、前述（339頁）を参照されたい。

⑶　排除（スクィーズ・アウト）する方法

株主B1をどうしてもY社から排除しなければならない場合もある。

その場合は、以下の手法を用いることになる（詳細は、119頁以下参照のこと）。

① 全部取得条項付種類株式を用いる手法

② 株式併合を用いる手法

③ 特別支配株主の株式等売渡請求を用いる手法

このうち、③の手法は、この〈***Case*** 4-⑰〉では利用できない。

なお、裁判所は、少数株主の排除目的と株主総会の不当性について、少数株主を排除する目的があるというだけでは決議取消事由にならないとし、全部取得条項付種類株式の全部取得についての正当事由も不要であると解している（123頁参照）。

⑷　Cの老後の生活資金

前述した生命保険やAの（死亡）退職慰労金の活用が考えられる。

また、場合によっては、Cに優先配当付無議決権種類株式あるいは属人的株式を交付し、Y社の配当金をもって生活資金にあててもらうという方法もある。

さらには、居住している土地・建物を活用し資金を生み出す工夫も考えられる。

（高橋理一郎）

● 事項索引 ●

【さ行】

【た行】

● 判例索引 ●

（判決言渡日順）

〈執筆者略歴〉

高橋理一郎（たかはし・りいちろう）
中央大学法学部卒業、代表パートナー弁護士、弁理士、国際経済法学博士
元神奈川大学法科大学院教授（会社法)、日本弁護士連合会中小企業法律支援センター副本部長
日本弁護士連合会中小企業法律支援センター編『事業承継法務のすべて』(共著。金融財政事情研究会、2018年)、横浜弁護士会編『実務論点　会社法』(共著。民事法研究会、2014年）ほか多数

西 村 将 樹（にしむら・まさき）
東北大学法学部卒業、パートナー弁護士
横浜国立大学経営学部非常勤講師（企業組織法・有価証券等）
「敵対的買収防衛策導入にあたっての若干の法的考察――いわゆる事前警告型防衛策を中心として――」横浜弁護士会専門実務研究第２号（2008年)、横浜弁護士会編『実務論点　会社法』(共著。民事法研究会、2014年）

佐 藤 麻 子（さとう・まこ）
東京大学大学院法学政治学研究科修了、パートナー弁護士、LL. M.
神奈川弁護士会弁護士業務改革委員会委員、日本弁護士連合会中小企業の海外展開支援担当弁護士
『モンゴル法制ガイドブック』(共編。民事法研究会、2014年）ほか。

福 原 一 弥（ふくはら・かずや）
横浜国立大学経済学部卒業、一橋大学法科大学院修了、弁護士

齋 藤　 亮（さいとう・りょう）
北海道大学法学部卒業、首都大学東京（東京都立大学）法科大学院修了、弁護士、個人情報保護士
東証一部上場企業法務部出向、神奈川県弁護士会紛争解決センター運営委員会委員

森 髙 重 久（もりたか・しげひさ）
大阪大学法学部卒業、客員弁護士、元東京高裁判事

以上いずれも神奈川県（旧横浜）弁護会所属

〔編者所在地〕
R&G 横浜法律事務所
〒220-0012
横浜市西区みなとみらい4丁目4番2号
横浜ブルーアベニュー2階
TEL：045-671-9510（代表）
URL：http://www.rglo.gr.jp

戦略的株式活用の手法と実践

2019年3月16日　第1刷発行

定価　本体4,000円＋税

編　　者　R&G 横浜法律事務所
発　　行　株式会社　民事法研究会
印　　刷　株式会社　太平印刷社

発 行 所　株式会社　民事法研究会
〒150-0013　東京都渋谷区恵比寿3-7-16
〔営業〕　TEL 03(5798)7257　FAX 03(5798)7258
〔編集〕　TEL 03(5798)7277　FAX 03(5798)7278
http://www.minjiho.com/　　info@minjiho.com

落丁・乱丁はおとりかえします。　ISBN978-4-86556-276-7 C3032 ￥4000E
カバーデザイン　関野美香